海派经济学

Journal of Economics of Shanghai School

主办单位

中国经济规律研究会
上海财经大学海派经济学研究中心
海派经济学南京研究所

支持单位

世界政治经济学学会
全国马克思主义经济学说史学会

目录

论文

信 息

CONTENTS

Paper

Information

海派经济学
第 17 卷第 3 期,2019　Journal of Economics of Shanghai School　No. 17,3,2019

实现邓小平关于农业“第二次飞跃”的紧迫性与现实可能性

张　坤

内容提要　“两个飞跃”思想是我国社会主义农业改革和发展的指导方针。目前,“第一个飞跃”早已实现,已经到了实现“第二个飞跃”的关键时刻。“第二次飞跃”是解决我国农村问题的根本途径,也是坚持社会主义改革方向的根本保证。现阶段,无论是从客观物质方面还是主观意愿方面,都充分地证明我国农业改革和发展“第二次飞跃”的条件以臻成熟,实现“第二次飞跃”已经刻不容缓。

关键词　“第二次飞跃”　社会主义道路　紧迫性　现实可能性
中图分类号　F302

“两个飞跃”的战略思想是邓小平同志根据我国广大农村的实际情况,对我国农村改革和发展步骤进行深入思考而得出的重大理论成果,也是我党在马克思主义的指引下领导亿万农民长期实践探索得出的宝贵思想结晶,为我国农业改革和发展指明了前进的道路和方向。坚持农村集体所有制不动摇,探索和发展集体经济,实现形式多样化也被我国历届领导人所多次强调。集体经济是社会主义公有制在我国农村的基本表现,是社会主义的根基,是中国共产党执政的保证,也是构建城乡一体化新格局、构建社会主义和谐社会、尊重人民主体地位和保障人民各项权利的基本制度保障。党的十九大明确提出,要深化农村集体产权制度改革、保障农民财产权益、壮大集体经济。深化农村改革,促进农村经济发展,必须巩固和发展集体所有制经济。“两个飞跃”始终贯穿的一条红线就是在党的领导下带领广大农民坚定不移地沿着社会主义方向,走集体经济的道路,这也是我党农村工作一贯坚持的方针。目前,“第一个飞跃”已经成功实现,并取得了举世瞩目的成绩,但是依然没有完成传统农业向现代农业的转变,没有解决“农民真穷、农村真苦、农业真危险”的严峻

收稿日期:2019—05—21

作者简介:张坤(1979—),西北农林科技大学马克思主义学院副教授,主要研究方向为马克思主义基本原理与农村经济社会发展。

基金项目:本文系西北农林科技大学人文社科专项(2015RWYB24)、西北农林科技大学博士科研启动项目(2452017011)、西北农林科技大学马克思主义学院 2019 年自主科研项目的阶段性研究成果。

问题。随着我国农业在整个国民经济中比重的下降和农业对从业人口吸纳的减少,我国农业改革和发展的目标也必然要由过去的解放农业生产力、增加农民收入转变为实现农业现代化、实现共同富裕。很显然,如果继续停留在强调"分"的改革层面,看不到"统"的改革的必要性和紧迫性,将无法实现深化农村改革的目标,带领亿万农民一起走上共同富裕的社会主义现代化道路上来。

一、实现"第二次飞跃"的紧迫性

"第二次飞跃"的实质是谁来组织农民、如何组织农民的问题,这不是一个简单的经济问题,它关系到中国农业的未来发展方向,关系到亿万中国农民的命运,关系到整个中国的经济发展与社会稳定。集体经济是社会主义方向的制度保证,规模经营是现代农业的本质特征。农业改革与发展的"第二次飞跃"就是要朝着社会主义现代化农业迈进。"以家庭承包经营为基础,统分结合的双层经营体制"是在坚持集体经济"统"的基础上的家庭经营的"分",是社会主义基本制度和市场经济体制的有机结合。这是中国农民在党的领导下进行的伟大创造,是马克思主义合作制理论在中国实践中的新发展,需要长久坚持下去。

(一)"第二次飞跃"是解决我国农村问题的根本途径

双层经营的初衷是要充分发挥集体统一经营的优越性和家庭分散经营的积极性,其实质是要进一步巩固和发展集体所有制经济,引导农民走上社会主义道路,而非朝着私有化的方向发展。家庭分散经营和集体统一经营是有机结合、融为一体的。1991年中共中央关于进一步加强农业和农村工作的决定中曾指出:"完善双层经营体制,包括完善家庭承包经营和集体统一经营。家庭承包经营不是'分田单干',集体统一经营也不是'归大堆'。这两个经营层次相互依存、相互补充、相互促进,忽视任何一个方面,都不利于农村经济的发展。"但是在现实中,双层经营与它的本意似乎越来越远。在大包干实行以后,许多地方只抓住了"分"而忽视了"统",甚至出现了将集体财产全部分空的局面。在2013年两会期间,习近平在江苏团会议上也讲过,小岗村解决了"分"的问题,但"统"的问题一直没有解决。这才导致了小岗村"江山依旧,旧貌犹存"的凄凉现状。当家庭承包经营所带来的短暂的劳动积极性逐渐退去后,没有了集体时代的大型农业机械和牲畜使用,越来越多的农民开始感受到独自生产经营所带来的沉重的耕作之苦。集体资产的抢空分净,从根本上摧毁了农业生产可持续发展的基础,全国农业产量开始大幅度下降。随着市场经济体制的逐步建立和农业生产水平的不断提高,家庭个体经营的局限性逐渐暴露出来。分散的、弱小的农户经营模式不仅越来越难以为继,而且越来越不适应瞬息万变的市场要求,更难以参与国际市场的激烈竞争。尤其是我国加入

WTO以后,国际农产品市场的开放给我国农产品的竞争构成了极大的挑战和威胁。这种生产分散、规模狭小、信息闭塞、组织化程度不高的家庭经营模式严重影响了我国农业的持续稳定发展和向现代化的转变,在对外开放日益扩大的形势下,更难以与发达国家在国际农产品市场中相抗衡。而在广大农村中,以分为主或有分无统的做法导致大多数农村集体积累减少或归零,集体经济因实力缺乏而无力承担农村基础建设,难以为农户提供必要的社会服务等已名存实亡。农村集体经济组织的软弱无力使其失去了应有的经济与社会功能,导致了农民对集体的信心不再,民风日益低下。很多地方农民集体主义意识丧失、自私冷漠、道德滑坡;民心涣散、制度缺失、淳朴文明的传统观念难以为继。集体资产的匮乏也使得农村基层组织几近瘫痪,各种封建陋习死灰复燃。这些现象严重阻碍了整个社会的政治文明发展进程,继而衍发了许许多多不可挽回的社会问题。

从20世纪90年代起,小农户大市场的矛盾逐渐凸显,我国农产品出现了大规模的买难卖难现象,农民增收日益困难。农业收入的低下让农民尊严全无,大规模的逃离世代相依的土地,农村大片土地撂荒;人地关系紧张,越来越多的农村剩余劳动力无法被土地吸纳,大规模的农民工群体由此产生,加剧了城乡二元结构矛盾。"空壳村"的荒凉与凋敝让亿万农民心生悲怆,这些难以弥补的"伤害"都和农村集体经济的萎缩息息相关。正是在这样的情况下,使农民再次联合起来组织生产成为一种必要。一些地方的农民开始自发地组织起来,成立了农产品生产、加工与流通的一体化合作经济组织。这些组织本质上都是要推动土地集体所有制或农业集体经济所有制的实现形式迈上新台阶,实现"第二次飞跃"。近些年来我国各地农村合作经济组织的蓬勃发展就证明了集体经济这个"第二次飞跃"的伟大战略思想,既符合我国农村土地集体所有制发展的客观规律,也符合广大农民走社会主义道路的意愿,现在已提到具体实践的日程上。

(二)"第二次飞跃"是坚持社会主义改革方向的根本保证

习近平在《摆脱贫困》中明确地指出,发展集体经济是实现共同富裕的重要保证,是振兴贫困地区农业发展的必由之路,是促进农村商品经济发展的推动力,他根据当年闽东部分乡村两级集体经济实力弱化的现象,进一步明确了发展乡村集体经济的重要性:"在扶贫中,要增强乡村两级集体经济实力,否则,整个扶贫工作将缺少基本的保障和失去强大的动力,已经取得的扶贫成果也就有丧失的危险。"通过发展壮大农村集体经济带动农村经济腾飞是深化农村改革的重要途径。在人民公社时期和改革开放时期,农村土地集体所有制都为中国工业化的实现、生产力的解放和发展做出了巨大的贡献。正是农村土地集体所有制使得中国具有克服土地私有制国家在农地使用上存在的种种弊病,提高农地使用效率的制度优势。

中央多次强调要“明确农村集体经济组织市场主体地位”,“坚持农民集体所有不动摇,不能把集体经济改弱了、改小了”、明确把包括农村土地产权在内的农村资产确权界定在集体社区内部。坚持农村改革的集体经济发展道路毋庸置疑。但是随着国家主要力量向城市经济体制改革方向的转移,对发展农村集体经济提得越来越少,尤其是西方经济学思想传入我国以后,农村集体经济更被视为产权模糊、效率低下的代表而被越来越多的人所非议。从中华人民共和国成立到现在,围绕农业路线问题的争论从来没有停止斗争,反而愈演愈烈。当一些马克思主义学者忧心于我国农业的发展前途时,却遭到了来自社会各个方面的众多攻击,甚至要不要坚持社会主义方向都成了问题。在我国农业政策领域,发展农村集体经济甚至都不被当作一种路线而提及,相反,其他的一些“非集体化”“否集体化”“去集体化”的认识却逐渐占了上风。这种倾向完全忘记了我国农村改革的初衷就是要寻求符合我国农村实际情况的、更有活力的实现形式,是农村集体经济制度的自我完善。

对此,邓小平早有预见:“我国农业现代化,不能照抄西方国家或苏联一类国家的办法,要走出一条在社会主义制度下合乎中国情况的道路。”为什么不能照抄西方国家?因为我们是社会主义国家,社会主义有两个非常重要的方面:一是以公有制为主体;二是不搞两极分化。集体经济是公有制在我国农村的基本体现,是坚持社会主义方向的制度保障和防止两极分化的制度基础,必须坚持集体经济的路线不动摇。习近平也说,解决好“三农”问题,根本在于深化改革,走中国特色现代化农业道路。但是“不管怎么改,都不能把农村土地集体所有制改垮了,不能把耕地改少了,不能把粮食生产能力改弱了,不能把农民利益损害了”。他还强调,新形势下深化农村改革,最大的政策就是必须坚持和完善农村基本经营制度,坚持农村土地集体所有,坚持家庭经营基础性地位,坚持稳定土地承包关系。这就进一步界定了未来我国农村农业改革和发展的方向,明确了中国农村改革的主线就是在不变更集体所有制的前提下推进改革,而非走私有化的道路。但是近年来,相当一部分人在中央提出的“城镇化”和“土地流转”政策的掩盖下,妄借规模经营和现代农业之名大肆掠夺农民土地,推行土地私有化的发展路线,企图将我国农业发展引上不归之路,这不得不引起我们的高度注意和警惕。

“第二次飞跃”正是从加快农业现代化发展步伐和全面建设文明稳定的小康社会全局出发做出的整体战略部署,看似是对我国农业经营形式和产业组织形式进行的结构调整,实际上它牵涉了整个中国改革发展的前途与命运,肩负着带动中国经济和社会实现现代化目标的重任,只有解决了农村发展问题,才能解决中国发展的瓶颈问题和短板效应问题,为中国经济的飞跃式发展打下坚实的基础。今天中国农村改革已经到了一个关键节点,实现“第二次飞跃”迫在眉睫。

二、实现“第二次飞跃”的现实可能性

“第二次飞跃”是要实现集约化、规模化、高水平的集体经济。邓小平指出“这是一个很长的过程”。那么,实现它需要具备哪些基本条件?我国现阶段是否具备了实现的基础?对此,邓小平明确提出:“关键是发展生产力,要在这方面为集体化的进一步发展创造条件。具体说来,要实现以下四个条件:第一,机械化水平提高了(这是说广义的机械化,不限于耕种收割的机械化),在一定程度上实现了适合当地自然条件和经济情况的、受到人们欢迎的机械化。第二,管理水平提高了,积累了经验,有了一批具备相当管理能力的干部。第三,多种经营发展了,并随之而来成立了各种专业组或专业队,从而使农村的商品经济大大发展起来。第四,集体收入增加而且在整个收入中的比重提高了。具备了这四个条件,目前搞包产到户的地方,形式就会有发展变化。”如果依照邓小平提出的这四个条件的话,那我们目前已经完全具备了实现“第二次飞跃”的基础。正如十七届三中全会上指出的,“我国总体上已进入以工促农、以城带乡的发展阶段,进入加快改造传统农业、走中国特色农业现代化道路的关键时刻”。

(一)现有农村生产力水平已经达到了实现“第二次飞跃”的物质条件

在唯物史观的指引下,邓小平科学地指出中国农业的关键是发展生产力,“只要生产发展了,农村的社会分工和商品经济发展了,低水平的集体化就会发展到高水平的集体化,集体经济不巩固的也会巩固起来。关键是发展生产力,要在这方面为集体化的进一步发展创造条件”。1982年到1986年连续5个中央一号文件的颁布大大地解放和促进了生产力的发展,农业发展目标开始由解决温饱问题向全面实现小康社会、增加农民收入转变。从2004年开始,中共中央又开始连续每年下达关于“三农”的一号文件,分别围绕促进农民增收、提高农业综合生产能力、建设社会主义新农村、发展现代农业、推进社会主义新农村建设、加强农业基础设施建设、维持农业稳定发展、加大统筹城乡发展力度、加快水利改革发展、强调农业科技创新的重要地位、加大强农惠农富农政策力度、着力构建新型农业经营体制、新常态下加大改革创新力度、供给侧结构性改革等主题进行农业结构的调整和农产品结构的优化,力求把过去单纯追求产量的工作重心转到保持总量平衡和更加突出质量和效益的发展轨迹上来,这些都为进入高水平的集体化奠定了深厚的基础。

1. 农业综合生产能力迅速提高与农民收入持续增长

截至2015年底,我国农作物总播种面积为166 374千公顷,粮食产量突破60 000万吨大关,已达到62 143.9万吨,与1978年的30 476.5万吨相比,提高了一倍多,2000年至2015年粮食总产量实现连续11年增产,这种增长

速度在世界上也是罕见的，标志着我国粮食综合生产能力稳定跃上新台阶。[①]主要农作物产量稳步提高。其中，2015年，稻谷产量20 822.5万吨，比1978年增长了52.1%；棉花560.3万吨，增长了158.6%！同时，农村贫困人口由1978年的77 039万人下降到2015年的5 575万人。农民的人均收入也一直保持稳定增长的态势，2015年农民人均可支配收入11 422元，与2014年相比，扣除价格因素之后，增长了7.5%，和2015年同期城镇居民收入增长幅度相比，比城镇居民收入增长幅度高了0.7个百分点，也就是说，2015年城镇居民人均可支配收入增长幅度是6.8%，农民的收入增长快于城镇居民的收入增长这个态势到去年已经保持了第六年了，正因为这样，城乡居民收入差距也在持续缩小。

2. 农业科技创新成效显著

邓小平说过，“农业的发展，一靠政策，二靠科技，科学技术的发展和作用是无穷无尽的”；“将来农业问题的根本出路，最终要由生物工程来解决，要靠尖端技术”。在土地资源极其有限的情况下，技术进步对于减缓生产要素边际收益递减趋势以至于变更这一规律，起着关键性的作用。科技进步是农业发展的根本动力。党的十六大以来，党和政府对于科技在建设现代农业过程中的重要作用高度重视，在生物育种、粮食丰产、节水农业、数字农业、循环农业、动植物疾病防治等领域开展科技攻关，均取得了一系列重大科技成果，增加了我国农业技术储备，显著提高了农业生产技术水平和综合生产能力。目前，我国主要农作物良种覆盖率提高到96%以上，良种推广达3.5亿多亩，良种在农业增产中的贡献率达到43%以上。据科技部消息，为加强种植业科技创新顶层设计，国家启动实施了“七大农作物育种”重点专项，2016年首批已启动了21个项目，包含271家参加单位，基本涵盖了7大农作物“种质资源鉴定与利用”“基因组学研究”和“育种技术与材料创新”等方面的国内优势单位，国拨经费共计15.62亿元。

3. 农业机械化水平不断改善

农业现代化的一个基本特征就是农业机械化和自动化的水平高低，这对于改善农业生产经营条件、提高农业劳动生产率和经济效益及生态效益都有着重要的作用。据统计，2015年我国农业物资投入中机械总动力的投入是111 728.1万千瓦，比1978年的11 749.9万千瓦提高了8.5倍多；大中型拖拉机6 072.3万台，比2000年增长523%，年均增长51.9%，小型拖拉机1 703万台，比2000年增长35%。[②] 2013年全国农作物耕种收综合机械化水平达到50%，中国三大粮食作物耕种收综合机械化率均超过75%，小麦生产

① 数据来源：《中国统计年鉴(2016)》。
② 数据来源：《中国统计年鉴(2016)》。

基本实现全过程机械化。目前中国农机工业总产值连续十年保持两位数增长，从 2004 年的 854 亿元增加到 2013 年的 3 571 亿元，位居世界第一，农业部预计，到 2020 年中国农作物耕种收机械化水平有望提高到 70%。[①]

4. 农业基础设施建设持续加强

截至 2015 年，我国耕地有效灌溉面积达到了 65 873 千公顷，而 1978 年只有 44 965 千公顷，相比增长了 46.5%；九大商品粮生产基地和五大商品棉生产基地早已形成；2015 年，农村水电全年新增加发电设备容量 241 万千瓦，其中，新投产装机 158 万千瓦，技改净增发电设备容量 84 万千瓦。[②] 电力网络覆盖面积大幅度增加，基本上实现了户户通电；截至 2013 年年底，全国农村公路总里程达到 378.5 万公里，99.97%的乡镇和 99.70%的建制村通了公路，其中 97.8%的乡镇和 89.0%的建制村的公路是沥青路、水泥路，全国 98.6%的乡镇和 92.8%的建制村通了客运班车，农村客运站总数达到 24.6 万个，客运班线数量 9.6 万条，平均日发车班次 117 万次，“村村通”工程打破了农村经济发展的交通瓶颈，解决了亿万农民的出行难题。

粮食和农业综合生产能力的显著提高、农民收入的大幅度增长、农业机械化水平的快速提高、农村交通通讯等基础设施的更加便利、农村环境大为改善、农村医疗制度的逐步健全、社会保障体系的趋于完善、农业基础地位的更加牢固、农村经济的全面发展等这一切都表明我国农业已经进入一个全新的发展时期，为实现农业集约化、集体化准备了极其丰富的物质条件。

(二)农村改革已经培养造就出了一支懂农业、爱农村、爱农民的“三农”工作队伍

中国农民是一个伟大的群体，在党和政府的正确带领下，曾经在中国最危急的时刻多次救中国于危难之中，为中国创造了一个又一个世界奇迹。我党历来都非常重视对农民的教育问题，毛泽东始终强调，社会主义农业现代化的实现离不开农民思想文化素质的提高，必须重视农民教育，这是实现农业社会化的必要条件。从 2004 年开始起，农业部、财政部、劳动和社会保障部、教育部、科技部、建设部共同组织实施农村劳动力转移培训阳光工程，按照城乡经济社会协调发展的要求，把农村劳动力培训纳入国民教育体系，扩大培训规模，提高培训层次，使农村劳动力的科技文化素质总体上与我国现代化发展水平相适应。努力把广大农户培养成有较强市场意识、有较高生产技能、有一定管理能力的现代农业经营者。在政府的大力支持下，我国农村各种多元化、专业化、职业化的复合型实用人才大量涌现，他们或自主生产经营，或活跃在各个农业生产组织各链条之中，为推动我国农村现代化做出了不可磨灭的贡献，

① 数据来源：《中国统计年鉴(2016)》。
② 数据来源：《中国统计年鉴(2016)》。

也为实现“第二次飞跃”积累了宝贵的生产、经营、管理经验，储备了充足的人力资源和智力支持。

（三）第一二三产业的发展与融合促进了农村经济的持续增长

农业产业化经营是农业现代化的重要标志，也是农业发展的明确方向。近年来，国家出台了一系列促进农村一二三产业发展融合的指导意见，按照“基在农业、利在农民、惠在农村”的基本方针，以市场需求为导向，以农业提质增效、农民就业增收为目标，培育了一大批农民合作社、家庭农场和农产品加工业龙头企业，成为一二三产业融合发展中的主力军，形成了农业产前产中产后协调发展和农村一二三产业融合发展的新格局。据统计，1984～2014年的31年间，我国农村一二三产业总产值年均增长分别为0.11%、23%、28%。2014年，全国规模以上农产品加工企业7.57万家，实现主营业务收入18.48万亿元，同比增长8.2%；实现利润总额1.22万亿元，同比增长2.2%；上缴税金总额1.17万亿元，同比增长7.01%；2014年农产品加工业与农业总产值比达到2.12∶1，10年间年均提高0.1个点。另一方面，以休闲农业为代表的三产促进一产直接链接三产带动二产，有效地缓解了资源环境刚性约束和价格“天花板”与成本“地板”的双重挤压。另外，互联网在农村中的普及、大数据在农业中的应用等现代信息技术也在不断地推动着一二三产业的发展，对于补齐农业现代化短板、构建新型的城乡关系、助推城镇化的发展都起到了不可忽视的作用。

（四）一大批“明星村”向我们展示了农村集体经济发展的光明前景

在20世纪80年代，当全国农村开始全面推行家庭联产承包责任制的时候，有些村庄则没有实行包产到户，而是继续坚持走“集体所有、统一经营”的道路，例如河南的刘庄、河北的周家庄、黑龙江的兴十四村等；还有一些村庄开始实行了家庭联产承包，后来在村民的强烈要求下，又将土地及村办企业收归集体，进行统一经营和管理，例如河南的南街村；还有一些村庄从村办企业开始做起，走出了“以企带村、村企合一、共同发展”的路子，例如陕西的东岭村，以及代表了新时期农村改革方向的贵州塘约村。这些村庄始终坚持共同富裕的社会主义理念，在富了自己的同时积极带动周边村庄共同发展，始终坚持弘扬社会主旋律，在狠抓经济发展的同时不忘精神文明建设，如今都成了富甲一方的“全国文明村”。据不完全统计，全国目前大概有近万个集体经济发展高水平的村庄，而且各具特色，竞相发展，据2008年的统计资料显示，在我国60多万个行政村中，年产值超过1亿元的村庄已有8 000多个，超过10亿元的村有163个，百亿元村15个，这些数字还会继续增长，其中绝大多数都是集体经济。如今，这8 000个左右走集体化道路的农村实现了共同富裕和全面、协调、可持续发展，证明集体化是农业发展的正确方向，是实现农业现代化的必由之路。正是坚定地坚持了社会主义的集体经济路线才使这些村庄将社会主义大道越走越宽，那些只看到集体经济村成功的特殊性而忽视其背后普遍性的认识都是不可取的。多年以来，为了解决二元结构带来的矛盾，加快社会转型，在理论界几乎达成的共识就是消灭农村，将农村人口转移到城市。而大量“明星村”的发展现状证明：我国农村是完全可以走出另外一条不同于流行观点的新路子，即农村就地城市化、农民就地变“市民”的新路径。这样一来，不仅大大缓解了城市的就业压力，也减少了社会矛盾的发生，促进了城乡的和谐。这其实也正是毛泽东、邓小平等老一辈无产阶级革命家早年的夙愿。“桃李不言，下自成蹊”。“明星村”的富裕和文明证明了集体经济和市场经济是完全可以融合生长的，现阶段发展农村集体经济是具有现实可能性的，越来越多的农民感受到了集体经济的优越性，对走集体经济道路充满了信心与渴望。

改革开放40多年来，除了南街、华西、刘庄等少数坚持走集体化的村庄外，全国大多数农村都分田到户。如今，集体化和私有化，两种道路，两种命运，孰优孰劣，一目了然。再放眼世界，私有化给各发展中国家带来的灾难让我们引以为戒，只有坚持集体化才是实现社会主义农业现代化、走向共同富裕的唯一通途，建设社会主义新农村就必须理直气壮地坚持集体化。现在已经到了必须实现“第二次飞跃”的关键时刻。甚至有人这样迫切地明言：“中国的前途，中国农村的前途是重新回到社会主义道路。要么现在就回归，要么等到如苏联一样，国家分崩离析，中国人民再经历一次血与火的劫难，再重新革命，重走社会主义道路。”①虽然言辞比较激烈，但是从另一个角度也说明人们对于社会主义道路的深切担忧，如果我们能够在此关键时期，认清形势，纠偏行正，我们有足够的信心在全国建立起真正的社会主义新农村。

无论是从客观物质方面还是主观意愿方面，无论是从理论方面还是实践方面，都充分地证明我国农业改革和发展“第二次飞跃”的条件以臻成熟，实现“第二次飞跃”已经刻不容缓。

参考文献

[1]邓小平，1994，《邓小平文选》第2卷，北京：人民出版社，第17、138、275、315、316、362页。

[2]邓小平，2004，《邓小平年谱(1975—1997)(下)》，北京：中央文献出版社，第1311、1350页。

[3]2016年2月1日陈锡文在国务院新闻办新闻发布会上的讲话。

[4]龚云，2011，集体经济：社会主义新农村的发展方向，《武陵学刊》，第5期，第42—45页。

[5]何干强，2014，《公有制经济振兴之路》，北京：企业管理出版社，第235页。

[6]贺雪峰，2017，论农村土地集体所有制的优势，《南京农业大学学报(社会科学

① 杨召友，《再论中国农村何处去》，http://sl.China.com.cn/2015/0909/2270.shtml。

版)》,第 3 期,第 1—8 页。

[7]武力、郑有贵,2013,《中国共产党"三农"思想政策史》,北京:中国时代经济出版社,第 547 页。

[8]习近平,1992,《摆脱贫困》,福州:福建人民出版社,第 191 页。

[9]徐惠平,2006,社会主义新农村集体经济和合作经济模式,《海派经济学》,第 13 期,第 173—186 页。

[10]章玉丽,2016,我国农业改革和发展的根本方向:大力发展集体经济,《马克思主义研究》,第 8 期,第 12—21 页。

[11]宗锦耀,2015,以农产品加工业为引领推进农村一二三产业融合发展,《农民日报》,5 月 30 日,第 7 版。

The Urgency and Realistic Possibility of Realizing Deng Xiaoping's Second Leap in Agriculture

Zhang Kun

Abstract The thought of "two leaps" is the guiding principle for the reform and development of socialist agriculture in China. At present, "the first leap" has already been realized, and has reached the critical moment of "the second leap". The "second leap" is the fundamental way to solve the rural problems in China, and also the fundamental guarantee to adhere to the direction of socialist reform. At the present stage, whether from the objective material aspect or the subjective aspect, it fully proves that the conditions for the "second leap" in China's agricultural reform and development are mature, and it is urgent to realize the "second leap".

Key words "Second Leap" Socialist Road Urgency Realistic Possibilities

习近平新一代人工智能发展思想

王仕军

内容提要 党的十八大以来,习近平围绕促进新一代人工智能发展,提出了一系列新思想、新理念、新战略,形成了习近平新一代人工智能发展思想,本文从新一代人工智能的地位作用论、加快新一代人工智能发展的重大意义论、战略举措论、国际合作论等四个方面,对这一重要思想进行了初步梳理。

关键词 习近平 人工智能 思想

中图分类号 F276.4

历史的车轮进入新的世纪,新一轮科技革命和产业变革蓄势待发、酝酿重大突破。人工智能经过 60 多年的探索发展,成功跨越"不能用、不好用"到"可以用"的技术拐点,进入了爆发式增长的黄金时期,成为科技创新的下一个"超级风口"(于汉超等,2018)。党的十八大以来,习近平总书记把创新摆在国家发展全局的核心位置,围绕促进新一代人工智能发展,提出了一系列新思想、新理念、新战略,形成了习近平新一代人工智能发展思想,为推动以可持续发展为中心的智能化,全面提升社会生产力、综合国力和国家竞争力,为加快建设创新型国家和世界科技强国、实现"两个一百年"奋斗目标和中华民族伟大复兴中国梦指明了方向、提供了遵循。

一、新一代人工智能的地位与作用论

进入 21 世纪以来,全球创新版图和全球经济结构重构、重塑的步伐因新一轮科技革命和产业变革而大大加快,新供给、新产品、新业态、新产业不断涌现,推动人类生产生活方式及图景的巨变。科学技术从来没有像今天这样深刻影响着国家前途命运和人民生活福祉。人工智能是研究开发能够模拟、延伸和扩展人类智能的理论、方法、技术及应用系统的一门新的前沿、复合科学(谭铁牛,2019)。在移动互联网、传感网、脑科学等新理论新技术及经济社会发展强烈需求的驱动下,人工智能发展迅猛,呈现出深度学习、跨界融合、人机

收稿日期:2019—03—20

作者简介:王仕军(1973—),南京工程学院马克思主义学院教授,主要研究方向为政治经济学。

协同、群智开放、自主操控等新特征①,溢出带动性很强的"头雁"效应日益凸显,正在对经济发展、社会进步、国际政治经济格局等方面产生重大而深远的影响。就经济发展而言,它是经济发展新引擎。人工智能一方面可以通过劳动替代提升生产率,另一方面可以促进产品和服务的创新,甚至可以创造出全新的产品或服务,并由此重构生产、分配、交换、消费等经济活动各环节,对企业规模、企业权力结构、产业模式、社会就业结构、宏观调控模式等产生复杂、重大而深远的影响。就社会进步而言,它是社会建设新机遇。人工智能一方面将极大提高公共服务精准化水平,全面提升人民生活品质;另一方面将显著提高社会治理的能力和水平,有效维护社会稳定等等。就国际政治经济格局而言,它是国际竞争新焦点。人工智能在经济上既可以促进世界经济发展,也可能进一步扩大南北差距;在军事上,可能改变战争内涵和形式,改变人们对战争的立场,让暴力回潮,某些军事强国更加有恃无恐;在政治上,可能会造成强国愈强、弱国愈弱的两极分化和固化态势等等。放眼世界,主要发达国家纷纷把发展人工智能作为提升国家竞争力、维护国家安全的重大战略,力图在新一轮国际科技竞争中掌握主导权。正是基于对人工智能已经带来和可能带来的影响或效应的深刻、系统、全面的考察,习近平在致2018世界人工智能大会的贺信中深刻指出:"新一代人工智能正在全球范围内蓬勃兴起,为经济社会发展注入了新动能,正在深刻改变人们的生产生活方式。"②在中共中央政治局2018年10月31日下午就人工智能发展现状和趋势举行第九次集体学习时强调:"人工智能是引领这一轮科技革命和产业变革的战略性技术,是新一轮科技革命和产业变革的重要驱动力量。"③习近平对新一代人工智能的地位作用的科学认识,为我国加快科技创新步伐、建设世界科技强国指明了努力方向以及切入点和突破口。

二、加快新一代人工智能发展的重大意义论

当前,我国经济社会发展进入新时代,人工智能发展进入新阶段,新时代与新阶段双重叠加的大势之下,习近平深刻指出:"加快发展新一代人工智能是事关我国能否抓住新一轮科技革命和产业变革机遇的战略问题","是我们赢得全球科技竞争主动权的重要战略抓手,是推动我国科技跨越发展、产业优

① 《国务院:新一代人工智能发展规划》,爱思想网,http://www.aisixiang.com/data/110441.html,2018年6月12日。

② 《习近平致2018世界人工智能大会的贺信》,人民网,http://jhsjk.people.cn/article/30298399,2018年9月17日。

③ 《习近平谈人工智能:赢得全球科技竞争主动权的重要战略抓手》,人民网,http://jhsjk.people.cn/article/30376558,2018年11月1日。

化升级、生产力整体跃升的重要战略资源”①。这一重大论断全面系统地揭示了我国加快发展新一代人工智能发展的重大意义，为推动我国新一代人工智能健康发展注入了强大动力。

(一)新一轮科技革命和产业变革的“机会窗口”涌现

历史经验表明，每一轮科技革命和产业变革都存在所谓的“机会窗口”，都为后发国家赶超提供难得的历史机遇。其中的道理在于，新科技革命和产业变革方兴未艾之时，虽然新技术等最初出现在发达国家，由于其技术体系远未定型，科技知识大都处于公共领域并停留在实验室阶段，知识的意会性程度很低，落后国家在这时如果能够迅速进入新技术体系，就有可能把发达国家在早期新技术和科学基础的领先地位转移到本国(贾根良,2014)。在历史上，当时的一些落后国家如英国、德国、美国和日本等都是通过抓住工业革命的“机会窗口期”实现了迅速的崛起。当前，全球科技创新进入空前密集活跃的时期，科学研究和技术创新的范式不断重构，群体性技术突破持续涌现，科技与产业多元深度融合，新的产业组织方式和商业模式层出不穷，绿色智能成为产业发展新潮流，全球价值链、产业链、供应链不断拓展，国际经济格局重塑步伐加快，为包括我国在内的广大发展中国家利用后发优势实现“弯道超车”提供了难得的“机会窗口”。早在2013年9月30日，十八届中央政治局第九次集体学习时，习近平就敏锐地指出：“即将出现的新一轮科技革命和产业变革与我国加快转变经济发展方式形成历史性交汇，为我们实施创新驱动发展战略提供了难得的重大机遇。”2015年11月15日，在土耳其安塔利亚举行的二十国集团领导人第十次峰会上，他强调：“新一轮科技和产业革命正在创造历史性机遇，催生互联网+、分享经济、3D打印、智能制造等新理念、新业态，其中蕴含着巨大商机，正在创造巨大需求，用新技术改造传统产业的潜力也是巨大的。”②机不可失，时不再来。面对新一轮科技革命和产业变革的“机会窗口”，任何等待、观望、懈怠，都可能陷入战略被动，错失发展机遇，甚至错过整整一个时代，都将给国家和民族复兴进程以及中国人民的幸福生活造成难以弥补的损失。2013年11月12日，在中共十八届三中全会第二次全体会议上，他特别指出：“回顾近代以来的历史，我们更能深切感受到抓住机遇、赶上时代的极端重要性。从十八世纪中叶到十九世纪中叶，大概是一百年时间，是工业革命发轫和蓬勃发展的时期，而当时清朝统治者闭关锁国、夜郎自大，失去了工业革命带来的发展机遇，导致我国经济技术进步大大落后于世界发展步伐。从十九世纪中叶到二十世纪中叶，大概又是一百年时间，在西方坚船利炮攻击

① 《习近平谈人工智能：赢得全球科技竞争主动权的重要战略抓手》，人民网，http://jhsjk.people.cn/article/30376558，2018年11月1日。

② 《习近平：创新增长路径 共享发展成果——在二十国集团领导人第十次峰会第一阶段会议上关于世界经济形势的发言》，人民网，http://jhsjk.people.cn/article/27817852，2015年11月15日。

下，我国成为半殖民地半封建国家，列强侵略、政府腐败，长期战火连绵、动荡不宁、民不聊生，根本没有条件进行国家建设，也根本没有条件赶上时代前进步伐。20世纪六七十年代，国际上兴起一场科技革命和产业变革浪潮，东亚一批国家和地区抓住这个机会发展上去了，我国在闹'文革'，错失了良机。党的十一届三中全会以来，我们抓住了机遇，才有了今天这样的大好局面，我们国家和民族大踏步赶了上来。我们不仅要赶上时代，而且要勇于引领时代潮流、走在时代前列。"[①]兹事体大，不容忽视。

(二)加快发展新一代人工智能是我们赢得全球科技竞争主动权的重要战略抓手

历史潮流滚滚向前，科技创新、科技竞争的主线贯穿其间，清晰可辨。古往今来，科技创新就以一种不以人的意志为转移的力量推动着人类社会向前发展，科技竞争就在相当程度上决定着世界经济力量对比的变化，也决定着各个国家、各个民族的前途和命运。2014年5月23日、24日，习近平在考察上海工作时深刻指出："当今世界，谁牵住了科技创新这个'牛鼻子'，谁走好了科技创新这步先手棋，谁就能占领先机、赢得优势。"[②]进入新的时代，人工智能、生物科学、量子技术等领域多点开花、集群突破，新一轮科技革命和产业变革风起云涌。各主要大国纷纷把科技作为本轮战略博弈的核心，全球科技竞争狼烟四起，激烈程度前所未有。作为这一轮科技革命和产业变革的"钥匙"的人工智能，自然成为焦点中的焦点，硬核中的硬核，围绕人工智能的国际科技竞争日趋白热化。各国围绕技术创新、人才培养、标准规范等环节展开了全面布局，出台了一系列政策措施与战略规范。美国在2016年陆续发布了《为人工智能的未来做准备》《国家人工智能研究与发展战略计划》和《人工智能、自动化与经济》三份重量级报告，对美国人工智能发展提出了建议与应对策略。2019年2月11日，美国总统特朗普签署行政令启动"美国人工智能倡议"，旨在从国家战略层面调动更多联邦资金和资源用于人工智能研发，以应对来自"战略竞争者和外国对手"的挑战，确保美国在该领域的领先地位。俄罗斯将于2019年6月中旬完成人工智能国家战略的制定，以加强对人工智能等产业的投资和支持，普京还要求，政府将在2019年底前推出国家通信网络和数据储存处理基础设施发展总体纲要，在2021年底前将俄所有中小学纳入高速互联网网络，在2022年1月1日前建成15个科学教育中心。德国在提出"工业4.0"国家的基础上，2018年进一步出台了《联邦政府人工智能战略要点》文件，要求联邦政府加大对人工智能相关重点领域的研发和创新转化的资助，加

---

① 《习近平关于科技创新论述摘编》(六)，人民网，http://theory.people.com.cn/n1/2016/0330/c402884-28239043.html，2016年3月30日。

② 《习近平两天考察上海5单位 强调牵科技"牛鼻子"》，人民网，http://politics.people.com.cn/n/2014/0525/c1024-25060875.html，2014年5月25日。

强人工智能基础设施建设。法国2017年制定了《国家人工智能战略》,对发展人工智能的具体政策提出了50多项建议,2018年法国总统马克龙又公布了《法国人工智能发展战略》,表明将重点结合医疗、汽车、能源、金融、航天等法国较有优势的行业来研发人工智能技术。英国2016年政府科学办公室发布了《人工智能:未来决策的机会与影响》报告,2017年发布了《在英国发展人工智能》报告,2018年发布了《人工智能行业新政》报告。经过多年的持续积累,我国在人工智能领域取得重要进展,部分领域核心关键技术实现重要突破,一批龙头骨干企业加速成长,在国际上获得广泛关注和认可,我国发展人工智能具有良好基础和独特优势,但也存在诸多"瓶颈"性问题:基础理论薄弱、关键设备缺乏、高端芯片不足、顶端人才不多等等,面对日趋白热化的国际科技竞争态势,主动求变应变,牢牢把握人工智能发展的重大历史机遇,以人工智能为战略抓手,带动我国整体科技实力和竞争力的大幅跃升,无疑是新时代我国赢得国际科技竞争战略主动权的务实选择和必由之路。

(三)加快发展新一代人工智能是我国科技跨越发展、产业优化升级、生产力整体跃升的重要战略资源

从我国科技跨越发展看,加快发展新一代人工智能是重要战略资源。中华人民共和国成立以来,特别是改革开放40多年来,我国科技事业实现了跨越式发展,成为具有全球影响力的科技大国,多项指标位居世界前列,正处在从量的增长向质的提升转变的重要时期。总体上看,我国关键核心技术受制于人的局面尚未根本改变,创造新产业、引领未来发展的科技储备远远不够,军事、安全领域高技术方面同发达国家仍有较大差距,科技大而不强的问题仍十分突出。2015年10月29日,在党的十八届五中全会第二次全体会议上,习近平强调:"我国创新能力不强,科技发展水平总体不高,科技对经济社会发展的支撑能力不足,科技对经济增长的贡献率远低于发达国家水平,这是我国这个经济大个头的'阿喀琉斯之踵'。新一轮科技革命带来的是更加激烈的科技竞争,如果科技创新搞不上去,发展动力就不可能实现转换,我们在全球经济竞争中就会处于下风。"[①]2018年5月28日上午,在中国科学院第十九次院士大会、中国工程院第十四次院士大会开幕时,他强调:"中国要强盛、要复兴,就一定要大力发展科学技术,努力成为世界主要科学中心和创新高地。我们比历史上任何时期都更接近中华民族伟大复兴的目标,我们比历史上任何时期都更需要建设世界科技强国!"[②]建设世界科技强国,得有标志性科技成就。新时代,加快新一代人工智能发展,在理论、方法、工具、系统等方面取得变革

① 《在党的十八届五中全会第二次全体会议上的讲话(节选)》,人民网,http://jhsjk.people.cn/article/28002398,2015年10月29日。

② 《习近平在中国科学院第十九次院士大会、中国工程院第十四次院士大会上的讲话》,人民网,http://jhsjk.people.cn/article/30019426,2018年5月28日。

性、颠覆性突破，全面增强人工智能原始创新能力，取得标志性成就，就可以为我国科技新的跨越提供重要战略资源，加快我国科技跨越的步伐。其中的道理在于：一方面，人工智能取得突破可以占领新一代科技革命战略性技术的世界高地；另一方面，通过发挥人工智能溢出带动性很强的“头雁”效应，通过“人工智能+”的方式，带动相关技术领域的突破，最终大幅提升我国的科技创新能力，加快建设世界科技强国的步伐，实现我国科技发展新的跨越。

从我国产业优化升级看，加快发展新一代人工智能是重要战略资源。产业优化升级本质上是产业从价值链的中低端向中高端的上升过程，是产业竞争力全面提升和经济迈上新台阶的关键。进入新的世纪以来，新一轮科技革命和产业变革孕育兴起，世界主要国家都在加强战略部署，加快新兴产业布局和传统产业改造，产业结构调整的力度前所未有，步伐明显加快。早在2012年12月7—11日，习近平在广东考察工作时就特别强调：“大力推进产业结构优化升级，要从实际出发，着眼于全球产业发展和变革大趋势，瞄准世界产业发展制高点，以提高技术含量、延长产业价值链、增加附加值、增强竞争力为重点，发展战略性新兴产业，发展先进制造业，发展以生产性服务业为重点的现代服务业，推动工业化和信息化深度融合，尽快形成结构优化、功能完善、附加值高、竞争力强的现代产业体系。抓这件事情，就抓住了转变经济发展方式的关键。”[①]党的十八大以来，我国在推动技术创新并以此促进产业转型升级方面取得了很大的进步，新技术、新产业对经济增长的贡献率不断提高，但结构不合理、产能过剩、经济质量和效益低等突出问题和矛盾依然比较突出。在十九大报告中，他深刻指出：要“支持传统产业优化升级，加快发展现代服务业，瞄准国际标准提高水平。促进我国产业迈向全球价值链中高端，培育若干世界级先进制造业集群。”新形势下，加快新一代人工智能发展，可以为我国产业优化升级提供重要战略资源，大大加快优化升级的步伐。基本路径有二：一是通过加快人工智能关键技术转化应用，促进技术集成与商业模式创新，推动重点领域智能产品创新，积极培育人工智能新兴业态，打造具有国际竞争力的人工智能产业集群。二是通过推动人工智能与各行业融合创新，在制造、农业、物流、金融、商务、家居等重点行业和领域开展人工智能应用试点示范，推动人工智能规模化应用，全面提升产业发展智能化水平。

从我国生产力整体跃升看，加快发展新一代人工智能是重要战略资源。党的十八大以来，习近平多次强调：“全面建成小康社会，实现社会主义现代化，实现中华民族伟大复兴，最根本最紧迫的任务还是进一步解放和发展社会生产力。”[②]进入新时代，我国社会主要矛盾转化为人民日益增长的美好生活

---

① 《习近平关于科技创新论述摘编》（七），人民网，http://scitech.people.com.cn/n1/2016/0304/c1007－28171623.html，2016年3月4日。

② 《习近平谈解放思想》，人民网，http://jhsjk.people.cn/article/30429628，2018年11月28日。

需要和不平衡不充分的发展之间的矛盾。总体看,我国社会生产力水平显著提高,社会生产能力在很多方面进入世界前列,更加突出的问题是发展不平衡不充分,这已经成为满足人民日益增长的美好生活需要的主要制约因素。这种不平衡不充分主要表现为发展质量和效益还不高,创新能力不够强,实体经济水平有待提高,生态环境保护任重道远等等。新时代我国的社会主要矛盾的转化,要求我们必须大力推进我国生产力的整体跃升,不断提升发展质量和效益,持续解决好发展不平衡、不充分的问题,更好满足人民在经济、政治、文化、社会、生态等方面日益增长的需要,更好推动人的全面发展、社会全面进步。现代科学技术发展的特点和现状告诉我们,科学技术特别是高端技术,正以越来越快的速度向生产力诸要素全面渗透并与之融合。2015年12月18日,习近平在中央经济工作会议上指出:"要发挥创新引领发展第一动力作用,实施一批重大科技项目,加快突破核心关键技术,全面提升经济发展科技含量,提高劳动生产率和资本回报率。"①"主导国家命运的决定性因素是社会生产力发展和劳动生产率提高,只有不断推进科技创新,不断解放和发展社会生产力,不断提高劳动生产率,才能实现经济社会持续健康发展,避免陷入'中等收入陷阱'。"②2016年5月30日,习近平在全国科技创新大会、两院院士大会、中国科协第九次全国代表大会上强调:"科技是国之利器,国家赖之以强,企业赖之以赢,人民生活赖之以好。中国要强,中国人民生活要好,必须有强大科技。"③当前,加快新一代人工智能的发展可以为我国生产力整体跃升注入强大动力。其一,为高质量发展添薪续力。我国经济已由高速增长阶段转向高质量发展阶段,正处在转变发展方式、优化经济结构、转换增长动力的攻关期,新一代人工智能可以为之添薪续力。比如可以大规模推动企业智能化升级、提高企业运营效率;再比如推进传统产业的智能化升级、插上智能的翅膀等等。其二,加快建设安全便捷的智能社会的步伐。通过人工智能深度应用,形成无时不有、无处不在的智能化环境,造就更多高质量和高舒适度的就业岗位,使人们能够最大限度享受高质量服务和便捷生活,还可以促进社会治理智能化水平大幅提升等等,从而为我国生产力整体跃升提供良好的社会条件。其三,提供国家安全支撑。今天的国家安全内涵已经发生了很大变化,是一种以人民安全为宗旨,以政治安全为根本,以经济安全为基础,以军事、文化、社会安全为保障,以促进国际安全为依托的总体安全。如果没有高科技支撑,安全就会大打折扣。人工智能可以通过多种途径为国家安全提供支撑。

---

① 《回顾十八大以来习近平关于科技创新的精彩话语》,人民网,http://jhsjk.people.cn/article/28398570,2016年5月31日。

② 《习近平论科技创新:科技强国要在标志性技术上下功夫》,中国共产党新闻网,http://cpc.people.com.cn/xuexi/n1/2016/0318/c385475-28209512.html,2016年3月18日。

③ 《习近平:为建设世界科技强国而奋斗》,人民网,http://jhsjk.people.cn/article/28399667,2016年5月31日。

比如通过促进人工智能技术军民双向转化，强化新一代人工智能技术对指挥决策、军事推演、国防装备等的有力支撑；还可以通过促进区块链技术与人工智能的融合，建立新型社会信用体系，最大限度降低人际交往成本和风险等等，从而为我国生产力整体跃升提供良好的安全环境。

三、加快新一代人工智能发展的战略举措论

中共中央政治局2018年10月31日下午就人工智能发展现状和趋势举行第九次集体学习。习近平在主持学习时强调："要深刻认识加快发展新一代人工智能的重大意义，加强领导，做好规划，明确任务，夯实基础，促进其同经济社会发展深度融合，推动我国新一代人工智能健康发展。"①

勇闯人工智能科技前沿的"无人区"。2013年7月17日，习近平在中科院考察工作时强调："我们要引进和学习世界先进科技成果，更要走前人没有走过的路，努力在自主创新上大有作为。如果总是跟踪模仿，是没有出路的。"②加快新一代人工智能发展，首要的一个问题就是加强基础理论研究，支持科学家勇闯人工智能科技前沿的"无人区"，努力在人工智能发展方向和理论、方法、工具、系统等方面取得变革性、颠覆性突破，确保我国在人工智能这个重要领域的理论研究走在前面、关键核心技术占领制高点。

确保人工智能关键核心技术牢牢掌握在自己手里。2018年5月28日，在中国科学院第十九次院士大会、中国工程院第十四次院士大会上，习近平深刻指出：我国"关键核心技术受制于人的局面没有得到根本性改变"，"实践反复告诉我们，关键核心技术是要不来、买不来、讨不来的"。③ 2018年7月13日他主持召开中央财经委员会第二次会议并发表重要讲话，再次强调："关键核心技术是国之重器，对推动我国经济高质量发展、保障国家安全都具有十分重要的意义，必须切实提高我国关键核心技术创新能力，把科技发展主动权牢牢掌握在自己手里，为我国发展提供有力科技保障。"④加快新一代人工智能的发展，要主攻关键核心技术，以问题为导向，全面增强人工智能科技创新能力，加快建立新一代人工智能关键共性技术体系，在短板上抓紧布局，确保人工智能关键核心技术牢牢掌握在自己手里。

推动人工智能科技与产业的无缝对接。科技与产业脱节、"两张皮"的问

① 《习近平谈人工智能：赢得全球科技竞争主动权的重要战略抓手》，人民网，http://jhsjk.people.cn/article/30376558，2018年11月1日。

② 《回顾十八大以来习近平关于科技创新的精彩话语》，人民网，http://jhsjk.people.cn/article/28398570，2016年5月31日。

③ 《习近平在中国科学院第十九次院士大会、中国工程院第十四次院士大会上的讲话》，人民网，http://jhsjk.people.cn/article/30019426，2018年5月29日。

④ 《习近平主持召开中央财经委员会第二次会议》，第一财经，https://www.yicai.com/brief/10117594.html，2018年7月13日。

题，是制约我国科技高效发展的重要因素。2014年12月13日，习近平在江苏省产业科技研究院视察时强调，要深入推进科技和经济紧密结合，推动产学研深度融合，实现科技同产业无缝对接，不断提高科技进步对经济增长的贡献度。[①] 加快新一代人工智能发展，必须有效克服科技与产业"两张皮"的痼疾，紧紧围绕经济社会发展需求，充分发挥我国海量数据和巨大市场应用规模优势，坚持需求导向、市场倒逼的科技发展路径，积极培育人工智能创新产品和服务，推进人工智能技术产业化，形成科技创新和产业应用互相促进的良好发展局面。

加强人工智能人才队伍建设。2013年9月30日，在十八届中央政治局第九次集体学习时，习近平特别强调："人才资源是第一资源，也是创新活动中最为活跃、最为积极的因素。要把科技创新搞上去，就必须建设一支规模宏大、结构合理、素质优良的创新人才队伍。"[②]2014年5月23日、24日，在上海考察时，他再次强调："人才是创新的第一资源。没有人才优势，就不可能有创新优势、科技优势、产业优势。"[③]加快新一代人工智能发展，必须要以更大的决心、更有力的措施，打造多种形式的人工智能高层次人才培养平台，加强人工智能后备人才培养力度，为人工智能科技和产业发展提供更加充分的人才支撑。

充分发挥人工智能对高质量发展的推动作用。我国经济已由高速增长阶段转向高质量发展阶段，正处在转变发展方式、优化经济结构、转换增长动力的攻关期，迫切需要新一代人工智能等重大创新添薪续力。重点在于：其一，围绕建设现代化经济体系，以供给侧结构性改革为主线，在质量变革、效率变革、动力变革中发挥人工智能作用，提高全要素生产率；其二，培育具有重大引领带动作用的人工智能企业和产业，构建数据驱动、人机协同、跨界融合、共创分享的智能经济形态；其三，发挥人工智能在产业升级、产品开发、服务创新等方面的技术优势，促进人工智能同一、二、三产业深度融合，以人工智能技术推动各产业变革，在中高端消费、创新引领、绿色低碳、共享经济、现代供应链、人力资本服务等领域培育新增长点、形成新动能；其四，推动智能化信息基础设施建设，提升传统基础设施智能化水平，形成适应智能经济、智能社会需要的基础设施体系。

创造更加智能的工作方式和生活方式。加强人工智能同保障和改善民生

---

① 《习近平：主动把握和积极适应经济发展新常态 推动改革开放和现代化建设迈上新台阶》，中国共产党新闻网，http://cpc.people.com.cn/n/2014/1215/c64094－26206052.html，2014年12月15日。

② 《习近平：科技创新、制度创新要两个轮子一起转》，人民网，http://jhsjk.people.cn/article/30605179，2019年2月1日。

③ 《习近平：科技创新、制度创新要两个轮子一起转》，人民网，http://jhsjk.people.cn/article/30605179，2019年2月1日。

的结合，从保障和改善民生、为人民创造美好生活的需要出发，推动人工智能在人们日常工作、学习、生活中的深度运用，创造更加智能的工作方式和生活方式。重点在于：其一，创新智能服务体系。抓住民生领域的突出矛盾和难点，加强人工智能在教育、医疗卫生、体育、住房、交通、助残养老、家政服务等领域的深度应用，创新智能服务体系。其二，运用人工智能提高公共服务和社会治理水平。加强人工智能同社会治理的结合，开发适用于政府服务和决策的人工智能系统，加强政务信息资源整合和公共需求精准预测，推进智慧城市建设，促进人工智能在公共安全领域的深度应用，加强生态领域人工智能运用，运用人工智能提高公共服务和社会治理水平。其三，合理规制人工智能发展，防范人工智能风险。要整合多学科力量，加强人工智能相关法律、伦理、社会问题研究，建立健全保障人工智能健康发展的法律法规、制度体系、伦理道德等等，此外，还需要加强人工智能发展的潜在风险研判和防范，维护人民利益和国家安全，确保人工智能安全、可靠、可控。其四，形成推动新一代人工智能发展的工作合力。各级领导干部要努力学习科技前沿知识，把握人工智能发展规律和特点，加强统筹协调，加大政策支持，形成工作合力。

四、加快新一代人工智能发展的国际合作论

2018年5月28日，习近平出席中国科学院第十九次院士大会、中国工程院第十四次院士大会并发表重要讲话，强调："科学技术是世界性的、时代性的，发展科学技术必须具有全球视野。不拒众流，方为江海。自主创新是开放环境下的创新，绝不能关起门来搞，而是要聚四海之气、借八方之力。要深化国际科技交流合作，在更高起点上推进自主创新，主动布局和积极利用国际创新资源，努力构建合作共赢的伙伴关系，共同应对未来发展、粮食安全、能源安全、人类健康、气候变化等人类共同挑战，在实现自身发展的同时惠及其他更多国家和人民，推动全球范围平衡发展。"①新一代人工智能正在全球范围内蓬勃兴起，在构建人类命运共同体的宏大时代背景下，加快新一代智能发展的国际合作，大势所趋，大有可为。

中国态度。造福人类是科技创新最强大的动力。在休戚与共的地球村，共享创新成果，是国际社会的一致呼声和现实选择。2016年9月3日，习近平在二十国集团工商峰会开幕式上发表主旨演讲，大声呼吁："以互联网为核心的新一轮科技和产业革命蓄势待发，人工智能、虚拟现实等新技术日新月异，虚拟经济与实体经济的结合，将给人们的生产方式和生活方式带来革命性

① 《习近平在中国科学院第十九次院士大会、中国工程院第十四次院士大会上的讲话》，人民网，http://jhsjk.people.cn/article/30019426，2018年5月29日。

变化。这种变化不会一蹴而就,也不会一帆风顺,需要各国合力推动,在充分放大和加速其正面效应的同时,把可能出现的负面影响降到最低。"①2018年11月5日,他在首届中国国际进口博览会开幕式上发表主旨演讲中再次表明中国态度:"各国应该把握新一轮科技革命和产业变革带来的机遇,加强数字经济、人工智能、纳米技术等前沿领域合作,共同打造新技术、新产业、新业态、新模式。"②

中国诚意。2018年9月17日,习近平在致2018世界人工智能大会的贺信中明确表示:"新一代人工智能正在全球范围内蓬勃兴起,为经济社会发展注入了新动能,正在深刻改变人们的生产生活方式。把握好这一发展机遇,处理好人工智能在法律、安全、就业、道德伦理和政府治理等方面提出的新课题,需要各国深化合作、共同探讨。中国愿在人工智能领域与各国共推发展、共护安全、共享成果","中国愿意在技术交流、数据共享、应用市场等方面同各国开展交流合作,共享数字经济发展机遇"。③

中国举措。2017年5月14日,习近平在"一带一路"国际合作高峰论坛开幕式上的演讲中表示:"我们要坚持创新驱动发展,加强在数字经济、人工智能、纳米技术、量子计算机等前沿领域合作,推动大数据、云计算、智慧城市建设,连接成21世纪的数字丝绸之路。"④2018年7月10日习近平在中阿合作论坛第八届部长级会议开幕式上的讲话中指出:"中方愿结合阿拉伯国家中长期发展战略规划,加强双方数字经济、人工智能、新材料、生物制药、智慧城市等领域合作。我们要落实好中阿科技伙伴计划,在双方感兴趣的重点领域共建联合实验室。要加快网上丝绸之路建设,争取在网络基础设施、大数据、云计算、电子商务等领域达成更多合作共识和成果。"⑤

习近平新一代人工智能发展思想,立足中国人工智能发展的实际,洞察全球人工智能发展大势,体现了历史与现实的统一、理论与实践的统一、合规律性与合目的性的统一,必将对加快我国新一代人工智能的持续健康发展进而加快建设创新型国家和世界科技强国步伐,注入强大动力,产生重大而实现深远的影响。

① 《习近平:中国发展新起点 全球增长新蓝图——在二十国集团工商峰会开幕式上的主旨演讲》,人民网,http://jhsjk.people.cn/article/28690521,2016年9月5日。

② 《习近平在首届中国国际进口博览会开幕式上的主旨演讲(全文)》,人民网,http://jhsjk.people.cn/article/30382600,2018年11月5日。

③ 《习近平:共享数字经济发展机遇 共同推动人工智能造福人类》,人民网,http://jhsjk.people.cn/article/30299114,2018年9月18日。

④ 《习近平在"一带一路"国际合作高峰论坛开幕式上的演讲》,人民网,http://jhsjk.people.cn/article/29274601,2017年5月15日。

⑤ 《习近平在中阿合作论坛第八届部长级会议开幕式上的讲话》,人民网,http://jhsjk.people.cn/article/30138530,2018年7月10日。

参考文献

[1]贾根良,2014,中国应该走一条什么样的技术追赶道路,《求是》,第 5 期。
[2]谭铁牛,2019,人工智能的历史、现状和未来,《求是》,第 4 期。
[3]于汉超等,2018,中国人工智能发展的若干紧要问题,《科技导报》,9 月 20 日。

Xi Jinping's New Generation of Artificial Intelligence Development

Wang Shijun

Abstract Since the 18th National Congress of the Communist Party of China, Xi Jinping has proposed a series of new ideas, new concepts and new strategies to promote the development of a new generation of artificial intelligence, and formed Xi Jinping's new generation of artificial intelligence development ideas. This paper involves four major aspects: the new generation of artificial intelligence, the role of accelerating the development of artificial intelligence, the theory of strategic initiatives, and the theory of international cooperation.

Key words Xi Jinping Artificial Intelligence Thoughts

应客观评价社会主义前 30 年的经济成就

陈　波

内容提要　对于新中国前 30 年的社会主义探索实践,有着不同的评价。统计数据无可辩驳地表明,前 30 年的探索和建设的历史功绩不容否认。30 年的建设成就,可以归结为:取得了社会主义建设奇迹;成就了改革开放的发展奇迹。从历史唯物主义和唯物辩证法出发,前 30 年中国选择计划经济有其历史必然性,计划经济非但没有失败,反而取得了巨大的功绩。随着中国经济社会的发展,计划经济已经完成了其历史使命,应该功成身退,让位给社会主义市场经济。否定前 30 年的种种观点是历史虚无主义的主要表现。对此应保持警惕并加以批判。

关键词　社会主义前 30 年　计划经济　经济奇迹　历史虚无主义
中图分类号　D616

以党的十一届三中全会为标志,新中国 70 年的历程大体可分为改革前 30 年和改革后 40 年。关于前 30 年的社会主义探索和建设历程,应当给予科学总结和客观评价。只有充分运用马克思主义历史唯物主义和唯物辩证法的方法,进行科学的分析,才能得出客观的结论,形成科学的认识。尽管前 30 年社会主义探索实践充满了曲折,但是,应当看到,前 30 年的探索和建设取得了惊人的成绩,更应当看到,现实由历史发展而来,没有新中国前 30 年的发展奠基,就没有改革开放后中国的繁荣进步。

一、对前 30 年社会主义探索实践的不同评价

现在一些媒体,尤其是在互联网上,谈及前 30 年这段历史,往往是有选择性地恢复历史真相,而且大部分都是一些消极的内容,仿佛前 30 年的中国一

收稿日期:2019—03—21

作者简介:陈波(1973—),上海财经大学经济学院副教授、博士生导师,主要研究方向为社会主义经济理论。

① 本文受到中国社会科学院学部委员、世界政治经济学学会会长程恩富教授 2016 年 12 月 27 日在上海财经大学经济学院所做《十八届六中全会精神解读》报告的启发,但文章中的错误由作者自己承担。

片黑暗，而对当年很多展现中国人民光明、积极一面的往事，却鲜有关心。有的人还喜欢把一些道听途说乃至任意编造的“故事”当作信史，加以渲染。更有少数专家名人，语不惊人誓不休，或者从新旧中国某教授收入水平的变化出发论证人民生活水平在倒退，或者认为这一时期的生活水平还赶不上康乾盛世，更有甚者，认为这是社会全面大倒退的 30 年等，并以此为据肆意攻击党和国家领导人。综合来看，对于 1949—1978 年间中国的经济发展，有“倒退论”“停滞论”“曲折进步论”等(朱高林，2014)。对于一些热衷于抓片言只语，完全忽视历史事实、历史大势和历史主流的观点，我们必须澄清事实，以正视听。

(一)党中央文件及不同时期党的领导人对于前 30 年的评价

中共中央《关于建国以来党的若干历史问题的决议》谈到开始全面建设社会主义的十年(即 1956 年至 1966 年)时写道：“我们现在赖以进行现代化建设的物质技术基础，很大一部分是这个期间建设起来的；全国经济文化建设等方面的骨干力量和他们的工作经验，大部分也是在这个期间培养和积累起来的。”关于 20 世纪 50 年代进行的这场社会主义改造，“整个来说，在一个几亿人口的大国中比较顺利地实现了如此复杂、困难和深刻的社会变革，促进了工农业和整个国民经济的发展，这的确是伟大的历史性胜利”①。这是对前 30 年成就的科学结论。

邓小平指出，前 30 年在新中国历史上占有极其重要的地位。在此期间，“我们尽管犯过一些错误，但我们还是在三十年间取得了旧中国几百年、几千年所没有取得过的进步”②。所以，“这 30 年是值得我们回顾的，值得我们总结的”③。邓小平还就改革开放与前 30 年的关系进行了阐述，他指出：“从许多方面来说，现在我们还是把毛泽东同志已经提出，但是没有做的事情，做起来，把他反对错了的改正过来，把他没有做好的事情做好，今后相当长的时期还是做这件事，当然我们自己也有发展，而且还要继续发展。”④

江泽民在党的十五大报告中强调，讲到 20 世纪有三次历史性的巨大变化，其中第二次是“中华人民共和国的成立和社会主义制度的建立”是历史性的巨变，“中国人民从此站起来了，并且从新民主主义走上社会主义道路，取得建设社会主义的巨大成就。这是中国从古未有的人民革命的大胜利，也是社会主义和民族解放的具有世界意义的大胜利。”⑤

党的十七大报告指出：前 30 年“奠定了根本政治前提和制度基础”，“改革

---

① 中共中央《关于建国以来党的若干历史问题的决议》(1981 年 6 月 27 日中国共产党第十一届中央委员会第六次全体会议通过)，《人民日报》，1981 年 7 月 1 日。

② 《邓小平文选》(第 2 卷)，北京：人民出版社，1994 年，第 167 页。

③ 中共中央文献研究室编，2011，《邓小平思想年编：1975—1997》，北京：中央文献出版社，第 262 页。

④ 《邓小平文选》(第 2 卷)，北京：人民出版社，1994 年，第 300 页。

⑤ 《江泽民文选》(第 2 卷)，北京：人民出版社，2006 年，第 3 页。

开放和社会主义现代化建设，是新中国成立以后我国社会主义建设伟大事业的继承和发展”①。胡锦涛在纪念党的十一届三中全会召开30周年大会上的讲话中，进一步指出，近一个世纪以来，我国先后发生三次伟大革命。“第二次革命是中国共产党领导的新民主主义革命和社会主义革命，推翻了帝国主义、封建主义、官僚资本主义在中国的统治，建立了新中国，确立了社会主义制度，为当代中国一切发展进步奠定了根本政治前提和制度基础。”②在十七大报告基础上，党的十八大报告增加了“提供了宝贵经验、理论准备、物质基础”的评价。③

十八大闭幕不久，习近平总书记明确指出：“我们党领导人民进行社会主义建设，有改革开放前和改革开放后两个历史时期，这是两个相互联系又有重大区别的时期，但本质上都是我们党领导人民进行社会主义建设的实践探索。中国特色社会主义是在改革开放历史新时期开创的，但也是在新中国已经建立起社会主义基本制度并进行了20多年建设的基础上开创的。虽然这两个历史时期在进行社会主义建设的思想指导、方针政策、实际工作上有很大差别，但两者决不是彼此割裂的，更不是根本对立的。不能用改革开放后的历史时期否定改革开放前的历史时期，也不能用改革开放前的历史时期否定改革开放后的历史时期。”④

(二)海外学者对于前30年的评价

海外学者中不乏有人认为，长达30年的计划经济体制，极大地伤害了中国生产力的发展，导致中国经济长期处于一种低效率、粗放型的经济增长状态，拉大了与世界经济的差距，如波兰学者布鲁斯、拉斯基等人就认为，中国“与亚洲其余国家相比，她在初始时期要好些，但以后就明显落到了新兴工业化经济的后面”⑤。但也有不少海外学者对中国前30年的社会主义建设的实践探索给予了高度评价。巴西学者特奥托尼奥·多斯桑托斯认为，毛泽东时代中华人民共和国社会主义建设取得了巨大成就和很多的经验教训。⑥保罗·巴兰总结了中国前30年建设的经验，并对比分析了印度、玻利维亚、危地马拉的情况之后，指出“建立社会主义计划经济是不发达国家经济和社会进

① 胡锦涛：《高举中国特色社会主义伟大旗帜 为夺取全面建设小康社会新胜利而奋斗——在中国共产党第十七次全国代表大会上的报告》，《人民日报》，2007年10月25日。

② 胡锦涛：《在纪念党的十一届三中全会召开30周年大会上的讲话》，《人民日报》，2008年12月19日。

③ 胡锦涛：《坚定不移沿着中国特色社会主义道路前进 为全面建成小康社会而奋斗——在中国共产党第十八次全国代表大会上的报告》，《人民日报》，2012年11月18日。

④ 习近平：《毫不动摇坚持和发展中国特色社会主义在实践中不断有所发现有所创造有所前进》，《人民日报》，2013年1月6日。

⑤ W. 布鲁斯，K. 拉斯基，1998，《从马克思到市场：社会主义对经济体制的探索》，上海：上海人民出版社，第37—38页。

⑥ 特奥托尼奥·多斯桑托斯，1999，《帝国主义与依附》，北京：社会科学文献出版社，第352页。

步的基本的、不可缺少的条件”①。

美国密歇根大学教授亚历山大·艾克斯坦(1966)详细研究了中华人民共和国自 1949 年成立以来的成败得失、发展的动力和模式、历次经济变化起伏的根源,以及对外经济关系的情况等等,得出的结论是:总的说来,中国已取得经济上的巨大成就。中国的经济发展不足以保证高生产、高收入和高消费,却足以维持其成为一个强大的国家,保持能在亚洲推行其军事力量。没有任何根据足以支持中国经济要“垮台”之说,放眼世界,“中国对世界事务的重要影响这一主要因素是美国无法逃避的”②。

耶鲁大学教授莫里斯·迈斯纳认为:“在毛泽东身后的时代里,对毛泽东时代的历史记录的污点吹毛求疵,而缄口不提当时的成就已然成为一种风尚。”“其实毛泽东的那个时代远非是现在普遍传闻中所谓的经济停滞时代,而是世界历史上最伟大的现代化时代之一,与德国、日本和俄国等几个现代工业舞台上主要后起之秀的工业化过程中最剧烈时期相比毫不逊色。”③

不少学者认为,前 30 年的建设为中国后 30 年的发展奠定了良好的基础。诺贝尔经济学奖获得者阿马蒂亚·森曾评论说,中国的市场经济改革之所以取得了惊人的成绩,是中国改革前奠基工作的产物,而不是改革后重定方向的结果。④

著名左翼学者乔万尼·阿里吉的看法颇具代表性。他认为,毛泽东时代,甚至“文革”时期,中国的普及教育、工业化、农村集体工业萌芽,都是中国经济起飞的基础,也是后来乡镇企业萌芽发展、农村工业化开始的先导。他特别分析了为什么世界上许多国家都实行对外开放政策,唯有中国的对外开放能够成就巨大,举世瞩目,其秘密就是,中国吸引外资的并不是其巨大且极其低廉的劳动力——这个条件印度等很多第三世界大国都具有,而是这个劳动储备的高质量,包括健康状况、教育程度以及自我管理能力等方面,再加上中国政府的资源动员能力(能源、交通等基础设施建设),改革的成功在很大程度上基于中国革命早前所取得的成就。⑤

---

① 保罗·巴兰,2014,《增长的政治经济学》,北京:商务印书馆,第 374 页。

② Alexander Eckstein,1973,Economic Growth and Change in China:A Twenty-Year Perspective. *The China Quarterly*,Volume 54,June,pp. 211—241.

③ 莫里斯·迈斯纳,1998,为了建设新中国——外国人眼中的毛泽东时代,《英才》,第 12 期,第 35—38 页。

④ 参见 Rone Tempest,1997,How China Beat India in Race for Success. *Los Angeles Times*,August 10。阿玛蒂亚·森的评价原文是:“The force of China's market economy rests on the solid foundations of social changes that occurred earlier,India cannot simply jump onto that bandwagon without paying attention to the enabling social changes—in education,health care and land reforms—that made the market function in the way it has in China”。

⑤ 乔万尼·阿里吉,2009,《亚当·斯密在北京:21 世纪的谱系》,北京:社会科学文献出版社,第 373—375 页。也有一些国内文献将“阿里吉”(Giovanni Arrighi,1937—2009)翻译为“阿锐基”。

(三)国内学者对于前 30 年的评价

有一些学者指出，前 30 年存在的最大问题在于经济效率的低下(宋养琰，2008)，经济效率低下的最重要的原因在于中国采用了计划经济，而不是市场经济，“从许多国家计划经济的实践结果可以看出，这种计划经济并没有取得预想的效果，在有些情况下，甚至导致了巨大的灾难”①。也有学者从重工业优先发展战略及“大跃进”的经济行动上探寻前 30 年经济低效率和经济波动的原因(海闻，2010)。

更多的学者强调要实事求是和辩证地评价前 30 年的经济建设。曹雷和程恩富(2009)指出：“中国在改革开放前 1949—1978 年的大约 30 年间完成了重化工业化、核工业化，建立了一个门类初步齐全、依靠内循环可以基本自给自足的国民经济体系，实现了包括导弹、卫星、核武器在内的自我武装，经济发展速度赶上并超过了世界大多数国家，年均 GNP 约为 6.1%，可以跻身同期世界最快之列，社会生产力、综合国力、人民生活水平均比新中国成立前有较大提高，与主要发达国家的若干重要经济差距迅速缩小。”②丁冰(1999)认为，前 30 年中国工农业生产、建筑、交通运输、商业、科教文卫等各条战线都蓬勃发展。靖学青(2004)认为，对前 30 年经济布局的评价既要客观又要一分为二，尤其是不能脱离开当时国内外环境或因人们价值观念和评价标准的变化而缩小甚至否定其历史功绩，给予过多的责难。金冲及(2009)指出，要以尊重历史的态度来看待新中国的“前 30 年”，前 30 年不仅取得了高速经济增长，还用比西方许多国家短很多的时间，就基本上建立起独立的、比较完整的工业体系和国民经济体系。张启华(2013)认为，改革开放前后两个历史时期，是一个整体，是一脉相承的。两个历史时期的本质都是进行社会主义建设的实践和探索，前 30 年虽然历经挫折，但是整个来看成绩是主要的。杨帆(2008)高度评价了前 30 年计划经济的作用，认为这是中国拒绝依附型道路的正确选择，在实践中也取得了惊人的成就。胡新民(2016)认为，由于党和群众同甘共苦、同心协力，办成了一些具有重大意义的大事。国防工业和科技，农田基本建设、特别是水利建设，都取得了不俗的成绩。

很多学者也从前 30 年与后 30 年的关系角度展开了研究，普遍认为，前 30 年为后 30 年奠定了物质、技术和制度基础。如关海庭和田巍(2011)认为，改革开放得以顺利启动，与毛泽东时代的发展为改革开放打下了良好的基础有着重要的关系。张启华(2013)认为，前 30 年的成绩为以后的社会主义建设打下了制度和物质的基础，提供了许多正反两方面的经验，尤其是前 30 年初步建立起独立的比较完整的工业体系和国民经济体系，是标志性的成果。石

① 张维迎，2015，《经济学原理》，西安：西北大学出版社，第 170 页。

② 曹雷、程恩富，2009，新中国 60 年经济发展是一个辉煌整体，《军队政工理论研究》，第 4 期，第 94—98 页，第 110 页。

红聚和张彬(2009)认为,前30年实现了民族独立。奠定了社会主义的制度基础。打下了发展的基本经济基础,前30年的探索为后30年改革开放做了充分准备。彭波和郑德荣(2016)认为,前30年探索中国式工业化道路的经验教训同样是开辟中国道路的宝贵财富。黄明成(2009)认为,把前后两个30年割裂开来或者对立起来都是错误的。改革开放前30年为后30年提供了政治前提,奠定了制度基础,打下了物质技术支撑,提供了一定的思想保证,积累了正反两方面的经验。

中国台湾大学政治系教授、台湾"中央研究院"院士朱云汉(2015)的观点颇具见地:"很多研究中国发展经验的学者,都忽视了中国特殊的政治体制带来的优势。一般流行的看法都认为,1949年新中国的成立到1978年'改革开放'这前面30年都浪费掉了,走了很长的冤枉路,甚至可以说完全是'黑暗时期',这个认知并不正确,至少是以偏概全。客观地说,这个时期不完全是白费,中国在这个时期以极为高昂的社会代价,牺牲了很多人,建构了日后改革开放的政治与社会基础。这个基础是让其他发展中国家根本没有办法模仿的,只能理解而难以复制。中国共产党摸索奋斗30年,这30年并没有白费。"①

二、前30年社会主义建设探索的历史成就

统计数据显示,中国前30年社会主义建设的实践探索,其历史功绩不容否认。本文认为,前30年的建设成就,可以归结为两个方面:其一是取得了社会主义建设奇迹;其二是成就了改革开放的发展奇迹。

(一)前30年社会主义建设奇迹

统计数据表明,中国前30年社会主义建设同样取得了世界奇迹。②

1. GDP增长数据表明前30年中国经济增长领先世界

1952年我国GDP为679亿元,1953年GDP为824.2亿元,1957年"一五"计划完成时GDP为1 069.3亿元,1962年"二五"计划完成时GDP为1 236.4亿元,1970年"三五"计划完成时GDP为2 261.3亿元,1975年"四五"计划完成时GDP为3 013.1亿元,1978年我国GDP为3 645.2亿元。

从同比发展速度来看,尽管在1960、1961、1962、1967、1968以及1976这几年,由于种种原因,我国经济增长出现了下降,但是,在1952—1978年间,我国名义GDP的年均增速仍然高达6.68%。1952年我国人均GDP为119.4元,1978年为381元,1952—1978年间,人均GDP的年均增速高达4.56%。

① 朱云汉,2015,《高思在云:中国兴起与全球秩序重组》,北京:中国人民大学出版社,第125页。
② 如无特别注明,本文的数据均来自于《新中国60年统计资料汇编:1949—2008》,中国统计出版社,2010年。

在 1952—1978 年间，我国实际 GDP 的年均增速高达 6.15%，实际人均 GDP 的年均增速高达 4.05%。同期世界经济的平均增长速度是 3%，中国的发展速度是世界同期的 2 倍多。

从定基比发展速度（亦即总速度）来看，1978 年我国 GDP 是 1952 年的 471.4 倍，1978 年第一产业总产值是 1952 年的 170.1 倍，第二产业总产值是 1952 年的 1 525.2 倍，第三产业总产值是 1952 年的 392.7 倍，人均 GDP 是 1952 年的 280.5 倍。1978 年农林牧渔业总产值是 1952 年的 206.2 倍，农业总产值是 1952 年的 191.3 倍，林业总产值是 1952 年的 892.2 倍，牧业总产值是 1952 年的 249.8 倍，渔业总产值是 1952 年的 1 222.5 倍。

表 1　　国内生产总值指数(上年＝100)

年份	国内生产总值指数（上年＝100）					国内生产总值指数（1952 年＝100）				
	GDP	第一产业	第二产业	第三产业	人均GDP	GDP	第一产业	第二产业	第三产业	人均GDP
1953	115.6	101.9	135.8	124.9	113.1	115.6	101.9	135.8	124.9	113.1
1954	104.2	101.7	115.7	99.6	101.8	120.5	103.6	157.1	124.4	115.1
1955	106.8	107.9	107.6	104.8	104.5	128.7	111.8	169.0	130.4	120.3
1956	115.0	104.7	134.5	113.3	112.7	148.1	117.0	227.3	147.7	135.6
1957	105.1	103.1	108.0	104.7	102.4	155.6	120.6	245.5	154.6	138.9
1958	121.3	100.4	152.9	118.1	118.3	188.6	121.1	375.4	182.6	164.3
1959	108.8	84.1	125.8	115.6	106.7	205.3	101.9	472.3	211.0	175.3
1960	99.7	83.6	105.6	105.0	99.5	204.6	85.2	498.6	221.5	174.5
1961	72.7	101.4	57.9	74.2	73.4	148.7	86.5	288.8	164.3	128.1
1962	94.4	104.5	89.2	90.7	93.6	140.4	90.4	257.8	149.0	119.9
1963	110.2	111.3	114.5	104.4	107.5	154.7	100.6	295.2	155.5	129.0
1964	118.3	112.9	125.6	115.5	115.5	182.9	113.6	370.8	179.6	149.0
1965	117.0	109.7	124.2	115.8	114.3	214.1	124.6	460.6	208.1	170.3
1966	110.7	107.2	122.4	98.1	107.7	237.1	133.6	564.0	204.1	183.4
1967	94.3	101.9	85.7	100.5	91.9	223.6	136.1	483.3	205.2	168.6
1968	95.9	98.4	90.8	100.7	93.4	214.4	134.0	438.7	206.5	157.5
1969	116.9	100.8	133.1	113.4	113.7	250.6	135.1	584.0	234.3	179.1
1970	119.4	107.7	134.8	107.1	116.1	299.3	145.5	787.3	250.9	208.1
1971	107.0	101.9	112.3	105.8	104.1	320.4	148.2	884.2	265.5	216.7
1972	103.8	99.1	106.7	105.1	101.2	332.4	146.9	943.6	279.1	219.4
1973	107.9	109.0	108.3	105.5	105.4	358.5	160.1	1 022.1	294.3	231.3
1974	102.3	104.1	101.4	101.5	100.2	366.8	166.7	1 036.4	298.8	231.8

续表

年份	国内生产总值指数(上年=100)					国内生产总值指数(1952年=100)				
	GDP	第一产业	第二产业	第三产业	人均GDP	GDP	第一产业	第二产业	第三产业	人均GDP
1975	108.7	102.0	115.8	104.9	106.8	398.7	170.1	1200.2	313.5	247.5
1976	98.4	98.2	97.5	100.4	96.9	392.2	167.1	1 170.3	314.7	239.8
1977	107.6	97.8	113.3	109.6	106.2	422.1	163.4	1 325.8	345.0	254.5
1978	111.7	104.1	115.0	113.8	110.2	471.4	170.1	1 525.2	392.7	280.5

资料来源:《新中国60年统计资料汇编:1949—2008》,中国统计出版社,2010年。

1961—1978年间,中国的实际GDP增长率为7.02%,同期澳大利亚实际GDP增长率为4.30%,加拿大为4.83%,法国为4.60%,英国为2.80%,美国为4.05%,日本为7.35%。1961—1978年间,中国的人均实际GDP增长率为4.72%,同期澳大利亚人均实际GDP增长率为2.40%,加拿大人均实际GDP增长率为3.14%,法国人均实际GDP增长率为3.71%,英国人均实际GDP增长率为2.42%,美国人均实际GDP增长率为2.88%,日本人均实际GDP增长率为6.16%。数据表明,无论是实际GDP增长速度还是人均GDP增长速度,中国的发展速度均远远高于美、英、法、澳、加等国①,低于日本的水平。

需要指出的是,与日本情况相同的是,保持高速经济增长的日本与中国都具有非常高的投资率,也就是说两国的资本积累率都非常高,不同的是,日本之所以具有动员这样大规模投资的能力,主要在于日本家庭具有非常高的储蓄率,而中国依靠的是国家动员能力。② 更重要的是,两国经济发展面临的国内基础和外部条件都有着巨大差异。与日本的情况不同,中国前30年社会主义建设的起点是一穷二白,新中国成立的时候,中国大部分地区的现代工业还是一片空白,几乎有2/3的产值来自农业,而来自工业的不足1/5,而且,大部分工业产品都是用传统手工业方法生产出来的,以现代工业生产方式生产的产品产量还不到总产值的10%。③ 既无资金又无技术,还少外援,从1952年到1973年,美国就联合世界资本主义国家对中国的贸易、旅游、金融交易进行了全面封锁,从1960年起,苏联也对中国进行了封锁。④

---

① 中国增长率根据《新中国60年统计资料汇编:1949—2008》的数据计算得出。澳大利亚、加拿大、法国、英国和美国的原始数据来自OECD国家年度统计数据,增长率经计算得出,由于该数据库只提供了上述国家1961年以来的相关数据,所以,为了进行比较,本文只计算了1961—1978年间的数据,并与中国的情况做了比较。

② 参见安格斯·麦迪逊,2003,《世界经济千年史》,北京:北京大学出版社,第130—137页。

③ 费正清、罗德里克·麦克法夸尔主编,1990,《剑桥中华人民共和国史(1949—1965)》,上海:上海人民出版社,第155—157页。

④ 苏联曾经援助中国建设156个项目,包括7个钢铁厂、24个电站和63个机械厂。苏联的援建对于中国社会主义建设的贡献,其重要性不论怎样估计都不会过高。参见费正清、罗德里克·麦克法夸尔主编,1990,《剑桥中华人民共和国史(1949—1965)》,上海:上海人民出版社,第187—191页。

2. 经济结构的数据显示前30年中国经济成长领先世界

1952年,我国国内生产总值中,第一产业占比51.0%,第二产业占比20.9%,第一个五年计划起步的1953年,第一产业占比46.3%,第二产业占比23.4%,1958年,我国国内生产总值中,第一产业占比34.4%,第二产业占比37.0%,第二产业占比反超第一产业占比,1978年第二产业占比上升至47.9%,第一产业占比则下降到28.2%。这表明我国加速完成了工业化。

我国主要工业制成品产出增长成就惊人。与1949年相比,1978年我国原煤产量增长18.3倍,原油产量增长866.1倍,天然气产量增长1 960.4倍,发电量增长58.7倍,生铁产量增长138.2倍,粗钢产量增长197.6倍,成品钢材产量增长168.8倍,焦炭产量增长85.9倍,水泥产量增长97.8倍,硫酸产量增长164.3倍,化肥产量增长1 447.8倍,纱产量增长6.3倍,布产量增长4.8倍,机制纸及纸板产量增长38.9倍,成品糖产量增长10.4倍。与“一五计划”起步的1953年相比,1978年我国原煤产量增长7.8倍,原油产量增长166.8倍,天然气产量增长1 247.2倍,发电量增长26.9倍,生铁产量增长14.6倍,粗钢产量增长17倍,成品钢材产量增长14倍,焦炭产量增长12.2倍,水泥产量增长15.8倍,硫酸产量增长24.4倍,化肥产量增长172.9倍,纱产量增长2.2倍,布产量增长1.4倍,机制纸及纸板产量增长9.2倍,成品糖产量增长2.5倍。

我国主要农产品产出成绩斐然。1949年,全国主要农业产品产量分别是,粮食11 318万吨、棉花44.4万吨、油料256.4万吨、黄红麻3.7万吨、糖料283.3万吨、茶叶4.1万吨、水果120万吨和水产品44.8万吨。1953年主要农业产品产量分别达到,粮食16 683万吨、棉花117.5万吨、油料385.6万吨、黄红麻13.8万吨、糖料771.4万吨、茶叶8.5万吨、水果296.9万吨和水产品190万吨。

1978年我国主要农业产品产量分别为,粮食30 476.5万吨,分别较1949年和1953年增加了19 158.5万吨和13 793.5万吨,分别增长了1.7倍和0.8倍;棉花216.7万吨,较1949年和1953年分别增加了172.3万吨和99.2万吨,分别增长了3.9倍和0.8倍;油料521.79万吨,较1949年和1953年分别增加了265.39万吨和136.19万吨,分别增长了1倍和0.4倍;黄红麻108.775万吨,较1949年和1953年分别增加了105.075万吨和94.975万吨,分别增长了28.4倍和6.9倍;糖料2 381.87万吨,较1949年和1953年分别增加了2 098.57万吨和1 610.47万吨,分别增长了7.4倍和2.1倍;茶叶26.8万吨,较1949年和1953年分别增加了22.7万吨和18.3万吨,分别增长了5.5倍和2.2倍;水果656.97万吨,较1949年和1953年分别增加了536.97万吨和360.07万吨,分别增长了4.5倍和1.2倍;水产品465.4万吨,较1949年和1953年分别增加了420.6万吨和275.4万吨,分别增长了

9.9倍和1.6倍。

从主要产品的产量看,50年代初中国都排在世界工业国家的后面,而到了1978年钢产量就超过了英、法、意,成为继美、苏、日之后的第四位国家;石油由过去有名的"贫油大国"而一跃成为基本上自给的世界"第八产油大国"。其他如:原煤跃居第三位;棉纱产量跃居第一位,发电量跃居第七位,粮食产量跃居第二位,棉花产量跃居第三位等。中国从无到有,建立起规模庞大的航空、航天、原子能及门类齐全的军工体系,并在这些领域取得了奠定中国大国地位的巨大成就。至毛泽东逝世时,中国已由一个农业国发展成为从喷气式飞机、运载火箭、核潜艇到工业成套设备和所有农业机械无所不能造的工业大国。中国在1976年时的工业门类齐全程度、技术水平和开发能力在发展中国家中是首屈一指的,并在部分领域接近甚至达到发达国家水平。

3. 社会建设的成就意味着前30年中国发展成绩斐然

中国经济发展的成功还有其他的标准加以证实。首先,从人均寿命的数据来看,中国的人均寿命,从1950年的36岁延长到1957年的57岁,比当时低收入国家的人均寿命长15岁。① 根据世界银行提供的世界发展指标的数据,1960年中国人均寿命43.4岁,同年韩国53.0岁,巴西54.2岁,乌克兰68.3岁。中国平均寿命1971年超过巴西(59.9岁),1976年超过韩国(64.3岁),1978年中国人均寿命65.5岁,1950年到1978年间,中国普通百姓的预期寿命提高了29.5岁。②

其次,教育发展迅速,尤其是中小学生教育及幼儿园教育高速增长,大学在校学生人数也有了较大增加。1950年3月24日,政务院第25次会议,通过了《关于统一管理1950年财政收支的决定》,初步形成新中国教育经费投入保障体制,力图建立一个免费的教育系统,根据《中国财政年鉴2000年》的统计数据,在1952—1978年间,公共财政对教育的支出占GDP的比重一直比较平稳,基本在2%—3%的水平之间波动,个别年份,如1960年高达3.18%。1952年我国小学学龄儿童净入学率为61.7%,小学毕业生升学率为44.2%,初中毕业生升学率为39.7%。1975年小学学龄儿童净入学率达到96.8%的历史高点,小学毕业生升学率高达90.6%,初中毕业生升学率达到60.4%。

再次,医疗卫生事业发展迅速。1949年全国有各类卫生机构数3 670个,其中医院2 600个,门诊部769个,妇幼保健院9个,专科防治院11个。1953年全国各类卫生机构数上升到52 038个,其中医院3 482个,门诊部38 987个,妇幼保健院4 144个,专科防治院255个,疾病预防控制中心313个。1978年,全国各类卫生机构数达到169 732个,较1949年增加166 062

① 费正清、罗德里克·麦克法夸尔主编,1990,《剑桥中华人民共和国史(1949—1965)》,上海:上海人民出版社,第165页。

② 数据来源于:世界银行世界发展指标的数据库,http://databank.worldbank.org/data/。

个，增长45.2倍，较1953年增加117 694个，增长2.3倍；医院达到9 293个，较1949年增加6 693个，增长2.6倍，较1953年增加5 811个，增长1.7倍；门诊部达到94 395个，较1949年增加93 626个，增长121.8倍，较1953年增加55 408个，增长1.4倍；专科防治院达到887个，较1949年增加876个，增长79.6倍，较1953年增加632个，增长2.5倍；疾病预防控制中心达到2 989个，较1953年增加2 676个，增长8.6倍。此外，在广大的农村地区建立起了55 018个卫生院。

最后，社会保障和社会福利建设从无到有。计划经济时期，在中国历史上第一次建立起相对稳定和制度化的国家社会福利体系（成海军和陈晓丽，2011）。在农村地区，救灾救济制度和农村“五保”制度的建立，依托国家救助和集体经济，使中国农村的老弱病残者和生活有特殊困难的人，在制度上得到了社会福利保证；在城市地区，由于城市职工社会保险制度的建立和各类提高职工福利待遇和水平的举措，到1956年前后，我国初步建成了以国家为责任主体，覆盖国家机关、国有企事业单位职工的福利保障制度。

（二）前30年建设成就了改革开放后的“中国奇迹”

历史具有连续性和传承性，盲目否定新中国前30年的历史，是罔顾社会历史发展的规律，也是不尊重社会历史发展的事实。应当看到，新中国前30年建设为改革开放后的发展奠定了很好的基础，可以说，在某种意义上，前30年的建设成就了改革开放后的发展奇迹。

首先，新中国前30年奠定了当代中国发展的物质基础。

改革初期大量实物经济和生产力是计划经济时期积累的，所以，计划经济为市场经济发展奠基（杨帆，2008）。前30年不仅GDP高速增长，各种基础设施建设也发展迅速。在交通基础设施建设方面，1949年我国铁路营业里程2.18万公里，公路里程8.07万公里，内河航道里程7.36万公里，1953年铁路、公路、内河航道里程分别增加到2.38万公里、13.71万公里和9.5万公里，1953年我国民航事业在1949年空白的基础上发展起来，民航航线里程达到1.4万公里。1978年铁路、公路、内河航道及民航航线里程分别达到5.17万公里、89.02万公里、13.6万公里和14.89万公里，较“一五”计划起步的1953年分别增长了1.2倍、5.5倍、0.4倍和9.6倍。

在水利建设方面，新中国成立前我国只有大型水库6座、中型水库17座、小型水库1 200座（含部分灌溉工程数），大中小水库1 223座（含部分灌溉工程数），总库容估计200亿立方左右。1949—1976年，全国建成大型水库302座、中型水库2 110座、小型水库82 000多座，大中小水库84 000多座，总库容4 000亿立方。截至1976年底，全国有大中小水库85 400多座，总库容4 200亿立方。

在农业生产基础设施建设方面，1952年我国农作物总播种面积141 256

千公顷，农业机械总动力18.4万千瓦，有效灌溉面积19 959千公顷，化肥施用量7.8万吨，农村用电量0.5亿千瓦小时，1978年，我国农作物总播种面积150 104.1千公顷，较1952年增加8 848.1千公顷，增长0.1倍；农业机械总动力11 749.9万千瓦，较1952年增加11 731.5万千瓦，增长637.6倍；有效灌溉面积44 965.0千公顷，较1952年增加25 006.0千公顷，增长1.3倍；化肥施用量884.0万吨，较1952年增加876.2万吨，增长112.3倍；农村用电量253.1亿千瓦小时，较1952年增加252.6亿千瓦小时，增长505.2倍。

毫无疑问，上述基础设施的建设，为改革开放之后的“中国奇迹”奠定了坚实的基础。这也引起了海内外学者的关注，印度学者阿加瓦拉就认为，1978—1984年中国农业生产的发展是建立在毛泽东时代的遗产之上的。[①]

其次，新中国前30年奠定了当代中国发展的制度基础。

新中国前30年，实现了国家统一和独立，建立和保卫了新生的人民民主专政政权，实现了除台、港、澳之外的国家统一，取得了民族独立和主权、领土的完整，尤其是中国在军事工业方面所取得的“两弹一星”等成就，为改革开放后的发展提供了政权稳固、社会安定、国际环境相对有利的条件；前30年创立了人民代表大会制度、中国共产党领导的多党合作与政治协商制度、民族区域自治制度，奠定了当代中国发展的政治基础；前30年通过对农业、手工业和资本主义工商业的社会主义改造，建立起了社会主义公有制的基本经济制度，奠定了社会主义的经济基础。“中国建立了动员能力特别强的现代国家体制，并且树立了非常强的国家意志。这个体制在中国的历史上和地域上从来没有出现过，其动员渗透能力深入到社会的最底层。同时，共产党完成了一场相当彻底的社会主义革命，把私有财产权，尤其是最重要的土地资本，变为国有或是集体所有。而这个庞大的国有资产，是后来30年经济快速发展的资本。”“其他很多国家没有走这条激进的革命道路，很难复制这个历史条件。”[②]保罗·巴兰总结了中国前30年建设的经验，对比分析了印度、玻利维亚、危地马拉的情况之后，指出社会主义显然是克服不发达的唯一道路，“建立社会主义计划经济是不发达国家经济和社会进步的基本的、不可缺少的条件”[③]。

再次，新中国前30年奠定了当代中国发展的人才基础。

计划经济时期建立起来的义务教育体系和完善的基础教育体系，以及公共医疗体系的建设，为中国的发展培养了一批高素质的劳动者。单从教育基础设施建设来看，1949年，我国普通高等学校毕业生2.1万人，普通中学毕业生28万人，普通小学毕业生64.6万人。1953年，我国普通高等学校毕业生

① R. Agarwala, 2002, *The Rise of China: threat or opportunity*? New Delhi: Bookwell, pp. 95—96.

② 朱云汉，2015，《高思在云：中国兴起与全球秩序重组》，北京：中国人民大学出版社，第125页。

③ 保罗·巴兰，2014，《增长的政治经济学》，北京：商务印书馆，第374页。

4.8 万人，较 1949 年增加 2.7 万人，增长 1.29 倍；普通中学毕业生 45.4 万人，较 1949 年增加 17.4 万人，增长 0.6 倍；普通小学毕业生 293.5 万人，较 1949 年增加 228.9 万人，增长 3.5 倍。1977 年恢复高考后，1978 年我国普通高等学校毕业生 16.5 万人，较 1949 年增加 14.4 万人，增长 6.9 倍，较 1953 年增加 11.7 万人，增长 2.4 倍；普通中学毕业生 2 375.3 万人，较 1949 年增加 2 347.3 万人，增长 83.8 倍，较 1953 年增加 2 329.9 万人，增长 51.3 倍；普通小学毕业生 2 287.9 万人，较 1949 年增加 2 223.3 万人，增长 34.4 倍，较 1953 年增加 1 994.4 万人，增长 6.8 倍。

1949 年我国有普通高等学校 205 所，高中 1 597 所，初中 2 448 所，普通小学 346 769 所。1953 年，我国共有普通高等学校 181 所，高中 1 206 所，初中 3 227 所，普通小学 512 056 所，由于受 1952—1953 年全国高校院系大调整的影响，普通高等学校数量较 1949 年减少 24 所，初中增加 779 所，普通小学增加 165 287 所，1953 年我国建立 5 469 所幼儿园。1978 年，我国普通高等学校增加到 598 所，高中 49 215 所，初中 113 130 所，普通小学 949 323 所，幼儿园 163 952 所，较 1953 年分别增加了 417 所、48 009 所、109 903 所、437 267 所和 158 483 所，分别增长了 2.3 倍、39.8 倍、34.1 倍、0.9 倍和 29 倍。1958—1965 年期间，我国还发展职业技术教育，1958 年我国建立职业中学 20 023 所，1965 年职业中学增加到 61 626 所，增长 2.1 倍。各类公立学校有效地提高了我国劳动力的素质，为国家建设和发展培养了大批的人才。

我国研究生教育起步晚，但发展迅速，尤其是研究生的数量增长与规模发展迅速，为国家发展培养了一批高级人才。1949 年我国研究生在学人数、招生数和毕业生数分别为 629 人、242 人和 107 人。1953 年我国研究生在学人数、招生数和毕业生数分别为 4 249 人、2 887 人和 1 177 人，较 1949 年分别增加 3 620 人、2 645 人和 568 人。虽然在 1966—1977 年间我国研究生教育被终止，但是，1977 年我国恢复了研究生教育制度后，1978 年我国研究生在学人数和招生数分别达到 10 934 人和 10 708 人，较 1953 年分别增加 6 685 人和 7 821 人，分别增长了 1.6 倍和 2.7 倍。1953 年我国有出国留学人员 675 人，学成回国人员 16 人，1978 年我国出国留学人员和学成回国人员分别达到 860 人和 248 人，较 1953 年分别增加 185 人和 232 人，分别增长了 0.3 倍和 13.5 倍。

中国教育事业的快速发展，为改革开放以后的发展奠定了良好的人才和技术基础。乔万尼·阿里吉(2009)特别分析了为什么世界上许多国家都实行对外开放政策，唯有中国的对外开放能够成就巨大，举世瞩目。他发现的秘密是，中国吸引外资的并不是其巨大且极其低廉的劳动力——这个条件印度等很多第三世界大国都具有，而是这个劳动储备的高质量，包括健康状况、教育程度以及自我管理能力等方面，再加上中国政府的资源动员能力(能源、交通等基础设施建设），改革的成功在很大程度上基于中国革命早前所取得的成就。杨帆（2008）也指出，计划经济时期生育大量人口并且由国家负责医疗和教育，是不可忽视的，因为人是生产力中最活跃的因素，大量国有企业的人才下海，兼职和技术外溢，给乡镇企业提供了人力资本。

最后，新中国前 30 年建设经验为改革开放的发展指明了方向和道路。

正如习近平总书记指出的，“道路问题是关系党的事业兴衰成败第一位的问题，道路就是党的生命。中国特色社会主义，是科学社会主义理论逻辑和中国社会发展历史逻辑的辩证统一，是根植于中国大地、反映中国人民意愿、适应中国和时代发展进步要求的科学社会主义，是全面建成小康社会、加快推进社会主义现代化、实现中华民族伟大复兴的必由之路。”“历史和现实都告诉我们，只有社会主义才能救中国，只有中国特色社会主义才能发展中国，这是历史的结论、人民的选择。”[①]中国特色社会主义理论体系是坚持和发展马克思列宁主义、毛泽东思想的产物，是几代中国共产党人带领人民不懈探索实践的智慧和心血的凝结，是同马克思列宁主义、毛泽东思想既一脉相承又与时俱进的科学理论。因此，毛泽东思想依然是我们党的指导思想的重要组成部分。

三、中国选择计划经济的历史必然

从历史唯物主义和唯物辩证法出发，本文认为，前 30 年中国选择计划经济非但没有失败，反而取得了巨大的高绩效功绩。随着中国经济社会的改革，计划经济已经完成了其历史使命，应该功成身退，让位给社会主义市场经济。

对计划经济最极端的批评，莫过于米塞斯（1986）和哈耶克（1945）的经典论文，如米塞斯认为：“‘计划’的悖论是，因为缺少了经济计算，根本无法进行计划。所谓的‘计划经济’根本就不是经济。它只是一个在黑暗中摸索的制度。不存在‘为了尽可能达到最终目的，而理性地选择手段’这一问题。所谓有意识的计划，恰恰消除了有意识、有目的的行动。”[②]哈耶克则提出，“在一个扩展的经济秩序中，离开了自由竞争性市场形成的价格的指导，不可能对资源进行‘合理’分配。”[③]国内有西化派学者依据二人的学说，批评计划经济是失败的[④]。这就完全忽视中国选择计划经济的深刻历史背景，认识不到中国选择计划经济的历史必然性，也就不能对计划经济所取得的成就形成科学认识和正确判断。

---

① 习近平：《毫不动摇坚持和发展中国特色社会主义 在实践中不断有所发现有所创造有所前进》，《人民日报》，2013 年 1 月 6 日。

② 路德维希·冯·米塞斯，2015，《人的行为》，上海：上海社会科学院出版社，第 696 页。

③ F. A. 哈耶克，2000，《致命的自负——社会主义的谬误》，北京：社会科学文献出版社，第 99 页。

④ 张维迎，2015，《经济学原理》，西安：西北大学出版社，第 171 页。

中国选择计划经济的历史必然性首先在于，这是保卫国家统一主权独立的需要。“一个大民族，只要还没有民族独立，历史地看，就甚至不能比较严肃地讨论任何内政问题。”①新中国建立之初，内忧外患，新生的人民民主专政政权能否保得住，中国的统一和独立能否实现，都存在着很大的不确定性。毛泽东在新政治协商会议筹备会上的讲话中充满自豪地宣告：“中国必须独立，中国必须解放，中国的事情必须由中国人民自己做主张，自己来处理，不容许任何帝国主义国家再有一丝一毫的干涉。”②具有强大的国防力量和迅速提升的综合国力才能有力地保卫国家统一主权独立。这就需要将有限的人才、资金、物质资料等资源配置到相关的领域之中，显然，通过市场机制，以价格信号来引导资源的流动与配置，是无法达到这一目标的，因而，国家必须通过强有力的计划手段来调配资源。从历史事实来看，对于保卫国家统一主权独立这一目标来看，毫无疑问，计划经济是成功的。1988年邓小平曾指出：“如果六十年代以来中国没有原子弹、氢弹，没有发射卫星，中国就不能叫有重要影响的大国，就没有现在这样的国际地位。这些东西反映一个民族的能力，也是一个民族、一个国家兴旺发达的标志。”③

其次，中国选择计划经济的历史必然性还在于这是打破依附发展的需要。毛泽东始终认为，在中国进行民主革命和经济建设，要把立足点放在自己的力量上，即放在独立自主、自力更生这一基本点上。“我们的方针要放在什么基点上，放在自己力量的基点上，叫作自力更生。我们并不孤立，全世界一切反对帝国主义的国家和人民都是我们的朋友。但是我们强调自力更生，我们能够依靠自己组织的力量，打败中外一切反动派。”④从1958年起，我国就确立了自力更生为主、争取外援为辅的方针。

为了尽快实现国家的工业化，新生的共和国展开了社会主义经济改造，通过没收官僚资本、改造资本主义工商业等方式，迅速建立起强大的社会主义性质的国营资本，控制了国民经济命脉。从“一五”计划开始，我国以苏联援建的156项重点工程为中心，进行了大规模投资，逐步地建成了一批门类比较齐全的基础工业项目。因此，前30年计划经济的实践，有一个不容忽视的重要贡献就在于，它夯实了国民经济进一步发展的大国内生能力，所谓“大国内生能力”，即在超大规模的国家里，由于具有资源丰富和市场范围广阔的优势，依靠国内资源和国内市场可以较好地推动经济自主协调发展。⑤ 也就是说，前30年，我们打破了依附发展，这得益于中国选择的计划经济体制。

再次，中国选择计划经济的历史必然性还在于这是实现赶超发展的需要。

---

① 《马克思恩格斯全集》(第35卷)，北京：人民出版社，1971年，第260页。
② 《毛泽东选集》(第4卷)，北京：人民出版社，1991年，第1465页。
③ 《邓小平文选》(第三卷)，北京：人民出版社，1993年，第279页。
④ 《毛泽东选集》(第4卷)，北京：人民出版社，1991年，第1132页。
⑤ 欧阳峣，2013，大国内生能力和经济增长，《光明日报》，3月27日。

国家的社会主义工业化，是国家独立与富强的当然要求和必要条件。在革命年代，毛泽东就意识到，“中国必须工业化”[①]。中华人民共和国成立之初，毛泽东曾感慨：“现在我们能造什么？能造桌子椅子，能造茶壶茶碗，能种粮食，还能磨成面粉，还能造纸，但是，一辆汽车、一架飞机，一辆坦克、一辆拖拉机都不能造。”[②]中国选择了“重工业优先发展战略”，力图加速完成工业化，实现赶超发展。“重工业优先发展战略”对于投资规模提出了很高的要求，在“一穷二白”的基础上，要采取“重工业优先发展战略”，中国必须将新增国民财富的很大一部分转化为新增投资，资本积累率的水平就必然相当高，这就意味着必须人为地压低人民群众的收入水平及消费水平。“重工业优先发展战略”还要求生产要素优先流向重工业、石化工业、军事工业、装备制造业等领域。在市场机制的调节下，这些目标是无法实现的。所以，国家采取了计划经济的方式，制定超高的积累率，并通过计划手段来配置资源，在微观经济上，采取国营企业和人民公社的方式分别来组织工农业生产活动，在农产品流通环节实行农产品统购统销，在城市商业流通环节，同样以计划的方式来调配消费资料，以满足劳动者的生活消费需要。[③] 计划经济使得中国能够加速完成工业化，并且取得了经济建设的伟大成就。1979年叶剑英在庆祝中华人民共和国成立三十周年大会的讲话中指出：“我们在旧中国遗留下来的‘一穷二白’的基础上，建立了独立的比较完整的工业体系和国民经济体系。”“在工农商业发展的基础上，我国人民的生活比解放前有了较大的改善。三十年来我国国民经济各部门取得的巨大成就，已经为实现四个现代化的伟大事业奠定了比较雄厚的物质基础，创立了可以依靠的前进阵地。”[④]

有些观点极端的学者从西方主流经济学范式出发，认为计划经济无法解决信息问题、计划经济与“经济人”的激励机制不相容、计划经济违背了比较优势原理，等等，从而否定计划经济，“计划经济的初衷是要解决生产的不协调问题，结果却导致了更为严重的不协调”[⑤]，却看不到计划经济所取得的巨大成就，更是对市场经济所造成的环境问题、物质不平等给人们带来的痛苦以及资源浪费、人的技能天赋的不能充分发挥等等问题视而不见。[⑥] 殊不知，中外不少思想者都对社会主义和计划经济给予了高度的评价。帕累托在《社会主义制度》一书中指出，社会主义制度能够创造并实现“最优福利状态”的条件，达到生产资源的有效配置，帕累托的学生巴罗内在《集体主义国家中的生产部》

① 《毛泽东等中共领导人与谢伟思的六次谈话》，《党史通讯》，1983年(20、21合刊)。

② 《毛泽东文集》(第6卷)，北京：人民出版社，1999年，第329页。

③ 林毅夫等给出了关于“重工业优先发展战略”及相关制度安排的深入分析，参见林毅夫、蔡昉、李周，1994，《中国的奇迹：发展战略与经济改革》，上海：上海三联书店、上海人民出版社，第20—54页。

④ 叶剑英在庆祝中华人民共和国成立三十周年大会上的讲话，《人民日报》，1979年9月30日。

⑤ 张维迎，2015，《经济学原理》，西安：西北大学出版社，第171页。

⑥ 参见王昊、F. A. 哈耶克，2000，《致命的自负——社会主义的谬误》，北京：社会科学文献出版社，中文版导言，第2页。

一文中提出，假如其他情况相同，资源的有效配置可以独立于生产要素的所有制，通过试错法，求解均衡方程式的解，找到实现最小生产成本、最大经济福利的经济上最有利的技术系数，这就能保证价格与最低生产成本相等，从而实现资源的有效配置。兰格和泰勒、勒纳等学者使用新古典一般均衡模型及数理方法论证了市场社会主义能够解决经济计划的高不可及的计算成本问题，提出了经济学中著名的"兰格—勒纳—泰勒定理"。著名科学家爱因斯坦在为《每月评论》创刊号撰写的发刊词《为什么是社会主义?》中明确指出："我的看法是：资本主义社会的经济无政府状况——就像今天存在着的那样，是问题的真正根源。我相信，只有一种办法可以消灭这种邪恶的灾祸，那就是建立社会主义经济，同时建立以社会为目标的教育制度。在社会主义经济中，生产资料归社会自身所有，并有计划地利用。计划经济调节生产来适应社会需要，保障每个男人、女人和儿童的生活。个人所受的教育，加上激励他的天赋才能，都会设法发展他对同类——人们的责任感，从而取代当今社会对权力和功利的赞扬。"①美国学者安迪·波拉克(1997)和英国学者斯蒂芬·博丁顿(1989)于 20 世纪 70 年代分别提出了"新计划经济"，所谓"新计划经济"，就是通过信息技术进行生产信息和消费信息的采集与处理，在灵活的物流配送体系下对产品的生产、销售、分配、消费进行计划指导。中国企业家马云在上海市浙江商会成立三十周年大会上的演讲中指出："过去一百多年来，我们一直觉得市场经济非常之好，我个人看法未来三十年会发生很大的变化，计划经济将会越来越大。原因就在于数据的获取，市场这只无形的手有可能被我们发现。"②

四、主要结论与建议

统计数据无可辩驳地表明，前 30 年中国社会主义探索实践取得了惊人的"世界奇迹"，也为改革开放后的中国发展奇迹奠定了良好的基础。前 30 年中国选择计划经济具有历史的必然性，计划经济成就了前 30 年中国建设的奇迹。正如著名经济学家程恩富所总结的："习近平总书记关于改革前后两个时期不能互相否定的思想是极其客观的，也是一种认识上的拨乱反正。因为在马克思主义及其中国化理论指导下，我国取得了改革前后经济社会发展的'两个重大成就''两个经济奇迹'。正如党的十九大报告所强调的，新中国成立以来是'持续走向繁荣富强'！"③

进一步地看，"否定前 30 年"观点不仅存在着事实上的谬误，在理论上也

① Albert Einstein，1949，Why socialism? *Monthly Review*(May 1949).

② 马云，2016，未来 30 年计划经济将会越来越大，《中国经营报》，11 月 21 日。

③ 程恩富，2018，《宪法》是改革开放的根本大法和理论结晶——访全国人大教科文卫委员会委员程恩富学部委员，《马克思主义研究》，第 11 期，第 20—30 页。

存在着谬误。对前 30 年社会主义探索和建设成果的否认,其实质是试图歪曲和否定中国共产党的历史和新中国的历史,进而否定中国共产党的领导地位和中国的社会主义制度。否定前 30 年的种种观点是历史虚无主义的主要表现。历史虚无主义是一种借否定人民革命历史和中国共产党的历史而否定党的领导、马克思主义指导、社会主义道路和人民民主专政的政治思潮(龚云,2014)。历史虚无主义有很多表现形式,如认为改革开放以前的历史并没有使中国社会进步和发展,而是带来了一系列灾难。改革开放虽然促进了经济发展,但也带来了一些社会问题,比如贫富分化、贪污腐败等问题的形成,进而企图颠覆中国政府和共产党执政的合法性,提出"历史应该重写"等否定中国共产党、新中国的辉煌历史的"历史虚无主义"思潮,历史虚无主义思潮是西方自由主义思潮在当代中国的翻版(穆艳杰,2011)。历史虚无主义是一种以唯心史观为基础的典型的实用主义,其要害在于否定四项基本原则(梅荣政和杨军,2005)。

值得警惕的是,有人把马克思主义指责为"历史虚无主义",进而以更加彻底的形式否定党和新中国的历史(田心铭,2014),这是一种改头换面的历史虚无主义的新变种,是要争夺关于历史虚无主义的话语权,扰乱人们关于历史虚无主义的认识,并为历史虚无主义思潮发展打开更多空间(杨军,2015)。事实表明,历史虚无主义思潮正利用各种条件、抓住各个时机、以形形色色的形态向不同领域渗透,在不同的社会层面影响、改造着人们的历史观、价值观、道德观和对国家民族的情感。对此我们不能不进行思想理论上的"伟大斗争",及时科学揭露形形色色历史虚无主义观的实质和谬误,积极开展广大干部群众的思想政治教育和宣传工作,准确认识毛泽东领导全党全国人民积极开展社会主义经济建设的伟大成就和民生得到较大提高的客观事实和经验,为新时代高质量地发展经济和较快实现共富共享而奋斗。

参考文献

[1]Eckstein Alexander ed. ,1996,*Communist China's Economic Growth and Foreign Trade*:*Implications for U. S. Policy*,New York:McGraw-Hill Book Company.

[2]F. A. Hayek,1945,The Use of Knowledge in Society. *The American Economic Review*,Vol. 35,No. 4,pp. 519—530.

[3]Pollack,Andy,1997,Information technology and socialist self-management,*Monthly Review*,49. 4:32—50.

[4]曹雷、程恩富,2009,新中国 60 年经济发展是一个辉煌整体,《军队政工理论研究》,第 4 期,第 94—98 页,第 110 页。

[5]成海军、陈晓丽,2011,计划经济时期中国共产党社会福利思想研究,《中国浦东干部学院学报》,第 3 期,第 102—108 页。

[6]程恩富,2007,现代马克思主义经济学的四大理论假设,《中国社会科学》,第 1 期,

第 16—29 页。

[7]丁冰，1999，新中国前 30 年生产建设的伟大成就，《高校理论战线》，第 10 期，第 4—8 页。

[8]龚云，2014，谁是真正的历史虚无主义者——与尹保云、马龙闪等学者商榷，《马克思主义研究》，第 9 期，第 137—146 页。

[9]关海庭、田巍，2011，当代中国改革成功启动的历史因素分析——以改革前三十年的历史为视角，《上海党史与党建》，第 8 期，第 4—6 页。

[10]海闻，2010，经济发展 60 年的历史与启示，《北大校报》，9 月 16 日。

[11]胡新民，2016，关于新中国前三十年历史的若干补遗，《党史博采》，第 3 期，第 13—17 页，第 36 页。

[12]金冲及，2009，谈谈新中国的“前 30 年”，《党的文献》，第 5 期，第 29—36 页，第 85 页。

[13]靖学青，2004，改革开放前 30 年中国经济宏观布局及评价，《中国经济史研究》，第 1 期，第 107—113 页。

[14]路德维希·冯·米塞斯，1986，社会主义制度下的经济计算，《经济社会体制比较》，第 6 期，第 59—63 页。

[15]梅荣政、杨军，2005，历史虚无主义重新泛起的透视，《马克思主义研究》，第 5 期，第 40—46 页。

[16]穆艳杰，2011，当代历史虚无主义批判，《政治学研究》，第 5 期，第 115—118 页。

[17]斯蒂芬·博丁顿，1989，《计算机与社会主义》，北京：华夏出版社。

[18]宋养琰，2008，前 30 年与后 30 年：破解“中国奇迹”，《理论导报》，第 8 期，第 8—9 页。

[19]田心铭，2014，警惕历史虚无主义的新变种，《红旗文稿》，第 13 期，第 24—27 页。

[20]习近平：把思想政治工作贯穿教育教学全过程 开创我国高等教育事业发展新局面——习近平在全国高校思想政治工作会议上的讲话，《人民日报》，2016 年 12 月 9 日，第 1 版。

[21]习近平：胸怀大局把握大势着眼大事 努力把宣传思想工作做得更好——习近平在全国宣传思想工作会议上的讲话，《人民日报》，2013 年 8 月 21 日，第 1 版。

[22]杨帆，2008，应客观评价新中国的计划经济时期，《科学决策》，第 4 期，第 43—45 页。

[23]杨军，2015，历史虚无主义思潮最新表现形态，《人民论坛》，第 27 期，第 74—76 页。

[24]张启华，2013，艰辛探索：如何看待改革开放之前 30 年的历史——张启华教授访谈，《南京社会科学》，第 10 期，第 1—4 页。

[25]朱高林，2014，1949—1978 年中国居民生活水平的历史评价，《当代中国史研究》，第 2 期，第 53—59 页。

[26]朱云汉，2015，《高思在云：中国兴起与全球秩序重组》，北京：中国人民大学出版社。

Scientific Summary and Objective Evaluation of the Historical Achievements of the First 30 Years of Socialism China

Chen Bo

Abstract There are different evaluations about the first 30 years of China's socialist exploration practice. According to statistics, the historical achievements of the first 30 years of socialism should not be denied. The achievements can be summed up in two areas: it achieved the miracle of socialist construction and it layed the foundation for miracle of development since Chinese reform and opening up. In the first 30 years of socialism China's planned economy has its historical inevitability. The planned economy has made great achievements instead of failure. All kinds of views which denied? the achievements of the first 30 years of socialism are the manifestation of historical nihilism. We must remain vigilant about it and we must criticize it.

Key words The First 30 Years of Socialism Planned Economy Economic Miracle Historical Nihilism

论市场经济的演化与中国特色社会主义市场经济体制创新

段龙龙　叶子荣

内容提要　本文通过对市场经济不断演化的逻辑和本质辨识,尤其是对全球经济一体化后国际市场竞争所包含的国家核心利益博弈和西方国家操控的剖析,拓展了关于市场经济的"自由竞争"假说和社会主义市场经济中的政府与市场关系的理论认识。文章以习近平新时代中国特色社会主义思想为指导,深入讨论了高度国际化市场经济环境中"市场在资源配置中起决定性作用和更好发挥政府作用"以及"国家治理体系和治理能力现代化"的重大时代意义,并基于中国市场经济改革实践,总结提炼了社会主义市场经济体制在国有企业、混合所有制经济和非公有制经济三层面的制度创新,有力地支持了中国特色社会主义道路自信、理论自信、制度自信和文化自信。

关键词　市场经济演化　"基因缺陷"和"机制缺陷"　国家治理　市场经济体制创新

中图分类号　F061.1　F043

寻求中华民族复兴之路的近 100 年艰辛历程证明,中国共产党把马克思主义基本原理同中国具体实际相结合,成功地完成了国家从"站起来"到"富起来"的历史创举;在社会主义建设中,党果断摒弃了苏联模式,按照马克思主义历史唯物主义和辩证唯物主义的基本思想,通过"摸着石头过河"和"渐进式改革"方式独立自主探索出一条符合自身国情的中国特色社会主义制度建设和经济发展之路:中国共产党领导下的社会主义公有制与市场经济体制的有机结合。中国建立的这一人类新的经济社会制度以短短 40 年便造就了令世人震惊的"中国经济增长奇迹",如何解释这一史无前例的增长之谜至今仍是探究者众说纷纭且莫衷一是。中国特色社会主义市场经济体制是在伟大改革实践中形成的,是中国共产党以马克思主义为指导,通过实践,深切感悟、精准认识和把握市场经济的发展演化规律,并由此形成的道路创新、理论创新和制度

收稿日期:2019－04－20

作者简介:段龙龙(1988－),四川大学人口研究所副研究员,主要研究方向为政治经济学;叶子荣(1956－),西南交通大学经济管理学院教授,主要研究方向为政治经济学。

基金项目:本文系"新时代建设现代化经济体系的理论依据及指标体系构建研究"(18XKS009)和"农村三产融合:模式、动力、测度"(2018M633356)的阶段性研究成果。

创新。对结合中华民族深厚的文化底蕴凝成的“四个自信”所发挥的引领作用居功至伟。

一、市场经济的历史演化逻辑

在人类发展史中，马克思主义辩证唯物论第一次把辩证法应用于认识论以及把科学的实践观引入认识论，强调人的认识是一个不断深化的能动的辩证发展过程。从社会变迁的角度来看，市场经济本身就是一个发展演进的范畴。贯穿于马克思《资本论》的主旨就是运用辩证唯物主义的世界观和方法论揭示了以私有制为基础的资本主义市场经济的诞生、发展、繁荣和灭亡的过程。

作为交易场所的市场从产生到市场经济的形成，经历了数千年的发展过程。在马克思那里，市场经济的演变是与决定市场经济组织形式的社会生产力及生产资料所有制关系紧密相关的。最初的市场以物易物，仅为劳动交换、产品使用价值交换场所，不为逐利，更没有市场竞争关系的存在。货币及其支付功能的产生，促进了货币向资本转化，以“牟利”为目标的商人携带资本以及其顽强的生命力打进市场，当这两大新兴要素强力介入以物易物的市场后，劳动交换演化为价值交换，市场逐渐演化为商品价值实现平台和资本逐利场所，渐次形成了市场机制，人类社会逐步迈入市场经济社会。资本主义生产资料私有制为基础的市场经济的核心被定义为“自由竞争”，“丛林法则”与自由竞争结伴而行的实质就是商人的自由逐利而无任何约束，由此在把人类逐利的潜能发挥到极致的同时，也把人类对物质利益贪婪追逐的本性放大到了极致(马克思，2004a)。

由于历史的局限，自由竞争理论创始人亚当·斯密所观察到的市场经济是以私有小业主为主体的市场经济初级形式，且由于其主要采取相对封闭的自我经营方式，小规模、小范围竞争的破坏性并不引人关注。也许由此，亚当·斯密才可能在其《国富论》中充分阐述了自由竞争理论框架，并将市场机制誉为“看不见的手”和“精巧的机器”，将政府定位为“廉价政府”。尽管亚当·斯密揭示了市场经济的运行“奥秘”至今备受推崇，被施蒂格勒认为是把在竞争条件下的个人追求私利行为的系统分析置于经济学的中心地位之上，并称之为皇冠上的宝石(乔治·施蒂格勒，1990)。但随着社会分工和资本积累的发展，在从手工作坊向现代工业生产演进过程中，理论界普遍认识到了市场经济的“双刃剑”性质，即在驱使人最大限度追求私利的同时，激活人性中埋藏最深的丑恶：一方面，表现为自由交易和公平竞争最大限度地激发市场主体的能动性，实现社会资源最有效配置，社会产出极大扩张；另一方面，被充分激活的资本魔兽性会像病毒一样快速传染，唯利是图、尔虞我诈充斥市场。对此，马克思曾一针见血地指出："斯密所忽视的，正是他对与市场经济发展阶段紧密相关的商业资本性质的考察，只要商业资本是对不发达的共同体的产品交换起中介作用，商业利润就不仅表现为侵占和欺诈，而且大部分是从侵占和欺诈中产生的"（马克思，2004b）。

诚然，在社会化发展的进程中，市场经济不仅以其交换功能将每一个社会分工单元连接在一起，也以其价格机制、供求机制的相互作用，推动着生产者和消费者做出各自以为最优的决策，让每一个市场主体的利益得以公平实现，更以其竞争机制激励每一个竞争参与者为自己的利益竭尽全力，从而充分实现了经济社会的快速发展。其如亚当·斯密《国富论》所言："有一双看不见的手引导他去达到另一个目标，而这个目标绝不是他所追求的东西。由于追逐他个人的利益，他经常促进了社会利益，其效果比他真正想促进社会效益时所得到的效果要大"。于是，自由竞争和"看不见的手"备受推崇，以致学界不少人以为自由竞争机制是推动经济社会持续走向繁荣的内在动力。事实上，自由竞争则是与适者生存的"丛林法则"结伴而行，根据自由竞争与"丛林法则"相生相伴关系，我们无论如何也不能从理论上推演出市场经济下自由竞争的可持续化。即：随着市场微观主体的不断增长，"唯利是图"的市场经济劣性必然致使其从最初的简单"有序"走向无序，欺行霸市、假冒伪劣泛滥，"劣币驱除良币"，从而使市场机制陷入混乱并极大地破坏其进取性，自由竞争不可持续；如果在自由竞争中个人财产和创新成果得到政府法律或者非经济力量的保护，以"丛林法则"为圭臬的竞争机制必然导致"占山为王"——垄断的产生。而垄断与自由竞争格格不入，自由竞争不可持续。当一些人对亚当·斯密时期似乎曾经存在过的极其美妙的自由竞争深信不疑之时，美国西北大学著名经济史学家莫基尔却认为，在工业革命的前夕和初期，"英国社会几乎没有什么法律和秩序来保护工业财产和人权，而是充斥着大量的抢劫和偷盗，以及由经济或政治上的民怨引起的地方暴动；法庭系统也笨拙而昂贵，并充满了不确定性和不公。因为没有官方正式的法律执行机制，整个英国依赖着民间残酷惩罚的威慑效应维持治安。惩罚大多是私人性的，犯罪预防大多是民间自己实施的：超过八成的犯罪惩罚是由被害人私下实施执行的"①。再则，如果真的有自由市场的公平竞争的话，其结果也应该是部门间利润率的平均化，造成产品价格的下降和盈利幅度收窄，此即为学界所谓的"投资回报递减规律"，这也是追逐超额利润的资本家所不愿意接受的。市场经济发展的历史表明，"流着血和肮脏东西"的资本在攫取超额利润和占有剩余价值本性的驱使下，不择手段扭曲公平竞争的事例俯拾即是，实际上"自由竞争"至今仍然停留于假说

① 文一，在"助力一带一路国际合作峰会国家智库论坛"上的演讲，搜狐网，http://www.sohu.com/a/147501286_486911，2017 年 5 月 9 日。

层面,“被人们过多期待的那只看不见的手在更多的情况下都是瘫痪的”(约瑟夫·斯蒂格利茨,2011)。距《国富论》面世不到100年,市场经济就发生了深刻变化。自1769年詹姆斯·瓦特制造并于1781年改进的蒸汽机运用起,工业生产发展迅速和重工业的兴起在大幅提升资本有机构成的同时,资本主义机器大生产进一步加速了生产社会化过程,加快了企业规模经营的进程,极大地提高了剩余价值率,并不断刺激着垄断的形成,其间所充满的劳工血泪和一幕幕尔虞我诈、大鱼吃小鱼惊心动魄的惨烈场面已为汗牛充栋的历史文献所记载以及大量文学作品所描述。

至此,我们还不得不充分重视纸币产生在市场经济演化中扮演的重要角色。被学界视为世界上出现最早的纸币——北宋时期四川成都的“交子”并没有对后来的市场经济产生大的影响,其原因在于当时的市场经济勉强可以称为“萌芽状态”,“交子”使用范围基本上限于四川境内,后来开始在陕西、河东有所流行,由于战乱不断,不久就被废止了,所留存的仅仅是历史印记,与市场经济环境中产生的纸币不可相提并论。以1661年由瑞典银行发行“权宜之计”的纸币为发端,1694年英格兰银行创立就开始发行银单,印刷精美的银单一经为公众接受就成为真正的钞票。虽然此时由私人银行发行的纸币有充足的黄金保障,但毕竟是以“信用”为基础的“价值符号”,其对后来的“虚拟资本”膨胀、金融衍生工具发展产生的重大影响极其深远。与瑞典银行发行纸币同年,东印度公司在阿姆斯特丹股票交易所开始发行股票并开展股票交易,其后有了专门的经纪人撮合交易,这并不是历史的巧合。纸币的诞生也为后来政府通过发行纸币以及货币政策刺激需求、干预市场机制埋下了伏笔。

纸币和股份公司的诞生发展,极大地刺激了信用的扩张和信用制度的发展。在资本主义市场经济的演化过程中,信用制度的作用不容小觑。以信用为基本的股份有限公司制度最早诞生于1602年在荷兰成立的东印度公司。伴随着股份公司的诞生和发展,以股票形式集资入股的方式也得到发展,并且产生了买卖交易转让股票的需求,并促使股票市场完善和发展。股份公司这种企业组织形态出现以后,逐渐为资本主义国家所广泛利用,成为资本主义国家企业组织的重要形式之一。1870年,基本完备的资本主义信用制度产生。信用制度赋予了资本的“虹吸”功能,使得资本的积聚、扩张取得了新的途径,以更加血腥的方式积聚和集中,并催生了新的经营模式:卡特尔、辛迪加、托拉斯、康采恩等各类股份公司依次得到迅速发展。信用杠杆与资本属性亲密搭配,银行资本和工业资本融合为一,相得益彰。形成金融资本,并在此基础上产生金融寡头。然而,时至今日还有人认为,各类股份公司的涌现是资本的私有性向“社会化”转变,是资本主义制度的“自我完善”。笔者不以为然。以股份公司为载体的垄断竞争并没有促成市场经济的“公平竞争”和持续繁荣:以获取高额利润为目的垄断竞争更具破坏性,手段更加多样化、更加激烈,范围更加广泛持久，成为政治经济学教科书公认的经典描述，股份制乃至后来的“公众公司”，仅仅是给予资本以阶段性的外壳。诚如马克思所言“当信用制度表现为生产过剩和商业过度投机的主要杠杆之时，就会加速资本主义私有制与社会化生产之间的矛盾集聚，爆发经济危机就是必然趋势”[4]。1873年首次爆发的经济危机表明，股份制的出现是在“丛林法则”支配下的竞争方式演进，其不仅没有改变资本天然的魔兽性，而且不断放大资本能量，加剧竞争，20世纪30代的大危机更是给予了股份制和垄断竞争铁一般坚实的注释。危机加速了企业破产和企业兼并，信用杠杆获得更广泛的“用武之地”，垄断组织借势得以更快的速度发展。

19世纪末、20世纪初，资本主义就从所谓的自由竞争阶段进入垄断阶段，西方政府似乎开始意识到了垄断竞争的破坏性，在“罗斯福新政”和“凯恩斯革命”中，政府主动开始不断深入地干预经济，并相应地出台了一系列反垄断措施，但至今也没有解决垄断竞争问题。“帝国主义是垄断的资本主义”，列宁的论断一语中的。垄断不可能得到有效遏制的根本原因在于垄断组织已经发展成为资本主义国家经济活动的基础。纵观人类社会发展历史，财富和权力一直携手前行，“罗斯福新政”下的政府介入市场的实质是权力与资本结束羞羞答答的“恋爱”阶段，公开走向合法化、制度化的“联姻”。从此，政府与资本谁也离不开谁，谁也不愿意离开谁。20世纪30年代的大危机后，凯恩斯主义在大危机中取得了经济理论的话语权，后来的实践表明，政府和资本相互攀依，市场垄断上升为国家垄断，突出的表现为金融寡头的形成和国际垄断竞争，政府干预不但没有降服“资本魔兽”，反而又给市场机制平添“枷锁”，带来效率损失。需要特别指出的是，纸币取代金属货币以及后来的“符号货币”的拓展，使得在政府信用“背书”下的市场交易变的空前方便，大大促进了经济增长，但同时也使政府获得了对“需求”干预并刺激经济增长最简便的手段——出台货币政策和刺激市场创造金融衍生工具。

以物易物的市场在货币、商人、纸币、信用、政府干预等外在因素的依次介入中不断演化，同时，资本也依次被武装得空前强大，劳动交换的市场渐次蜕变为现实生活中国际化垄断的市场经济。市场经济的发展历史表明，无论是初期的商品经济还是现实生活中的最高等级资本主义市场经济，均存在致命性的“基因缺陷”：资本与生俱来的魔兽性，表现为唯利是图、不择手段牟利、道德沦丧；“机制缺陷”：资本疯狂追逐利润而没有相应的遏制阀门，就像一辆没有刹车的机车，运行时间越长，速度也越快，破坏力也越强，灾难不可避免，不仅会造成两极分化，也必将导致周期性生产相对过剩危机。政府干预不仅没有使市场经济的“基因缺陷”和“机制缺陷”得到修复，反而被进一步固化和放大,由此市场经济被注入了通货膨胀“病毒”[①],使原本就存在“基因缺陷”和“机制缺陷”的市场经济染上了“综合症”。西方政府倚重“需求管理”导向下的反周期经济调节,引发了20世纪70年代的“滞胀”危机,可视为“综合症”的显著表征。尽管20世纪70年代以来,西方理论界开始重新反思“市场失灵”和政府干预的关系,以货币学派、供给学派和理性预期学派等为代表的新自由主义学说对国家干预提出了责难和质疑,主张减少国家干预,恢复自由经济。然而,进入20世纪90年代以后,随着“冷战”的结束,西方国家以输出危机、打压别国发展为指向,更加重视国家干预政策,尤其是2008年爆发的全球性金融危机以来,西方国家政府全面介入宏观经济和大范围控制企业的行为使政府干预理论在广度和深度上都进入了一个新的阶段。特别需要指出的是:随着市场经济的国际化,西方国家的政府干预将维护经济霸权的国家意志、国家战略强加于市场经济,国家干预经济活动的目的、方式呈现出多样化,介入经济领域的力度和广度也不断增强,甚至动用军事力量暴力干预国际市场竞争,致使今天的市场机制全面性地急剧扭曲和“企业家选择机制”为特质的市场经济发生了颠覆性的变化。面对与亚当·斯密所描绘的市场经济面目全非的现实,我们绝不能对所谓的自由竞争盲目迷恋,必须紧盯其演进轨迹和发展走向,对其本质、功能和政府在市场经济中的功能和作用不断深化认识。

二、以国际化视角透视政府与市场的关系

亚当·斯密为代表的古典经济学派关于自由放任市场经济通过“看不见的手”实现优化资源配置,能够达致最高的市场效率的完美理论体系备受推崇;马克思在《共产党宣言》中指出:“资产阶级在它不到一百年的统治中所创造的生产力,比过去一切时代创造的全部生产力还要多、还要大”;新中国建立30年来谋求中华民族复兴的艰难历程以及惨重教训,这些或许是我们选择市场经济的理由,关于社会主义公有制条件下如何实行市场经济体制,中国共产党人在勇敢探索中前行。党的十二大指出“商品经济的充分发展是人类社会不可逾越的历史阶段”,市场经济的核心概念“商品经济”开始渗透于中国改革开放实践。从最初的“计划经济为主,市场调节为辅”到十二届三中全会的“有计划的商品经济”,再到邓小平基于对社会主义初级阶段的精辟认识,于1992年南方谈话给出了肯定性的回答:“计划多一点还是市场多一点,不是社会主

① 特例:第一次世界大战后《凡尔赛和约》规定德国赔款总额为1 320亿金马克,完全无法负担的魏玛政府开动1 783条生产线昼夜不停地印刷钞票,以致美元与德国马克的汇率从1914年的1美元兑4.2马克上涨到1923年11月的1美元兑4 200亿马克,上涨了1 000亿倍;一个经典案例:第二次世界大战后美国通过“布雷顿森林会议”实现了美元以黄金为基础的国际货币地位。1971年,美国政府宣布美元与黄金脱钩,从此,一盎司黄金=35美元的官价逐步演变为今天的一盎司黄金=1 150美元左右的浮动价,可以认为其间的美元通货膨胀率高达33倍左右。以上均为政府操控使然。

义与资本主义的本质区别。计划经济不等于社会主义，资本主义也有计划；市场经济不等于资本主义，社会主义也有市场，计划和市场都是经济手段”，不但给市场经济姓“资”姓“社”一个明确的了断，而且社会主义公有制能否与市场经济相结合的讨论有一个清晰结论，从而凝聚全党、全国人民意志，促成了党的十四大召开。党的十四大报告正式提出了社会主义市场经济体制改革目标：“实践的发展和认识的深化，要求我们明确提出，我国经济体制改革的目标是建立社会主义市场经济体制”，“建立社会主义市场经济体制，让市场在社会主义国家宏观调控下对资源配置起基础性作用”。同时坚定地指出，“社会主义市场经济体制是同社会主义基本制度结合在一起的，在所有制结构上，以公有制包括全民所有制和集体所有制经济为主体，个体经济、私营经济、外资经济为补充，多种经济成分长期共同发展，不同经济成分还可以自愿实行多种形式的联合经营”①，波澜壮阔的社会主义市场经济改革大幕得以开启并不断得以深化。

在市场经济改革的初始阶段，中国高层决策者已经清醒认识到市场经济的“双刃剑”原始属性，在发挥市场机制充分调动人的逐利潜能，实现社会资源最有效的配置和社会产出极大扩张的同时，需要遏制其对人性中深度埋藏的丑恶的激活，高度重视市场机制扭曲的危害性，强调搞市场经济必须要加强政府的宏观调控，在《中国共产党第十四次全国代表大会报告》中明确指出，“我们要建立的社会主义市场经济体制，就是要使市场在社会主义国家宏观调控下对资源配置起基础性作用，使经济活动遵循价值规律的要求，适应供求关系的变化；通过价格杠杆和竞争机制的功能，把资源配置到效益较好的环节中去，并给企业以压力和动力，实现优胜劣汰；同时也要看到市场有其自身的弱点和消极方面，必须加强和改善国家对经济的宏观调控”②。从此以后，中国大踏步地走向市场经济，不仅开始学习市场经济所匹配的宏观调控思维和方式调控，尽可能地运用财政政策和货币政策调控市场经济的发展，而且顺应市场经济国际化潮流，竭尽全力加入WTO(冯新舟，2015)。党的十四大决定的中国社会主义市场经济体制改革方向和思路是非常清晰的，推进的步伐也是相当坚实的，以期所坚持中国特色社会主义市场经济改革和所秉承的和平发展道路得到更广泛的国际认可和国际支持。

随着我国市场经济体制改革的深入，处理政府和市场关系的讨论悄然兴起，在一大批学者认为现代社会的市场经济运行必须注重政府的宏观调控。同时，也有不少人迷恋亚当·斯密所谓的“夜警国家”，程度不同地迷信市场经

① 江泽民，《加快改革开放和现代化建设步伐，夺取有中国特色社会主义事业的更大胜利》，中国共产党新闻网，http://cpc.people.com.cn/GB/64162/134902/8092276.html。

② 江泽民，《加快改革开放和现代化建设步伐，夺取有中国特色社会主义事业的更大胜利》，中国共产党新闻网，http://cpc.people.com.cn/GB/64162/134902/8092276.html。

济魔力，以不同的语气和表达方式不遗余力地主张尽可能减少政府干预，甚至大张旗鼓地宣传充分竞争、自由放任思想的合理性，强烈反对政府干预，两种不同思想、理论和观点交锋甚是激烈，至今尚未平息（陶玉，2014）。回顾市场经济体制的演化过程我们不难发现，无论是亚当·斯密时期的古典经济学，还是马歇尔所创立的新古典经济学和后来的凯恩斯主义和新自由主义，都没有完全否定政府干预市场失灵的必要性和竞争市场假说与市场出清条件的局限性（约瑟夫·熊彼特，2005）。其实，从“东印度公司”的组成到它不择手段对全世界展开疯狂掠夺的全过程，人们看到的不是其高超的经营策略和精巧的经营方法，而是在它的后面由政府配置的坚船利炮。更何况，“罗斯福新政”政府干预的实践发端至今，西方发达资本主义国家加强干预市场机制的实例俯拾皆是。其中最有力的实证是西方国家自2008年以来为克服国际金融危机以及后危机时期国家治理所实施的一系列财政援助计划、扩张性财政政策，以及大规模的国有化与私有化行动相机调整。①

如前所述，以跨国公司为主体的国际投资和国际贸易行为加速了国际市场的形成，已经进入国际化阶段的当代市场经济，其“基因缺陷”“机制缺陷”和“综合症”随着市场经济的高度国际化而放大。在西方国家资本主义生产方式全球化和市场竞争成为资本主义国家对外瓜分世界市场手段的同时，西方国家还将市场经济作为其进行意识形态输出和制度社会输出的武器，实现其经济、政治、意识形态及文化多目标全球化战略。显而易见，资本主义国家垄断下的国际市场竞争背后已经充满了国家利益争夺、国家综合实力较量、国际地位比拼、社会制度及意识形态渗透的成分，国际市场竞争的性质、规模、方式和手段发生了深刻变化。国际竞争市场无时无处不伴随着政府介入和操纵，西方国家对被打压的对象具有较清晰的选择，所鼓吹的所谓市场公平竞争实为因人而异，受到威胁的不仅是一国经济发展，还直接关系到国家安全。

历史上大国的崛起过程几乎都充满了腥风血雨，14亿人口的中国崛起必定会打破现成的利益格局，注定会受到西方发达国家的围追堵截，走的是一条荆棘丛生的道路。虽然因实力、国际贸易经验、规则熟悉程度方面的因素，众多中国企业在参与国际市场竞争中饱受挫折，但是，最残酷的莫过于来自西方国家政府的打压。把持的国际社会的诸多西方国家，面对长期备受凌辱的中国悄然崛起，经济、社会、文化、军事等实力日益增强，综合国力全面提升感到惶恐不安，“中国威胁论”甚嚣尘上。诚然，长期以来西方国家一直沉醉在昔日“辉煌”之中，安享“唯我独尊”的“荣华富贵”，中国的崛起彻底搅乱了西方国家以其经济政治制度、文化及意识形态主导全球化的美梦，以致心态严重失衡。

① 如2008年美国政府出资8 000亿美元“解冻”消费信贷市场，日本政府近期推出28万亿日元用于其拯救经济计划，等等。

特别是在中国共产党领导下的、坚持公有制为主体多种所有制经济共同发展为基本经济制度的社会主义市场经济，与西方私有制为主的资本主义市场经济有着制度性区别和意识形态分歧，客观地存在着两种不同社会制度两种不同意识形态间的较量(周新城,2016)。

改革开放40年来，中国在市场经济改革发展及其国际化进取中的真切感受是，中国加入WTO的谈判过程以及中国企业依据WTO规则在国际市场开展公平贸易的实践中，西方国家一直以政府的力量极力抵制中国和平崛起，其言行不一甚至施加暴力的做法屡次对中国经济发展造成重大伤害。尽管中国政府一直秉承“和平崛起”理念，并在2000年前后的市场经济改革中推出看似符合“市场经济准则”的“国有企业退出竞争领域，国家财政退出生产领域”的公共财政改革，特别是党的十六大提出“在更大程度上发挥市场在资源配置中的基础性作用”、党的十七大“从制度上更好发挥市场在资源配置中的基础性作用”和党的十八大“更大程度更广范围发挥市场在资源配置中的基础性作用”，均充分昭示了中国市场经济改革的决心。但西方国家并没有因之而“放一马”。国际霸权主义利用先发优势，独享国际市场规则的修订和解释权，一直以先发优势居高临下地操纵和干预国际市场，不择手段钳制、打压后起追赶型发展中国家。一旦西方大国觉得自己在国际市场竞争中处于不利局面时，它们会毫不犹豫地逆全球化潮流而动，撕下“国际贸易自由化”面具，罔顾WTO规则，单边高筑关税壁垒，实施“单边主义”的贸易政策，开展诸如“301调查”和“关税贸易战”等，连一些西方国家也感受震怒。严峻的现实不仅昭示了西方政府对国际市场经济秩序的破坏，也明确无误地表达其对国际市场经济的强力干预以及充分暴露了所谓“自由竞争”理论的虚伪性。如果说“谁来拯救中国大豆”①是国人对西方粮油“大鳄”采取惯用手法操控国际市场，疯狂打压市场化进程中的中国大豆业，进而全面控制中国大豆和豆油生产，以致“中国人吃豆腐都要看西方人的脸色”而发出的大声疾呼的话，那么，近年来世界第一大国为了保护以美元为核心的“国家利益”尽可能动用国家机器操控国际贸易市场，制造的数次国际原油价格“过山车”事件至今还在深刻地影响着全球经济，甚至令众多西方国家都感到恐怖。

为了打压中国的和平崛起，在国际贸易中西方国家针对中国企业实施的大规模“反倾销调查”②，对中国设置的涵盖科学技术、卫生、检疫、安全、环保、产品质量和认证等内容广泛、技术指标体系庞杂且灵活多变的“技术壁垒”，片面指责并制裁中国“以市场换技术”等，全方位围追堵截的背后是西方发达国

① 《外国大豆在中国“势不可挡”：谁来拯救中国大豆?》，中国广播网，http://news.163.com/06/0920/05/2REK7B35000120GU.html，2006年9月20日。

② 据商务部官网2012年11月6日发布的《十六大以来商务成就综述之十二》指出，2003年到2012年9月，中国共遭受国外贸易救济调查案件758起，涉案金额684亿美元；中国已连续17年成为全球遭受反倾销调查最多的国家；连续6年成为全球遭受反补贴调查最多的国家。

家机器的力量。在这些西方政府对市场机制强力干预和对市场规则粗暴践踏的铁的事实面前,我们真的为那些至今在吹嘘市场经济自由竞争的人感到羞耻。

行文至此,正如冯克利教授所强调的:"非常不幸的是,恰恰在西方文明陷入混乱的这段时间,也就是哈耶克、韦伯这些人认为西方文明陷入了重大危机的时刻,中国敞开了大门开始学习西方,这个时机是非常不幸的。"[①]对此,笔者的认识是:冯克利教授旨在告诫国人,不能丧失对西方文明批判力,必须有选择地学习、吸收西方先进文化和制度,更重要的是对业已深刻演化的市场经济保持清醒的认识,明辨中华民族复兴的国际政治经济环境,坚持有中国特色的社会主义市场经济发展道路。

三、以国家治理能力现代化应对高度国际化市场的风云变幻

鉴于上述分析可见,在市场经济高度国际化且为西方国家所操作并成为其实施国际霸权的重要场所的情况下,能够在国内市场发挥较好作用的政府宏观调控在国际市场往往显得鞭长莫及,必须以新的指导思想、新的制度安排和新的行为方式,充分发挥中国共产党集中统一领导和社会主义制度能够集中力量办大事的独特优势,通过强化国家治理体系和治理能力现代化凝聚力量(宗寒,2014),"更好发挥政府作用",应对高度国际化市场的风云变幻,维护国家利益和国家安全,保障中华民族的伟大复兴(宋则,2016)。由此,我们也能更加深刻地领会党的十八届三中全会通过的《中共中央关于全面深化改革若干重大问题的决定》首次提出的"推进国家治理体系和治理能力现代化",在开拓国家治理境界、提升国家治理高度和指导有中国特色的社会主义市场经济改革实践诸多方面的重大意义。

"国家治理体系和治理能力现代化"和"市场在资源配置中起决定性作用和更好发挥政府作用"的提出,遵循了马克思主义历史唯物主义理论和国家学说,站在新的高度,处理市场与政府关系的新思想、新指南。马克思的国家理论认为,国家或政府最初的起源就是为了满足履行社会公共管理职能的需要,当市场和市场经济出现以后,国家的作用表现为对商品交易所需的排他性财产权的保护和社会秩序的建构(马克思、恩格斯,1992a),国家力量一直凌驾于经济力量:"在我们前面有两种权力:一种是财产权力,也就是所有者的权力;另一种是政治权力,即国家的权力。'权力也统治着财产',这就是说:财产的手中没有政治权力,甚至政治权力还通过如任意征税、没收、特权、官僚制度加

① 冯克利,《我们学习西方的时机非常不幸》,人民网,http://www.rmlt.com.cn/2016/0616/428845_2.shtml,2016年6月16日。

于工商业干扰等办法来捉弄财产”(马克思、恩格斯,1992b)。从经济运行机制角度看,所有制和市场经济本身虽都同属于经济范畴,较之市场经济作为生产关系的外在表现形式而言,所有制才是生产关系的基础和核心(马克思、恩格斯,1992c);从权力实现角度审视,权力始终统治着财产,社会中各经济主体及其行为都不可能脱离国家或政府的行政权力而单独存在,国家(政府)与经济基础的关系是:经济基础属于本原层次、方向性上决定着上层建筑,而在常见的浅表层,随时可以看到的是上层建筑对经济基础的反作用——“国家或政府所掌控的政治权力起先都是以某种经济的、社会的职能为基础,而政治权力在对社会独立起来并且从公仆变为主人以后,既可以按照合乎规律的经济发展的精神和方向发生作用,加快经济发展速度,也可以违反经济发展而发生作用”(马克思、恩格斯,1992d)。借助马克思国家理论我们不难发现:一方面,国家权力凌驾于所有者权力几乎是人类国家形态社会的通行规则,在市场经济社会则表现为所有制与市场经济的结合方式和市场经济机制的实现过程始终受制于国家意志,无论是私有制为基础的资本主义市场经济还是公有制为基础的社会主义市场经济,概莫能外;另一方面,市场经济作为一种经济形态,所有制是其运行方式的先决条件:依附于特定所有制并为其经济利益服务(胡家勇,2016)。也就是说,国家权力能够决定并调整所有制性质和结构,从而通过对市场机制构成和架构的管控,实现对市场经济监管和调控。

以党的十八届三中全会提出的“国家治理体系和治理能力现代化”和“市场在资源配置中起决定性作用和更好发挥政府作用”所凝练的政府和市场关系论为指导,践行两点论和重点论:“善于统筹国内国际两个大局,利用好国际国内两个市场、两种资源,发展更高层次的开放型经济,积极参与全球经济治理”①,根据国际国内两个市场明显存在规则及其运行保障差异的特殊性,突出重点,采取两种不同的策略和手段。依据我国将长期处于社会主义市场经济初级阶段和政府力量已经完全可以统领改革的现实,在国内的市场经济改革和体制建设中“既不能用市场在资源配置中的决定性作用取代甚至否定政府作用,也不能用更好发挥政府作用取代甚至否定使市场在资源配置中起决定性作用”②。即把“发挥市场在资源配置中起决定性作用”作为基础层次,政府按照市场经济发展规律和方向履行其监管职能,维护健康的市场经济秩序,学会借助市场经济为社会主义经济建设和巩固基本经济制度服务;当市场经济运行的周期性变化形成大的经济波动时,以精准的宏观调控政策凸显“政府的重要作用”(袁恩桢,2016)。在决策层,把市场的决定性作用融入党和政府

① 习近平,在中央政治局第二十八次集体学习时的讲话,中国广播网,http://news.163.com/15/1125/08/B98JUNLM00014JB5.html,2015年11月25日。

② 习近平,“看不见的手”和“看得见的手”都要用好:在中共中央政治局第十五次集体学习时的讲话,新华网,http://www.xinhuanet.com/politics/2014-05/27/c_1110885467.htm,2014年5月27日。

的发展战略制定和长远目标的实现上，通过实施科学的宏观调控、高效的政府治理来切实提高政府驾驭市场经济的能力，建设更加开放的市场，建立更加公平的竞争秩序，更加有力、有效的法律保护制度，促进市场经济的健康发展；在操作层，各级政府在创造性的施行中央决策和制定区域性政策引导本地经济发展过程中，时刻关注政府行为与市场机制的系统性和协调性。

最为要紧的是，基于对市场经济演进、蜕变的辨识，必须通过国家治理能力现代化和更好发挥政府作用精准地处理经济全球化中的政府与市场的关系。当今世界经济持续低迷，国际金融市场波动加剧，逆全球化思潮涌动，贸易保护主义猖獗，国际恐怖主义泛滥，国际冲突动荡不断，全球政治经济风险明显扩大，特别是中国特色社会主义市场经济改革发展必然会与国际霸权主义产生全方位的利益冲撞，以及中国政府在国际市场竞争实践中已经清醒认识到了其中所包含的国家发展权、安全权的竞争，必须通过"国家治理体系和治理能力现代化"以"政府的重要作用"为本国企业公平参与国际竞争保驾护航。比如，以"优、强、大"的国有企业为主体，率领众多中国企业奔赴国际市场，与实力强大的国家垄断组织展开势均力敌的竞争；在WTO框架内以政府的力量联合所有支持维护国际市场公平竞争的经济国家，积极修复国际经济秩序，拓展国际贸易渠道和交流空间，努力创建公平正义的国际经济新秩序。

党的十八大以来，坚持和发展中国特色社会主义面临着新的矛盾和问题，迫切需要中国共产党带领全国人民攻坚克难、爬坡过坎、勇往直前。得益于自2006年开始，中国政府做出了保护国有经济、发展壮大国有企业的正确决策，提前加固了抵御国际风险转移的堤坝；在充分参与国际竞争中的切身体验所构成中国政府对未来世界经济和国际市场走向更加复杂多变、利益冲突更加剧烈的精准预判；在2008年及其以后的央、地联手抗击成功国际金融危机，适时推出宏观调控"组合拳"取得的经验等，中国政府立足于中国共产党集中统一领导和社会主义基本经济制度的优势，果断决策："推进国家治理体系和治理能力现代化"，"使市场在资源配置中起决定性作用和更好发挥政府作用"，以及"毫不动摇巩固和发展公有制经济，坚持公有制主体地位，发挥国有经济主导作用，不断增强国有经济活力、控制力、影响力"①；进入经济发展新常态，体制性、机制性、结构性矛盾逐步凸显，中国政府及时转换发展理念，坚定不移推进供给侧结构性改革；习近平总书记在中央全面深化改革领导小组第三十次会议上将改革出发点和落脚点定义为"四个有利于"，特别是"有利于增强人民群众获得感"使改革理念明确而接地气，有力地推动着我国改革不断朝着更高质量、更有效率、更加公平、更可持续的方向发展。

① 《中共中央关于全面深化改革若干重大问题的决定》，中国政府网，http://www.gov.cn/jrzg/2013－11/15/content_2528179.htm，2013年11月15日。

四、中国特色社会主义市场经济体制的重大创新

习近平同志指出，中国特色社会主义是实践、理论、制度紧密结合的，既把成功的实践上升为理论，又以正确的理论指导新的实践，还把实践中已见成效的方针政策及时上升为党和国家的制度。① 中国特色社会主义市场经济制度与中国共产党领导的国家治理理念、思想和体系建设是互为依存的有机整体。新时代中国特色社会主义思想以"八个明确、十四个坚持"，构成的坚持和发展中国特色社会主义的基本方略，通篇突出了"不忘初心，牢记使命，为中国人民谋幸福，为中华民族谋复兴"的价值取向。习近平同志在十九届一中全会后会见记者的时候讲道，"历史是人民书写的，一切成就归功于人民"，坚持以人民为中心的发展思想，突出党的领导在中国特色社会主义市场经济制度建设中的重要地位，是国家治理体系与社会主义市场经济制度建设的力量之源、方向之本、创新之基，体现了中国特色社会主义市场经济的特点和优势。作为中国特色市场经济发展进步的制度保障，其在基本经济制度创新方面集中表现为以下几个方面。

（一）创新性地将国有经济打造成社会主义市场经济的经济基础

企业是最适合于市场竞争和规模化生产的组织形式，因此，在西方主流经济学理论体系中，通常将厂商生产理论作为分析的核心和起点。通观市场经济的全球化发展历史，几乎毫无例外地都是以私有制企业为其主体的。资本主义私有制企业通过雇佣剥削，实现个人资本增值；资本主义垄断企业集团即便是国有企业，既要为资产阶级精英服务，又要服从国家总体战略目标。中国特色社会主义市场经济赋予社会主义公有制企业（特别是国有经济）市场主体属性和功能，这一前无古人的伟大创举，开创了市场经济理论和实践之先河。由于国营经济性质决定其经营目的是为中国人民谋幸福，为中华民族谋复兴。正如习近平同志所强调的："国有企业是中国特色社会主义的重要物质基础和政治基础，是我们党执政兴国的重要支柱和依靠力量。包括国有经济在内的公有制经济，是我国社会主义制度的经济基础，是国家引导、推动、调控经济和社会发展的基本力量，是实现广大人民群众根本利益和共同富裕的重要保证。"②这正是社会主义市场经济与资本主义市场经济的根本区别。

党十八大以来，国有经济作为社会主义市场经济的经济基础得到了进一步明确，党和国家领导人多次强调国有经济是国民经济发展的中坚力量，要坚

---

① 习近平，十八届中共中央政治局第一次集体学习时的讲话，新华网，http://www.xinhuanet.com/politics/2012—11/19/c_123967017.htm，2012 年 11 月 19 日。

② 习近平，理直气壮做强做优做大国有企业——在全国国有企业改革座谈会上的讲话，新华网，http://www.xinhuanet.com/politics/2016—07/04/c_1119162333.htm，2016 年 7 月 4 日。

持国有企业在国家发展中的重要地位不动摇，做强、做优、做大国有企业。

从市场经济运行层面上看，“做强、做优、做大”国有企业是发展成果更充分、更公平惠及全体人民的制度保障。利益驱动与市场经济固有的“基因缺陷”和“机制缺陷”必然引发囤积居奇、假冒伪劣、坑蒙拐骗和垄断竞争。对此，尽管有分门别类法律法规体系，并相应建立了机构繁多、体系庞大的司法、执法队伍，但至今仍是“道魔斗法”，根治无望。公有制赋予国有经济实实在在的社会责任，能够自觉地对市场产生“清洁”作用(张宇，2016)：国有企业不会制假贩假，与其合作的民营经济不能够制假贩假，在国有企业主动作为和带领下可以最大限度地实现市场清洁。可见，国有经济是应对市场经济的“基因缺陷”和“机制缺陷”最佳经济制度和优化国家治理的经济保障。

从社会政治制度层面上看，“做强、做优、做大”国有企业是巩固中国共产党的执政地位、实现全面小康社会和中华民族伟大复兴中国梦的经济保证(吴宣恭，2015)。历史选择了中国共产党领导和社会主义发展道路，以实现共产主义为奋斗目标的中国共产党，必然要把社会主义公有制作为党的执政基础。“不忘初心，牢记使命”，坚持党的领导、加强党的建设是国有企业的“根”和“魂”[①]；坚持中国市场经济的社会主义发展方向促进经济高质量增长，又是对党的执政基础的夯实(林金忠，2012)。

审视国际态势，“做强、做优、做大”国有经济是提升我国国际竞争能力、保障国家政治稳定和经济安全的明智选择。打开国门的中国将长期处于社会主义市场经济初级阶段，仅有40年改革开放发展经历的中国企业与长期发展演化的国际垄断组织实力悬殊。毫无退路的中国，只能以国家治理发挥“能够集中力量办大事”的制度优势，通过协调国际关系和“做强、做优、做大”国有企业，并以其带领民营企业“出海”，才有可能在剧烈的国际竞争中谋求发展。

经过几十年发展，国有企业经济实力发生了巨大变化，资产总额近1 300万亿元，在市场经济的历练中形成了比较完备的管理制度，懂经营会管理的人才济济；中央制定的国有企业深改方案业已部署到位，国有经济的“强、优、大”是“站在海岸遥望海中已经看得见桅杆尖头了的一只航船”。

(二)以全新的社会主义混合所有制理论拓展社会主义公有制的实现形式

党的十五大将混合所有制纳入社会主义市场经济的组成部分，十八届三中全会正式提出：“积极发展国有资本、集体资本、非公有资本等交叉持股、相互融合的混合所有制经济”。从浅表层次看，混合所有制似乎与股份制经济有着相同的表现形式，然而，我国提出的混合所有制在内涵上则是国有、集体、合作、个体、私营、外资等多种所有制形式的经济结合，完全不同于一般股份制下

① 习近平，在全国国有企业党的建设工作会议上的讲话，新华网，http://www.xinhuanet.com/2016－10/11/c_1119697415.htm，2016年10月11日。

若干同类经济体的集合(程恩富,2015)。

我国决策高层的混合所有制改革"是社会主义基本经济制度的重要实现形式"(顾钰民,2016),其目的是为了完善社会主义市场经济的基本经济制度,中国特色的混合所有制既能够有效矫治非公有制经济的行为偏差,也能够为公有制经济注入经济激励因子,更能够放大国有资本功能、提高国有资本保值增值与竞争力(程恩富,2015)。决策高层划定了改革区间:"必须严格区分相应推广行业,不是所有的行业都适宜进行混改,优先从竞争类行业开始逐步扩大到经营类,而对于公益类国企,则应当允许国有独资形式的存在"①;将改革红线和底线确定为:不搞私有化和防止国有资本流失,必须控制在国有独资和国有绝对控股这两个范围之内(高明华,2014);并为改革给出的判断标准为:"是否有利于国有资本保值增值,是否有利于提高国有经济竞争力,是否有利于放大国有资本功能这一重要论断"。同时强调混合所有制改革"只能成功不能失败"。

由此可见,决策高层站在新的历史起点上,极力推出这一具有全新意义的混合所有制改革,着眼于进一步增强国有经济活力、控制力、影响力;大大拓展社会主义公有制的实现形式,以便更好发挥公有制的主体地位。② 这既是对社会主义国家治理基础的着力夯实,也是社会主义市场经济自我发展与完善的重大理论和实践创新(臧跃茹,2016)。

(三)为非公有制企业"塑心"、"立行",夯实社会主义市场经济微观基础

改革开放以来,我们始终坚持非公有制企业是发展社会主义市场经济的重要力量,把引导非公有制经济健康发展视为完善我国基本经济制度、创新社会发展、构建和谐劳动关系的需要。由是,非公有制企业得以蓬勃发展,对我国经济增长贡献巨大,成为我国最大的就业机会提供者和越来越重要的税源。但是必须明白无误地指出,非公有制企业的经济性质决定牟利是其天然本性,在社会主义制度下,尽管外在约束有一定的作用,但起决定性作用的是内因。因此,前面分析的以私有制为基础的市场经济天然的存在"基因缺陷"和"机制缺陷"对我国非公有制企业完全适用。曾几何时,"苏丹红""三聚氰胺""地沟油"以及环境安全问题、空气质量下降等诸多事件触犯众怒,加之腐败长期得不到有效遏制,以致有些人对中国的市场化改革产生疑虑:中国特色社会主义市场经济何处去,是欧美的市场经济还是拉美的市场经济?(刘伟,2015)

对此,2012年,中共中央办公厅印发《关于加强和改进非公有制企业党的建设工作的意见(试行)》给出了解决方案。《意见》明确了非公有制企业党组

① 《国务院关于国有企业发展混合所有制经济的意见》,中国政府网,http://www.gov.cn/zhengce/content/2015—09/24/content_10177.htm,2015年9月24日。

② 习近平,在2017年中央经济工作会议上的讲话,新华社,http://www.gov.cn/xinwen/2016—12/16/content_5149018.htm,2016年12月16日。

织的功能定位、建立健全领导体制和工作机制、努力推进党的组织和工作覆盖、探索党组织和党员发挥作用的有效途径等七个部分。2017 年 1 月中共中央办公厅再一次印发了《关于加强和改进非公有制企业党的建设工作的意见(试行)》,并要求全国各省市制定出台《实施意见》,下达各县(区)及其各有关部门要结合实际制定贯彻落实《实施意见》的具体措施。这一举措与中国革命史上具有深远意义的"三湾改编"的重要意义有异曲同工之妙。为有效地彻底扫除旧军队的一切不良制度、不良习气、带兵方法和农民自由散漫作风,1927 年 9 月毛泽东同志在江西永新县三湾村主导了举世闻名的"三湾改编",首次实现了党对军队的绝对领导,给革命军队注入政治灵魂,奠定了政治建军的基础,实现了以农民及旧军人为主要成分的中国革命军队的新生,从此,中国工农红军在党的领导下从胜利走向胜利,创立了中华人民共和国。

与"三湾改编"的成功探索和实践一脉相承的是,在社会主义市场经济改革和发展的进程中,针对非公有制企业缺陷,着力加强和改进非公有制企业党的建设工作,为非公有制企业"塑心""立行"。在非公有制企业中,通过强有力的党组织活动和党员的模范带头作用,遏制其私有经济属性的弊端,全力帮助非公有制企业做好经营管理工作的同时,为非公有制企业引导其朝着有利于社会主义的方向发展。加强对非公有制企业党的领导,探索党组织和党员发挥作用的有效途径,对于增强中国共产党的阶级基础,夯实中国共产党的执政基础至关重要,同时我们还认为,它能够最大限度地治理市场经济与生俱来的"基因缺陷"和"机制缺陷",为社会主义市场经济理论和实践谱写新的华章(付钦太,2017)。

五、结束语

以当代马克思主义政治经济学理论为指导,基于对市场经济演化的理论思考,源于不断拓展和创新的中国社会主义市场经济实践的考察和发展规律探索,特别对近年来的"大国崛起"中经历艰辛与险恶后的感悟,使我们进一步领悟了习近平同志"必须牢记,道路决定命运"的深刻而丰富的含义。在社会主义市场经济改革和建设中,新时代中国特色社会主义思想,给予我们"道路自信、理论自信、制度自信、文化自信"①;复兴中国的社会主义市场经济改革的伟大创新"将不仅为世界制度文明贡献力量,还极有可能影响世界格局及其未来走向"②。

① 习近平,在庆祝中国共产党成立 95 周年大会上的讲话,新华网,http://www.xinhuanet.com/politics/2016-07/01/c_1119150660.htm,2016 年 7 月 1 日。

② 习近平,在庆祝全国人民代表大会成立 60 周年大会上的讲话,新华网,http://www.npc.gov.cn/npc/xinwen/2014-09/06/content_1877767.htm,2014 年 9 月 6 日。

参考文献

[1]卡尔·马克思,2004a,《资本论》第3卷,北京:人民出版社,第368页。

[2]卡尔·马克思,2004b,《资本论》第3卷,北京:人民出版社,第499页。

[3]卡尔·马克思、弗里德里希·恩格斯,1992a,《马克思恩格斯全集》第20卷,北京:人民出版社,第339页。

[4]卡尔·马克思、弗里德里希·恩格斯,1992b,《马克思恩格斯选集》第1卷,北京:人民出版社,第170页。

[5]卡尔·马克思、弗里德里希·恩格斯,1992c,《马克思恩格斯全集》第20卷,北京:人民出版社,第341页。

[6]卡尔·马克思、弗里德里希·恩格斯,1992d,《马克思恩格斯选集》第1卷,北京:人民出版社,第363页。

[7][美] 乔治·施蒂格勒,1990,《经济学家和说教者》,上海:三联书店出版社。

[8][美] 约瑟夫·斯蒂格利茨,2011,《社会主义向何处去——经济体制转型的理论与证据》,吉林:吉林人民出版社。

[9][美]约瑟夫·熊彼特,2005,《经济分析史》第3卷,上海:商务印书馆。

[10]程恩富、董宇坤,2015,大力发展公有资本为主体的混合所有制经济,《政治经济学评论》,第1期。

[11]程恩富、谢长安,2015,论资本主义和社会主义的混合所有制,《马克思主义研究》,第1期。

[12]冯新舟、何自力,2015,中国模式中的市场与政府关系:政府主导下的社会主义市场经济,《马克思主义研究》,第11期。

[13]付钦太,2017,混合所有制经济性质辨析,《河南大学学报(社会科学版)》,第4期。

[14]高明华、杜雯翠、谭玥宁、苏然,2014,关于发展混合所有制经济的若干问题,《政治经济学评论》,第4期。

[15]顾钰民,2016,科学认识股份制的性质、功能和作用,《毛泽东邓小平理论研究》,第9期。

[16]胡家勇,2016,试论社会主义市场经济理论的创新和发展,《经济研究》,第7期。

[17]林金忠,2012,社会主义市场经济再认识,《学术研究》,第2期。

[18]刘伟,2015,发展混合所有制经济是建设社会主义市场经济的根本性制度创新,《经济理论与经济管理》,第1期。

[19]宋则,2016,马克思市场学说研究,《财贸经济》,第11期。

[20]陶玉,2014,更好发挥政府作用是社会主义市场经济的独特优势,《马克思主义研究》,第7期。

[21]吴宣恭,2015,对社会主义市场经济特有优势与国有经济主导作用的再认识,《毛泽东邓小平理论研究》,第1期。

[22]袁恩桢,2016,三种双重运行机制之社会主义市场经济特殊性,《毛泽东邓小平理论研究,第3期。

[23]臧跃茹、刘泉红、曾铮，2016，促进混合所有制经济发展研究，《宏观经济研究》，第 7 期。

[24]张宇，2016，论公有制与市场经济的有机结合，《经济研究》，第 6 期。

[25]周新城，2016，关于社会主义市场经济的几个理论问题——在市场经济问题上马克思主义与新自由主义的原则分歧，《当代经济研究》，第 6 期。

[26]宗寒，2014，社会主义市场经济体制是中国共产党人的一个重大创造，《毛泽东邓小平理论研究》，第 1 期。

Evolution of the Market Economy and the Innovation of Socialist Market Economy System with Chinese Characteristics

Duan Longlong Ye Zirong

Abstract The article expands on the "free competition" of the market economy and the understanding of the relationship between the government and the market in the socialist market economy. Through the identification of the evolving market economy, especially the analysis of the national core interests game and the manipulation of Western countries included in the international market competition after global economic integration. In-depth discussion on the significance of "the market plays a decisive role in resource allocation and better play the role of government" and "national governance system and modernization of governance capacity" in the highly internationalized market economy environment is under the guidance of Xi Jinping's new era of socialism with Chinese characteristics. Based on the practice of China's market economy reform, it summed up the innovation of the socialist market economy system and strongly supported the "four self-confidence".

Key words Evolution of the Market Economy "Gene Defects" and "Mechanism Defects" National Governance Market Economic System Innovation

马克思经济危机预警理论与经济危机预警体系构建

安帅领

内容提要　经济危机预警理论是经济周期理论的重要组成部分。马克思于 19 世纪 50 年代在美国《纽约每日论坛报》等报刊上公开发表 40 余篇论文,对 1857 年英国经济危机进行预警和识别研究,这一研究涉及固定资本投资、资本周转期间过长行业投资、价格、投机、汇率、利率、失业率和工资等方面,并且比较准确地预测了当时的经济危机。在当代,世界性经济危机依然频发并带来严重后果,构建经济危机预警和识别体系从而提高经济风险防范和化解能力显得日益迫切。马克思经济危机预警理论为当代经济危机预警指标体系的构建提供了理论依据。

关键词　经济危机　经济危机预警　经济风险防范　指标体系　构建
中图分类号　F012,F0—0

经济周期是资本主义生产方式的经常趋势和特有规律。关于 1857 年英国的经济危机,马克思于 1850 年至 1857 年期间在《新莱茵报》和美国《纽约每日论坛报》等报刊上公开发表 40 余篇论文进行预警和识别分析,由于论文异地发表和信息交流不畅等原因,这些文章并未引起当时英国社会应有的重视。现在看来,这些预警分析比较准确地预告了 1854 年英国的经济衰退和 1857 年英国的经济危机。在当今世界,经济危机依然频发并带来不可估量的严重后果。因此,如何识别和预警经济危机以及如何防范、释放和化解经济风险,已经成为经济学研究的迫切课题。马克思关于经济危机的预警分析不仅对当时的经济危机预测具有重要意义,而且对当代经济危机预警识别体系的构建以及对当代经济风险的防范、释放和化解都具有重大的理论指导意义。

必须指出,经济危机是资本主义生产方式的必然产物,只要这个生产方式依然存在,经济危机就必然由它产生出来。资本主义生产方式所造成的社会条件,使人们抵抗不住最明显的幻想的影响、不顾每隔一段时期就重复一次的严重警告而周期性地过度生产,最终酿成周期性经济崩溃的严重后果。

马克思和恩格斯从 1850 年发表的《国际述评(一)》《国际述评(二)》和《国

收稿日期:2019—03—20

作者简介:安帅领(1979—),河南大学经济学院讲师,主要研究方向为马克思主义经济学与中国经济转轨。

际述评(三)》三篇论文开始对 1857 年英国经济危机展开预警分析。马克思和恩格斯分析指出,1850 年年初以来,工业高涨达到更高水平,这种状况总是出现在危机前夕(马克思、恩格斯,1961a);现在,危机已经逼近,英国将第一次同时遭受工业危机和农业危机(马克思、恩格斯,1961b);如果 1848 年开始的工业新周期持续发展,那么 1852 年英国就会爆发危机(马克思、恩格斯,1961c)。接着,马克思单独从 1852 年 11 月 1 日发表于美国《纽约每日论坛报》的《贫困和贸易自由。—日益迫近的商业危机》一文开始对 1857 年英国经济危机进行预警分析,马克思在该报纸上分别从固定资本投资、资本周转期间过长行业投资、价格、投机、汇率、利率、失业、工资等方面,陆续对 1857 年英国经济危机展开预警分析。其中代表性的论文有:《政局展望。—商业繁荣。—饿死事件》(1853 年 2 月)、《中国革命和欧洲革命》(1853 年 6 月)、《政府在财政问题上的失败。—马车夫。—爱尔兰。—俄国问题》(1853 年 8 月)、《战争问题。—英国的人口和商业报告书。—议会动态》(1853 年 8 月)、《政治动态。—欧洲缺粮》(1853 年 9 月)、《西方列强和土耳其。—日益迫近的经济危机。—印度的铁路建设》(1853 年 10 月)、《西方列强和土耳其。—经济危机的征兆》(1853 年 10 月)、《伦敦交易所的恐慌。—罢工》(1853 年 10 月)、《战争问题。—金融状况。—罢工》(1853 年 10 月)、《战争。—罢工。—生活费用上涨》(1853 年 11 月)、《工商业危机》(1855 年 1 月)、《英国工商业的危机》(1855 年 1 月)、《英国的危机》(1855 年 3 月)、《金融市场》(1855 年 5 月)、《一八四四年的英格兰银行法和英国的金融危机》(1857 年 11 月)、《英国贸易的震荡》(1857 年 11 月)和《英国的贸易危机》(1857 年 12 月)等等。

一、固定资本投资大规模扩张与经济危机预警

由于固定资本投资的大规模扩张为新一轮经济危机提供了物质技术基础,马克思把其作为经济危机的首要征兆,并以此开始预警英国的经济危机。在《资本论》第二卷,马克思对此还进一步分析指出:首先,固定资本大规模投资为周期性的经济危机提供了物质技术基础,并且主要工业部门固定资本的平均更新周期制约着经济周期。其次,从产业上游到产业下游的固定资本新投资会引发价值革命,如果价值革命是局部、不均衡地发生,它就会造成全部年产品价值比例的局部的、不均衡的改变。这样,价值比例的改变部分对于价值比例的不变部分就是一种偏离,这种偏离是一种干扰,会造成社会总资本再生产的紊乱。第三,在假定生产方式不变的情况下,如果第一部类、第二部类的固定资本更新额和折旧额不一致,会引起生产资料生产的不足和过剩状况,从而造成社会总资本再生产的紊乱。(马克思,2004a)

马克思、恩格斯对 1850 年左右英国主要工业部门固定资本投资的加速扩

张做了大量的实证分析，并以此向英国市场发出经济危机的严重警告。在1850 年 2 月的《国际述评(一)》中指出，1849 年以来，在所有的工业区，有大批新工厂兴建和大批旧工厂扩建，经济危机的能量正在蓄积。(马克思、恩格斯，1961d)在同年 4 月的《国际述评(二)》中指出，在棉纺织业、毛纺织业、冶金业等工业生产中，已经呈现出危机的苗头。(马克思、恩格斯，1961e)在 1853 年 2 月的《政局展望。—商业繁荣。—饿死事件》一文中，马克思指出，首先，新建企业和原有企业固定资本投资大幅扩张。截止到 1852 年 10 月 31 日的一年中，开工生产的新厂共有 229 个，它们共拥有 4 771 匹马力的蒸汽发动机和 586 匹马力的水力发动机；扩建工厂 69 个，总共拥有 1 532 匹马力的蒸汽发动机和 28 匹马力的水力发动机。两项总计达 6 917 匹马力，同比增长 5%以上。其次，英国大量的剩余资本还在继续集中到工业生产中去。(马克思、恩格斯，1961f)

马克思还特别分析了英国棉纺织工业的固定资本投资状况，并发出英国棉纺织工业危机的严重警告。马克思之所以重点研究英国棉纺织业，是因为在当时，英国的棉纺织业是英国的支柱工业。以 1853 年为例，在英国国内方面，棉纺织业就业人口占大不列颠总就业人口的 1/8，棉纺织业国民收入占大不列颠总国民收入的 1/12；在英国出口方面，棉纺织品出口占到总出口的 1/2。在 1850 年 11 月的《国际述评(三)》中，马克思、恩格斯分析指出，在 1849 年，英国棉纺织业大量增产，棉纺织品、毛纺织品和麻纺织品出口量大幅度增加。(马克思、恩格斯，1961g)马克思在 1853 年 2 月的《政局展望。—商业繁荣。—饿死事件》一文中指出，首先，在 1851 年和 1852 年，英国最发达的工业区——郎卡郡地区的棉纺织工业快速发展。设备能力总共增加 6 113 匹马力，而 1850 年英国棉纺织工业使用的发动机的总功率为 134 217 匹马力，增幅达到 5%。这一扩张使得棉纺织工业增添 24 000 名工人，而 1852 年英格兰和威尔士的总人口数为 18 205 000，新增就业人数占到英格兰和威尔士的总人口数的 1.3‰。其次，许多新的工厂正在兴建。在 1853 年 9 月的《政治动态。—欧洲缺粮》一文中指出，繁荣时期积累起来的游资直接投入工业生产，这些事实已经造成国内外市场上的货物过剩，危机已经具有明显的征兆。(马克思、恩格斯，1961h)在 1857 年 4 月的《英国工厂制度》一文中指出，从 1838 年到 1856 年，一方面，棉纺织工厂的平均发动机总功率、平均机器数目、平均工人人数以及平均生产能力迅速扩大；另一方面，棉纺织工厂的平均资本技术构成也在迅速提高，平均在业工人人数相对减少(见表 1)。(马克思、恩格斯，1962a)1850 年和 1856 年的经济事实已经造成英国国内外市场上的棉纺织产品过剩。

表1 联合王国棉纺织业平均发动机功率、机器数目、工人人数、生产能力、资本技术构成

年份	平均发动机功率（马力）	平均机器数目（台）	平均工人人数（个）	平均生产能力（万英镑出口额）	平均资本技术构成
1838	24	27	100	—	27%
1850	29	65	129	1.27	55%
1856	31	72	133	1.40	54%

资料来源：《马克思恩格斯全集》第12卷，北京：人民出版社，1962年，第201—208页。

二、资本周转期间过长行业投资过度扩张与经济危机预警

工农业生产方式的革命以及新世界市场的发现，必然使交通运输业生产方式发生革命，而交通运输业等资本周转期间过长行业的过度投资会造成生产过程和再生产过程本身的比例失常，这一比例失常又会导致物价上涨、投机欺诈、货币市场紊乱和局部崩溃。马克思在1856年7月的《法国的CRéDITMOBILIER（第三篇论文）》一文中也指出，如果固定资本和流动资本不相适应，产业资本家就不得不马上关厂；对于整个国家来说，也是同样的道理，如果固定资本和流动资本不相适应，就会造成再生产过程比例失调。（马克思、恩格斯，1962b）由此，马克思把资本周转期间过长行业过度投资作为经济危机的重要征兆。

在1853年2月的《政局展望。—商业繁荣。—饿死事件》一文中，马克思重点关注了1852年英国商业年报中关于造船业和铁路业等资本周转期间过长行业的投资扩张状况，并以此向英国市场发出经济危机的严重警告。首先，英国造船业异常活跃。英国殖民地船舶的价格整整上涨了17%，且有进一步上涨的趋势；在铁制帆船业，各地的工厂以空前的规模扩张。其次，英国铁路业投资也以较高的比例扩张。1852年，货运收入增加了41 426英镑，即增加了14%。（马克思、恩格斯，1961i）

工业固定资本投资过度扩张和交通运输业等资本周转期间过长行业投资过度扩张必然引起生产和交换的大幅度增长，从而，生产过剩也在不断累积。英国1849—1857年的出口产品的实际价值或申报价值的变动情况可以从一个侧面反映生产和交换的变动（见表2和图1）。

表 2　联合王国出口的不列颠和爱尔兰产品的实际申报总值

年份	英镑	年份	英镑
1849	63 596 025	1854	97 184 726
1850	71 367 885	1855	95 688 085
1851	74 448 722	1856	115 826 948
1852	78 076 854	1857	122 066 107
1853	98 933 781	—	—

资料来源:《马克思恩格斯全集》第 13 卷,北京:人民出版社,1962 年,第 555 页。

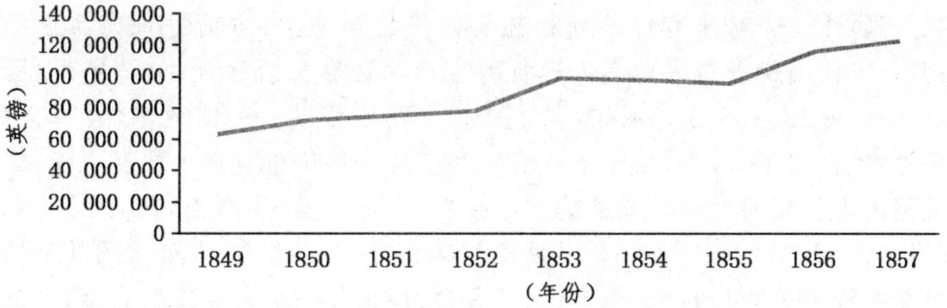

图 1　联合王国出口的不列颠和爱尔兰产品的实际申报总值

资料来源:《马克思恩格斯全集》第 13 卷,北京:人民出版社,1962 年,第 555 页。

三、物价飞涨、投机盛行、汇率下跌与经济危机预警

由于固定资本过度扩张和资本周转期间过长行业投资过度扩张必然导致生活资料和生产资料价格的飞涨,马克思也把物价飞涨作为经济危机的重要征兆,并以此向英国市场发出经济危机的严重警告。在 1853 年 2 月的《政局展望。—商业繁荣。—饿死事件》一文中,马克思引用 1852 年英国商业年报时指出,固定资本大规模扩张和资本周转期间过长行业投资过度扩张,导致生活资料价格普遍上涨。1852 年年初,小麦价格的上涨幅度达到 22%;由于谷物价格的上涨,牲畜、肉类、油类和干酪的价格也随之提高。其次,扩张也导致生产资料价格尤其是原材料价格大幅度上涨。1852 年羊毛价格与 1851 年同期比较,平均上涨 15%—20%;铁的价格由每吨 5 英镑涨到每吨 10 英镑 10 先令,又涨到每吨 12 英镑,上涨幅度达到 140%。(马克思、恩格斯,1961j)在《资本论》第三卷中,马克思进一步指出,原材料价格的剧烈波动,会导致再生产过程中断、巨大冲突和危机;原材料价格剧烈波动越频繁,再生产过程的波动就越频繁;资本主义生产方式越发达,原材料价格波动越剧烈并且越频繁。

(马克思,2004b)恩格斯针对1858年年底英国的精梳羊毛价格和澳大利亚的精梳羊毛价格上涨现象也补充指出,原料和成品之间的价格不平衡本身是经济危机的一种征兆。(马克思,2004c)

物价飞涨、借贷资本相对充裕带来的低利率以及生产过剩引发的新建设必然导致生产投机、商业投机和证券投机盛行,马克思还把投机盛行作为经济危机的重要征兆,并以此向英国市场发出经济危机的严重警告。在《国际述评(三)》中,马克思恩格斯指出,1849年和1850年,英格兰银行的贴现率一直没有超过2%,这种状况继续越久,银行资本家就越不得不拼命地为资本寻找投机出路。(马克思、恩格斯,1961k)在1852年10月的《贫困和贸易自由》一文中,马克思指出,由于对外贸易顺差导致利率降低,头等期票的贴现率是1.75%到2%,这意味着经济周期狂热阶段的到来:一方面进口商品投机过大;另一方面围绕着诱人肥皂泡进行的生产和证券投机过大。(马克思、恩格斯,1961l)在1853年2月的《政局展望。—商业繁荣。—饿死事件》一文中,马克思指出,在1852年,由于生产资料和生活资料价格普遍大幅度上涨,这引起英国国内投机商对进口商品的广泛投机。(马克思、恩格斯,1961m)马克思在《资本论》第二卷进一步分析了投机现象及其后果,首先,与资本周转周期过长行业投资相关的投机家、承包人、工程师、律师等一伙人会发财致富,同时工人工资也会提高,这会引起市场上强烈的消费需求,从而导致生活资料价格进一步上涨。但是,农业食品不能在一年内突然增多,所以,它们的输入和食品类生活必需品以及奢侈品的输入一样将会增加,进而发生进口投机和输入过剩现象;其次,由于价格的提高,在那些生产可以急剧增长的重工业部门(采矿业、冶金业、机器制造业等等),会发生突然的投机扩大,随即发生崩溃(马克思,2004d);第三,进口商品过剩导致逆差、贵金属外流、汇率下跌和利率上升,而贵金属外流、汇率下跌是金融恐慌的直接原因和经济危机的征兆。

四、贴现率上升与经济危机预警

由于投机盛行必然导致资本需求大幅度上升,从而导致银行贴现率上升,马克思也把其作为经济危机的重要征兆,并以此向英国市场发出经济危机的严重警告。在1853年2月的《政局展望。—商业繁荣。—饿死事件》一文中,马克思首次提到,在1852年4月22日,英格兰银行把贴现率降到2%,而在1853年1月6日则把贴现率由2%提高到2.5%,增加25%。(马克思、恩格斯,1961n)在1853年9月的《政治动态。—欧洲缺粮》一文中,马克思指出,1853年英格兰银行的贴现率提高得更快,贴现率在1853年1月22日达到3%,在6月4日达到3.5%。(马克思、恩格斯,1962c)在1855年3月的《英国的危机》一文中指出,工商业危机从1854年9月以来就带有极其尖锐、极其普遍和猛烈的性质，以致人们已无法否认它的存在。(马克思、恩格斯，1962d)但是，事实上，英国 1854 年出口额比 1853 年下降约 180 万英镑，即下降约 1.7%；1855 年出口额比 1853 年下降约 330 万英镑，即下降约 3.2%，而 1848 年出口额比 1847 年下降约 600 万英镑，即下降约 10.1%。因此，对比来看，1854 年和 1855 年的生产只是发生了小规模的衰退，而不是如马克思所预计的大规模危机。马克思在 1857 年 11 月的《英国贸易的震荡》一文中对此也指出，1853 年 10 月 1 日英格兰银行贴现率达到 5%，英国在 1854 年只是发生了预先的崩溃。(马克思、恩格斯，1962e)总之，考虑到此前英格兰银行的最高贴现率是 1847 年 10 月 23 日的 8%，因此，可以断定，5%的贴现率已经达到当时贴现率的中位数。从而可以断定，贴现率上升至中位数是经济衰退的一个重要征兆。

但是，贴现率会由于众多原因而发生震荡，贴现率偶然的一次上升也并不必然预告着大规模经济危机即将爆发。马克思在 1857 年 11 月的《英国贸易的震荡》一文中指出：一方面，由于从澳大利亚和美国及时流入黄金，使英格兰银行能够间或放松它的硬性条件；另一方面，由于一系列短暂的动荡，经济危机本在 1855 年 10 月就应该开始，但是被其他原因推迟下去。这一状况反映在贴现率上就是：英格兰银行的贴现率在 1854 年 5 月 6 日已经达到 5.5%，后来又连续下降到 5%、4.5%、4%和 3.5%；从 1855 年 6 月 16 日到 9 月 8 日，贴现率一直是 3.5%，然后它又朝着相反的方向经过同样的变化上升到 4%、4.5%、5%；到 1855 年 10 月又达到了在 1854 年 5 月曾达到过的最高点，即 5.5%，1855 年 10 月 20 日，短期期票的利率上升到 6%，长期期票的利率上升到 7%，但是接着又出现了倒退现象；在 1856 年，贴现率时而下降时而上升，到 1856 年 10 月，又达到了 6%和 7%。(马克思、恩格斯，1962f)总之，在 1854 年到 1857 年间，英国贴现率在 5.5%和 7%之间来回波动，直至 1857 年 11 月，英国才爆发大规模经济危机。

五、失业率上升、工资水平下降与经济危机预警

在生产和交换大幅度增长的同时，英国国内却出现了较高的失业率和较低的工资水平状况，从而限制了国内消费市场，这不可避免地要引发危机，马克思也把失业率上升和工资水平下降作为经济危机的重要征兆，并向英国市场发出经济危机的严重警告。首先，在英国，经济繁荣的同时伴随着较高的赤贫率(赤贫率等于有劳动能力但又需要救济的人数与总人口数之比，赤贫率小于失业率)。马克思在 1852 年 10 月的《贫困和贸易自由。—日益迫近的商业危机》一文中指出，在 1841—1848 年间，英国每 1 000 个居民中有 89 个贫民，而在 1851 年有 90 个贫民，可见，贫困现象加剧。(马克思、恩格斯，1961o)通

过马克思在1859年8月的《人口、犯罪率和赤贫现象》一文列举的总人口和赤贫人口数据计算可知(见表3和表4),从1852年到1857年,英格兰和威尔士的赤贫率在4.3%和4.6%之间波动,维持在4.5%左右,从而也可以推断,英格兰和威尔士的失业率远远高于这些数字。

表3　　英格兰和威尔士总人口变动

年份	人口数(个)	年份	人口数(个)
1852	18 205 000	1855	18 787 000
1853	18 403 000	1856	19 045 000
1854	18 618 000	1857	19 305 000

资料来源:《马克思恩格斯全集》第13卷,北京:人民出版社,1962年,第550页。

表4　　英格兰和威尔士赤贫人口变动

年份	人口数(个)	年份	人口数(个)
1852	834 424	1855	851 269
1853	798 822	1856	877 867
1854	818 337	1857	843 806

资料来源:《马克思恩格斯全集》第13卷,北京:人民出版社,1962年,第550页。

其次,在英国,经济繁荣的同时伴随着较低的工资水平。马克思在1853年8月的《政府在财政问题上的失败。—马车夫。—爱尔兰。—俄国问题》一文中指出,在1849、1850、1851和1852这些年份里,工商业虽然不断发展,但工资水平大体上没有变动。(马克思、恩格斯,1961p)总之,资产阶级社会的经济结构必然造成工人的贫困和工人的有限消费。

然而,较高的失业率和较低的工资水平必然导致国内市场的萎缩,而生产和消费的矛盾累积到一定程度,不可避免地要引发新的经济危机。马克思在1853年9月的《政治动态。—欧洲缺粮》一文中引用"纪事晨报"指出,商业危机和工业危机的因素早就在积累,那种认为贸易自由就能一举消除商业衰落、工业生产过剩和歉收的看法是一种幻想,实际情况恰恰相反。(马克思、恩格斯,1961q)在1853年10月的《西方列强和土耳其。—日益迫近的经济危机。—印度的铁路建设》一文中指出:一方面,需求不断减少;另一方面,供应却有剩余。(马克思、恩格斯,1961r)

伴随着经济危机一般征兆的逐渐显现,再加上农业歉收、战争革命、贸易逆差、银价上升、银行提高利率等外在因素的加速推动,英国的经济危机逐渐显现。马克思在1853年10月的《伦敦交易所的恐慌。—罢工》、《战争问题。—金融状况。—罢工》,1853年11月的《战争。—罢工。—生活费用上涨》、《工人问题》、《繁荣。—工人问题》、1854年的《英国军事部门的改组。

—奥地利的要求。—英国的经济状况。—圣阿尔诺》、1857年的《英国贸易的震荡》和《英国的贸易危机》等一系列论文中指出了经济危机的一系列表现：首先，金融市场恐慌包括银行停止贷款和证券价格下跌；其次，工人罢工；第三，物价下跌；第四，企业破产；第五，出口下跌等等。

六、经济危机预警指标体系的构建

起源于2007年美国华尔街的金融危机，现已蔓延为百年一遇的全球性经济危机，这次经济危机一方面给世界经济体系带来沉重打击，另一方面也给经济学研究重新提出了如何识别和预警经济危机、如何防范和化解经济风险的课题。针对国际经济危机，在2007年之后，中共中央多次提出建立经济风险识别和预警机制、提高防范和化解经济风险能力的要求，特别是中共十九大报告指出，要更加自觉地防范各种风险，健全各方面风险防控机制，增强驾驭风险本领，坚决打好防范化解重大风险攻坚战。因此，构建经济危机预警指标体系具有时代迫切性。另外，尽管经济时代在变化，但是，经济危机仍然有规律地重复发生，这说明经济危机有它固定的根源、实质、征兆和表现。因此，准确发现这些征兆并以其为基础构建经济危机预警指标体系具有理论可能性。

(一)马克思经济危机预警理论的当代价值

马克思虽然没有明确提出“经济危机预警指标体系”课题，但是他在1850年至1857年期间所做的大量的、比较准确的经济危机预警分析，为我们在当代构建经济危机预警指标体系提供了理论指导，这是马克思经济危机预警理论的重要价值。

1. 经济危机的预警指标必须同经济危机的外在影响因素相区分

马克思在1855年1月的《工商业危机》和《英国工商业的危机》以及1857年11月的《英国贸易的震荡》等文中明确指出世界市场、国家政策、战争、农产品收成等因素不是经济危机的征兆指标，而是经济危机的外在影响因素。具体而言，第一，作为生活资料的粮价的波动不是经济危机的征兆。无论是1853年的经济繁荣或是1854年经济危机的征兆，都不能用粮价的高低来解释；粮价的高涨或下跌只能加速或推迟危机，但是不能引发危机。第二，作为生产资料的粮食、棉花等农产品价格的波动也不是经济危机的征兆。作为生产资料的农产品价格波动只会引发局部的、不均衡的价值革命，从而造成社会总产品价值比例的局部、不均衡改变，最终加速社会总资本再生产的紊乱。另一方面，如果没有准备金应对农产品价格的上涨，就会造成下游产业再生产的减产、停产、亏损和破产，而这也会加速社会总资本再生产的紊乱。第三，战争同经济危机没有任何联系。1857年经济危机的征兆在没有战争的时候就已经出现了，不过战争大大加深了英国所经过的艰苦考验。第四，国家的经济政策不能说明经济危机。19世纪50年代,英国虽然承认了自由贸易的原则,但是市场仍有工商业危机的征兆。第五,世界市场的扩大或缩小都不是经济危机的征兆。1849年到1854年,整个世界市场扩大,但是,经济危机的征兆仍然出现。不过,世界市场的扩大或缩小会推迟或加速危机。

2. 经济危机预警指标应当只限于资本主义经济体本身能说明和反映经济危机根源的典型因素

依据马克思所做出的经济危机预警分析,经济危机预警指标体系应当包括以下指标:第一,固定资本投资指标;第二,资本周转周期过长行业投资指标;第三,物价指标;第四,投机指标;第五,汇率指标;第六,利率指标;第七,失业率指标;第八,工资指标。

3. 经济危机预警指标数值变动范围的选取应进行广泛的实证研究

依据马克思所做出的经济危机预警分析,在确定经济危机预警指标之后,还必须进行两方面的研究工作:第一,统计不同时期经济复苏和高涨阶段每个指标的变动状况;第二,确定每个指标的数值变动区间。主要是根据某一国家的经济史数据,确定每个预警指标的数量变动范围。

(二)经济危机预警指标数值变动范围的确定

1. 固定资本投资的增长速度预警区间

据统计,我国自1953年到2005年,每一个经济周期的复苏和高涨阶段的固定资本投资增长速度在15%—85%之间波动,平均增长速度为39%(张奕琳,2007)。2006年到2015年固定资本投资增长速度在7%—25%之间波动,其中2011年增长速度为25%。[①] 因此,我国固定资本投资的增长速度预警区间可以定为15%—39%。

2. 资本周转周期过长行业投资的增长速度预警区间

据统计,2016—2017年,我国资本周转周期过长行业投资即基础设施投资对全部固定资本投资增长的贡献率由40%提高到60%(刘立峰,2018)。由此可以推断,2016年之前基础设施投资对全部固定资本投资增长的贡献率小于等于40%,若以40%计算,我国资本周转周期过长行业投资增长速度预警区间可以定为16%—24%。

3. 物价的增长速度预警区间

物价的增长速度可以近似地用消费品物价指数增长速度来衡量。目前国际上没有统一的经济复苏和高涨阶段的消费品物价指数增长速度预警区间,美国一般消费品物价指数增速把高于5%作为警戒线。从1955—1986年世界消费品物价指数的变化情况来看,亚洲国家物价走势比较稳定,增速一般在

① 《2006—2015年我国国内生产总值、增长率及固定资产投资情况分析》,中国产业发展研究网,http://www.chyxx.com/industry/201610/461869.html,2016年10月28日。

5%—12%之间变动。根据国际经验并结合我国实际,我国消费品物价指数增长速度预警区间可定为 5%—12%。

4. 投机状况的预警区间

投机状况可以近似地用不良资产比重来衡量,这一指标反映银行资产质量,也是考核金融风险程度的重要指标,这一指标越高,表明生产投机、商业投机和证券投机越旺盛,银行资产质量越差,金融风险系数越大,极易引发经济危机。2016 年,我国各地区商业银行不良贷款比重在 1.86%—3.32%之间波动,个别省份达到 4.5%。① 根据国际经验,结合我国实际,我国不良资产比重的预警区间可定为 3%—5%。

5. 汇率变动的预警区间

汇率变动状况可以用汇率变动幅度率最大值与最小值的差额与汇率最小值的比率来衡量。汇率下降幅度过大,进口增加,出口减少,外贸逆差扩大,经济风险加大。1997 年亚洲金融风暴时期,在国际游资的投机冲击下,泰铢兑换美元的汇率由 7 月 1 日的 1 美元兑换 25.88 泰铢下降到 10 月 31 日的 41.25 泰铢,到 1998 年 7 月 2 日降到 42.07 泰铢,一年内泰铢贬值 38.48%。

自 2005 年汇改后,人民币持续升值,截至 2013 年底,人民币已升值 35%;2014 年一季度人民币兑美元即期汇率大幅下滑至 6.218,贬值 2.64%(傅梓航,2016)。根据国际经验并结合我国实际,人民币对美元汇率下降的预警区间可定为 2%—3%。

6. 利率指标的预警数值

根据马克思的论述,在产业周期的停滞阶段,最低利息率占统治地位;在复苏阶段,利息率表现为高于最低限度的利息率;在高涨阶段,利息率表现为中位利息率;在危机阶段,利息率表现为最高利息率。因此,利率指标的预警数值可定为中位数利率。

7. 失业率变动的预警区间

国际上对失业率指标还没有统一的警戒线。在 20 世纪 30 年代的美国、西欧发达国家,在经济危机最严重时期,失业率曾高达 25%左右;1997 年亚洲金融风暴时期,印度尼西亚的失业率也达到 25%;2008 年世界经济危机时期,南非的失业率曾高达 24.7%。② 据中国社会科学院 2003 年度《人口与劳动绿皮书》披露,2003 年全国失业率为 20%—28%;国家统计局数据显示,我国目前城镇登记失业率为 5%。③ 根据国际经验并结合我国实际,我国失业率的警

① 苏建永,各地区银行不良贷款情况梳理,搜狐网,http://www.sohu.com/a/167857855_481683,2017 年 8 月 28 日。

② 搜狐财经,全球失业率最高的十大国家,搜狐网,http://www.sohu.com/a/72282275_383065,2016 年 4 月 29 日。

③ 宁吉喆,2017 年 12 月末城镇调查失业率 4.98%,证券时报网,http://stock.jrj.com.cn/2018/01/18155523968362.shtml,2018 年 1 月 18 日。

戒线可定为20%—25%。

8. 实际工资变动的预警

工人实际工资的状况能够准确反映工人的实际购买能力，实际工资变动可以通过名义工资变动幅度和消费者物价指数变动幅度之间的比较加以衡量。如果实际工资下降则说明工人的实际购买能力下降，这是经济危机的重要诱因。

七、结论

经济危机预警指标体系和预警数值区间一旦确定，当某时期的某个经济危机预警指标数值进入预警指标数量变动范围，就应当及时向市场和社会发出危机预警信号，提醒市场和社会采取适当的预防政策和措施以防范、释放和化解经济风险。其次，进一步的研究工作还应当包括依据经济运行的实际态势，对已选取的预警指标和已确定的预警区间进行不断丰富和修正，以经得起宏观经济运行的检验，进一步确保预警的准确度。最后，必须指出，由于宏观经济运行的诸多未知性和不确定性，不管预警指标体系设计得多么完备和精细，人们都难以对经济危机预警的准确性有绝对把握，但是在一定程度上可以使它们成为预防经济危机的有效工具。

参考文献

[1]傅梓航，2016，《汇率波动与中国经济增长》，浙江大学，第37页。

[2]刘立峰，2018，基础设施投资大幅下滑值得警惕，《中国经济时报》，5月22日。

[3]马克思，2004a、d，《资本论》(第2卷)，北京：人民出版社，第349—350、437页。

[4]马克思，2004b、c，《资本论》(第3卷)，北京：人民出版社，第134—135、138页。

[5]马克思、恩格斯，1961a、b、c、d、e、g、k，《马克思恩格斯全集》(第7卷)，北京：人民出版社，第261、344—345、494、505页。

[6]马克思、恩格斯，1961f、i、j、l、m、n、o，《马克思恩格斯全集》(第8卷)，北京：人民出版社，第420、422、562、564、568页。

[7]马克思、恩格斯，1961h、p、q、r，《马克思恩格斯全集》(第9卷)，北京：人民出版社，第255、347、348、356页。

[8]马克思、恩格斯，1962c，《马克思恩格斯全集》(第10卷)，北京：人民出版社，第637页。

[9]马克思、恩格斯，1962d，《马克思恩格斯全集》(第11卷)，北京：人民出版社，第115页。

[10]马克思、恩格斯，1962a、b、e、f，《马克思恩格斯全集》(第12卷)，北京：人民出版社，第37、201—208、345—347页。

[11]张奕琳，2007，《我国经济周期阶段与固定资产投资的关系研究》，湖南大学，第31

页。

Marx's Economic Crisis Warning Theory and Construction of Economic Crisis Warning System

An Shuailing

Abstract Economic crisis warning theory is an important part of economic cycle theory. Marx published more than 40 papers in *New York Daily Tribune* from 1850 to 1857 to carry out early warning and identification studies on the British economic crisis in 1857. These studies covered investment in fixed capital, investment in excessively long industries during capital turnover, prices, speculation, exchange rates, interest rates, unemployment rates and wages. These studies more accurately predicted the economic crisis at that time. In modern times, the world economic crisis is still frequent and brings serious consequences. It is particularly urgent to build an economic crisis early warning and identification system and improve the ability to prevent and resolve economic risks. Marx's economic crisis warning theory provides a theoretical basis for the construction of the system of economic crisis early warning indicators.

Key words Economic Crisis　Early Warning of Economic Crisis　Economic Risk Prevention　Indicator System Construction

生成、建构与表达：资本主义金融化运行机制的三重批判

——基于马克思主义政治经济学批判的视域

董志芯

内容提要　对资本主义金融化运行机制进行由内而外、由抽象到具体的理论梳理，与对资本主义金融化的批判遵循的是同一路径，主要从三个层面来澄明：通过多样化的抽离，金融化运行机制得以内在生成，但却在现实世界呈现为颠倒的形态；货币信用体系的政治经济学建构为金融化的运行和推进保驾护航，也与金融危机的产生具有内在的契合；金融资本遵循“能指漂移”的逻辑既形塑了金融化的景观世界，又生成了随时面临真实性消解的现实境遇。基于马克思主义政治经济学批判的视域，把资本主义金融化的运行机制作为批判对象的理论进路，将明证马克思关于货币职能及其符号化、银行、信用等的论述仍然极富科学性和现实意义，将为新时代中国特色社会主义金融发展提供借鉴和启发。

关键词　金融化　货币体系　能指漂移　政治经济学批判

中图分类号　F0—0

随着布雷顿森林体系的崩塌，人类真正开启了金融化的历史。当代世界最为显著的一个特征就是资本主义金融化的座驾，传统对资本主义金融化的批判，注重经济层面、制度层面、国际关系层面、日常生活层面等研究，但缺乏整体性的梳理和哲学的深层透视。马克思在《资本论》三卷及其手稿中从资本的生产过程、流通过程、社会再生产的总过程出发，揭示了资本主义生产方式运行的规律和趋势，其中关于货币职能及其符号化、银行、信用制度等的论述，为当今分析金融化运行机制留下了宝贵的理论线索。对资本主义金融化运行机制进行由内而外、由抽象到具体的理论梳理，与对资本主义金融化的批判遵

收稿日期：2019—05—10

作者简介：董志芯（1990— ），上海财经大学人文学院博士研究生，主要研究方向为马克思主义经济哲学与当代现实问题、金融化与《资本论》研究。

基金项目：本文系国家社科基金项目“经济权力生成思想的唯物史观解读及其当代意义”（16CKS054）和上海财经大学研究生创新基金资助项目“金融化与生产方式的变迁——基于唯物史观的考察”（CXJJ—2017—415）的阶段性研究成果。

循的是同一路径，本文主要从金融化运行机制的内在生成、政治经济学建构及符号价值表达三个层面来澄明：通过多样化的抽离，金融化运行机制得以内在生成，但却在现实世界呈现为颠倒的形态；货币信用体系的政治经济学建构为金融化的运行和推进保驾护航，也与金融危机的产生具有内在的契合；金融资本遵循“能指漂移”的逻辑既形塑了金融化的景观世界，又生成了随时面临真实性消解的现实境遇。基于马克思主义政治经济学批判的视域，把资本主义金融化的运行机制作为批判对象的理论进路，将明证马克思关于货币职能及其符号化、银行、信用等的论述仍然极富科学性和现实意义，将为新时代中国特色社会主义金融发展提供借鉴和启发。

一、抽离与颠倒：资本主义金融化运行机制的内在生成及其批判

作为经济活动的高级形态的金融化运行机制，乃是由历史过程所生成，是“商品化—货币化—金融化”渐进发展、长期进化的产物。金融化运行机制从其生成本质上来讲，是通过多样化的抽离完成的，但在其存在形式上却呈现为颠倒的生成形态。

马克思指出，货币是将人与社会、自然界、人本身联结起来的纽带[①]，是一切纽带的纽带，既是纽带的黏合剂，又是纽带的分离剂（马克思、恩格斯，2002）。货币普遍性的存在，使其黏合功能之光遮蔽了其分离的强大效用。而正是作为纽带分离剂的货币，创造了多样化的抽离，推进了金融化的内在生成。

其一，商品的自然形式和价值形式的分离。最早的商品交换是物物交换，但物物交换必须局限在一定的时空范围内，这就对人们的生产、生活产生了诸多不便。于是产生了商品的自然形态和价值形态分离的必要性，商品化逐渐走向货币化。货币是在“物物交换”的历史发展中被选出的专门代表商品价值形式并用于交换的特殊商品。这样过去同时性的“物物交换”过程就逐渐被分为卖和买、价值度量与物质补偿两个相互独立的过程。由此，商品交换首次获得“脱域”性，即商品交换的完成可以摆脱时空的束缚，而进行跨越时空的交换。在“物物交换”中被选择为能够承担交易媒介功能的货币，必须具有易携带、易分割计量、稀缺性等特征，由此金银成为天然的货币形式。“商品价值从商品体跳到金体上是商品的惊险的跳跃。”（马克思、恩格斯，2001）

其二，货币形态实体化与符号化的抽离。货币在社会生产交往中的广泛

① 马克思在《1844 年经济学哲学手稿》中指出：“如果货币是把我同人的生活，同社会，同自然界和人联结起来的纽带，那么货币难道不是一切纽带的纽带吗？它难道不能够把一切纽带解开和联结在一起吗？因此，它难道不也是通用的分离剂吗？”

运用，在其表现形态上，呈现为从实体化走向符号化的趋向。如果说货币职能的最初发挥是建立在金银等尘世的代表之上的话，那么金融化时代货币职能的发挥则脱离了金银介质，变成由纯粹符号来表达的价值量体系。货币形态经历了由金银形态向纸币形态，再向数字化电子货币符号的转变。在交换过程中，货币产生背后的劳动过程、技术过程甚至货币本身的内在价值逐渐被遮蔽，货币单位所表达的符号的量、符号的数值具有了本质的意义。货币如何展现自身并不重要，重要的是它所承载的数量意义。在此，货币“价值本身的革命超越了它的商品形式，达到了它的激进形式”(让·波德里亚，2012)。资本主义的发展，逐渐使货币成为计量价值数目的符号，布雷顿森林体系的崩塌，进一步消解了货币的黄金基质，使其成为进行价值度量的纯粹符号体系。更甚者，货币的符号化实现二次虚拟，走向证券化。

其三，货币羽化(马克思、恩格斯，2001)为资本，货币的所有权和使用权的分离。物与物之间的交换被分解为买与卖过程后，以货币为核心的分离也产生了。[①] 货币在流通过程中具有两种形态：W—G—W′是货币为买而卖，G—W—G′是货币为卖而买。在后一种流通形式中，货币获得了创造价值的奇能，成为会生金蛋的资本，这就将用来度量物体价值的货币和可以实现价值增殖的货币区分开来。作为资本的货币在自身的增殖运动中，不断变换其表现形式，即以商品资本、产业资本、生息资本的形式实现增殖。在生息资本的情况下，货币增殖完全摆脱其中介过程，呈现为G—G′的运动。到此，商品、货币、资本经历着对象性的分离和自身内部的分离，即商品→商品和货币，货币→货币和资本，资本→资本和利息，利息→利息和利润。在马克思那里，实业家即职能资本家，是资本的非所有者，他通过向货币资本家借贷的方式获得资本的使用权，资本增殖的收入分为企业主收入和借贷利息两部分，分别属于资本的使用者和所有者。列宁指出：“资本主义的一般特性，就是资本的占有同资本在生产中的运用相分离，货币资本同工业资本或者说生产资本相分离，全靠货币资本的收入为生的食利者同企业家及一切直接参与运用资本的人相分离。”(列宁，2009)随着以货币投机为生的食利者阶层、金融投机者与实业家走向日渐分离，货币的所有权与使用权的分离在金融化的运作过程中达到其膨胀状态，成为金融化运行的关键环节。

20世纪，金融资本逐渐成为统治经济社会发展的主导力量，这时银行渠道的密网迅速扩展，集中着社会几乎全部的资本和货币收入。到70年代资本主义金融化序幕的拉开，大量的过剩资本和旺盛的消费需求刺激着金融市场的繁荣，通过金融衍生工具的创新，资本的虚拟形式获得飞跃式的发展，股票、

① 马克思指出“货币羽化为资本的流通形式”与简单商品流通的不同之处在于交换过程中买卖次序的颠倒。

债券、基金、期权、期货等资本的所有权证书形式通过不断的转手和反复流通就可参与价值增殖过程，进一步上演着资本使用权与所有权分离的增殖游戏，演绎着实体产业与虚拟经济的日渐分离。

经过内在的多样化的抽离，金融化运行机制便在现实世界中以颠倒的形态呈现出来。金融化作为资本主义历史发展的更高阶段，在商品生产和市场经济中产生了一个巨大的多重颠倒的复杂结构，它使生产从属于交换，使目的从属于手段。随着货币化向符号化的转化，在金融化的世界中，到处彰显的是虚拟的力量，是生产与交换的颠倒。首先，金融化运行机制的颠倒形态需要追溯到货币内在的起颠倒作用的力量。“货币内在的特点是：通过否定自己的目的同时来实现自己的目的；与商品相对立而独立；由手段变成目的”（马克思、恩格斯，1995）。原先交换价值只是商品在社会交换中得以实现的手段和工具，随着商品经济的进一步发展，作为交换手段的货币越来越成为生产的目的。其次，货币符号化为金融化的深化插上了扩展的翅膀，生息资本获得了驾驭一切社会关系的最耀眼的形式，它将资本主义的一切社会关系抽象为交换关系，不仅使生产越来越从属于交换价值，而且使一切社会活动、社会关系、意识观念越来越具有面向交换价值的性质，具有谋求交换价值的目的。正如哈维所言，“资本主义企业所有权和管理权——两者照惯例相互分离——的特权进行融合，方式是给予执行总裁们（管理者）以优先认股权（所有权凭证）。于是，股票市值而非生产活动成为经济活动的指示灯”（大卫·哈维，2016）。再次，随着金融化的深入发展，货币的交换权力取得了其繁荣膨胀的土壤，即使是关于未来的交换也不再是未来的音乐，而成为现时的金融叙事曲。货币使商品的自然形式和价值形式分离开，就在实践中使一切实在的、由劳动创造的产品成为货币的代表。马克思指出：“在货币经营业从真正的商业分离出来时，货币的特殊性质再次显现出来”（马克思、恩格斯，1995）。金融化的运行“已经不再是仅仅掌握生产的余额，而且逐渐地侵蚀生产本身，使整个生产部门依附于它。”（马克思、恩格斯，2003）这就是虚拟经济的激进式发展，已经超越了实体经济的重要性，成为把控一切社会经济命脉的原动力。

二、货币信用体系：资本主义金融化运行机制的政治经济学建构及其批判

货币职能的发挥激励着资本主义再生产对货币资本的无限需求，尽管通过多样化的抽离和颠倒，金融化运行机制已得到了内在的生成，但是货币资本的积累和流通必须获得外在的社会支持。大卫·哈维指出：“我们倘若没有全面地理解金融运作的制度框架和中介——金融运作由此汇集并合并了作为可贷资本的货币——就无法理解作为资本的货币的供给。”（大卫·哈维，2017）

货币信用体系是金融化运行机制得以完成的外在力量,是金融化运行于其中的基本的框架,它是由金融机构、交易方式、各类衍生品、国家性和国际性的政策制度等要素构成的系统。金融化运行机制是以货币信用体系为后盾的政治经济权力再生产过程;是以生息资本为根本范畴、以金融契约的建立和履行为主要内容的资本积累和流通过程;是与资本主义内在矛盾相适应的货币信用体系的政治经济学建构过程,与金融危机的产生具有内在的契合。

其一,金融化运行机制的发挥,必然要求建立具有强制性的、受到法律认可的货币信用体系,后者成为金融化运行的强大后盾,演绎着政治经济权力的再生产过程。首先,由国家主导的公共信用成为资本的信条(马克思、恩格斯,2001),国家的政治法律权力成为金融化健康运行的主导权力。为了维护信用货币的品质,保障货币职能的发挥,国家必然会运用法律性的强制手段。这时政治的和法律的后盾就取代了由货币商品提供的后盾,主要体现为以中央银行主导下的各金融机构的权力和义务的执行,以及法律规定下的银行、国债、股票等相关制度及金融监管服务等。从实际情况来看,货币信用体系统一在银行体系内部,中央银行则在民族国家内部拥有了至高的调节权力。中央银行既是现代信用体系的枢纽,又是国家机器控制权的一个中心。其次,信用制度产生出联合的资本,即社会资本,后者获得支配社会生产的具体权力。货币信用体系的建立可以把那些分散的可自由支配的资本进行联合和集中,集中起来的资本由各级银行和其他金融机构统一支配,结果是货币资本家拥有了一种外在于、独立于实际生产过程的权力,不同的生产部门都受到了社会资本的统一支配。以货币信用体系为支撑的股份制度是当前金融化的突出特征。股份公司的组织管理形式,采用将所有权和管理权分离,带来了一种解放货币资本的融资形式。投资人持有所有权证书,并收取利息,同时可以在任何时候把自己的股票和债券抛售给别的投资者。当前,股份公司的管理服从"股东价值观"的原则,每个人都具有成为股东的潜在可能,但是股东权力的落实和维护依然掌握在那些拥有巨额或者占比较高的股东的手中,股票市场既是大的货币资本家主宰经济局面、部署发展战略的场所,也是他们在一定程度上支配他人的资本、他人的财产,从而他人的劳动权利的地方。最后,从国际局势来看,金融化的运作呈现为金融帝国主义国家对世界经济的主宰和霸权,当前依然存在着由资本主义生产过程构筑的剥削性经济关系。世界市场的建立和全球化的深入,推进了国际信用体系的形成,也推进了商品输出向资本输出的转移。第二次世界大战以来,世界银行、国际货币基金组织作为世界性的金融组织,对维护国家间的信贷、投资、金融往来等,发挥着资金支持、贸易均衡等重要功能。但是金融资本流动规则的话语权仍然由西方大国掌握,靠金融垄断滋养起来的"中心国家"掌握着为"边缘国家"提出发展计划的绝对权力。在国际性的竞争中,国家政策选择也不得不从属于新自由主义式的无约束的、灵活的、全球化的金融冒险，突出表现为令人目眩的金融投资的增长要求刺激了主权债务的爆炸性增长。金融化运行机制的逻辑就是对资本控制日益集权和集中的逻辑，在此政治集权比资本集中更为惊人，不断加深着经济权力和政治权力的相互渗透。

其二，金融化运行机制是以生息资本①为根本范畴、以金融契约的建立和履行为主要内容的资本积累和流通过程。一方面，金融化运行是围绕生息资本进行的，突出表现为虚拟形态的生息资本。金融化时代，生息资本不断地虚拟化，除了传统的货币形式的借贷资本，不仅产生了由产业资本衍生的股票、债券等非货币形式的金融资本，还产生了名目繁多的以股权、利率等衍生性非货币形式的金融资本。生息资本自产生时就表现出对过去、现在以及未来的剩余价值的强烈的分割欲望。在金融化的世界，运动着的是巨额的生息资本，不断积累着的更多是幻想的虚拟资本价值的积累。另一方面，金融化运行是通过建立金融契约的方式来实现生息资本的流通和价值增殖。生息资本采用本金和利息的回流运动形式，这种回流不仅仅是各种金融经济行为和活动的预期结果和表现，而首先表现为交易双方达成的一种特殊的受相关法律制约的契约。具有法律效力的金融合约，规定着资本回流的周期、利息率、违约责任等内容，一旦达成，就可以将各种形式的金融资本瞬间转移。从总体上来看，生息资本运转周期的差别、利润率的差别受到金融合约规模的影响，同时金融契约的规模也在金融虚拟化的进程中呈现出爆炸性的扩大和增长，日益呈现出跨部门、跨国家、多方位、复杂性、高风险等特征。

其三，货币信用体系的政治经济学建构过程与资本主义的内在矛盾相适应，金融危机与金融化运行机制的偏离有关，其克服必然需要回归金融化运行的本源。首先，资本主义的内在逻辑本身包含着毁灭的力量，为了约束这些力量对资本主义生产的破坏，货币信用体系成为至关重要的工具。为了应对资本主义社会生产过程中的时空障碍以及克服资本主义的内在矛盾，货币信用体系肩负起进一步推进资本主义生产力和生产关系变革的历史使命。哈维指出："资本主义金融如果挣脱了货币体系的枷锁，就会把矛盾内化到自身当中，并进入一种与自身的货币基础相对抗的姿态。"（大卫·哈维，2017）货币信用体系的建立，可以说是维持资本主义生命力的头号功臣，因为它让金融资本得以在不同的业务、公司、部门、区域、国家之间进行配置和协调，成为资本流通的中枢神经系统和资本积累的利刃。其次，尽管货币信用体系内化了资本主义的矛盾，并产生了与自身内在矛盾相适应的生息资本的形式。但它只是在一定的区域和时期缓解了资本主义必然带来的阵痛和冲突，却无法根治和消

① 马克思在《资本论》第 3 卷中花费了大量的笔墨对生息资本进行了论述，指出"以下几章，我们将要联系生息资本本身来考察信用，考察信用对这种资本的影响和信用在这里所采取的形式"，沿着马克思关于生息资本的线索分析金融化的运行机制尤为必要。

除矛盾本身。因为“资本扩张的本质不仅没有改变,反而是在信用这种新的载体上得到了加强”(范宝舟,2010)。金融化时代,信用手法和金融花招的剧增取得了明显的技术支持,纯粹的信用经济占据了主要地位,货币的虚拟形态被推到了极端,它们与社会劳动、真实的社会生产之间的联系也变得越来越薄弱。同时,信用成为各种投机行为的基础,虚拟资本“颠倒错乱”的形式走上了前台,让“颠倒现象”得以在信用体系内部“达到完成的地步”。由此金融化运行就难以发挥其维护资本主义生命力的“护心丸”的作用,反而成为加速金融危机、社会政治动荡爆发的“引爆器”。最后,金融危机的克服呼唤真实的货币基础,呼唤回归坚实的经济运行基础或经济运行之本。金融化时代的货币信用体系是以“虚拟资本”的形式来运行的,而虚拟资本是不以任何商品交易为后盾的纯粹的货币的自我循环流动。马克思指出:“一旦劳动的社会性质表现为商品的货币存在,从而表现为一个处于现实生产之外的东西,货币危机——与现实危机相独立的货币危机,或作为现实危机尖锐化表现的货币危机——就是不可避免的。”(马克思、恩格斯,2003)无论金融化世界中的虚拟财富的积累多么膨胀,多么令人眼花缭乱,但清醒之后,社会的发展和进步必然归结为对劳动生产积累的诉求。如果劳动生产的积累与虚拟资本的积累处于严重不平衡的状态,金融危机就必然爆发。若要抑制由金融化泛滥引起的严重失衡的倾向,必须回归永远真实的货币基础,必须回归真实的劳动生产。

三、能指漂移:资本主义金融化运行的符号价值表达及其批判

经过内在抽离和颠倒,经过外在的货币信用体系的保驾护航,金融化便呈现为现实的运动过程。金融化运行服从能指的逻辑,金融资本的流通就是能指的流通,金融游戏就是不同能指之间的较量。金融化过程中,社会符号化了的金融资本插上了推进自身“能指漂移”[①]的翅膀,不断表达着自行增殖、自行繁衍自身的诉求。层出不穷的金融创新活动,采用“以词代物”的手段,使得人们在金融化的世界中无法自拔,使人们随时面临真实性消解的现实境遇。具体呈现为以下三个方面的特点:

其一,使用价值体系隶属于交换价值体系,所指的逻辑隶属于能指的逻辑。

哈维指出:“即使货币是社会劳动之价值的能指,但隐隐呈现出的危险却是这种能指本身将成为人类贪婪和人类欲望的对象(窖藏的钱财、贪得无厌的

① “能指”与“所指”是西方结构主义和符号学的术语之一,为瑞士语言学家索绪尔所创造。“能指”是表示物质事物或抽象概念(人在感觉一事物后的印象,或想象的概念,或由观念合成的抽象概念)的一系列语言或文字符号;“所指”是语言符号所表示的具体事物或具体意义。在本文中“能指漂移”是指由金融资本与金融衍生品概念所形成的语言或符号系统对人们感知和判断的入侵及其自我繁衍、自我运行状态。

守财奴等等）。一旦我们看出货币一方面是其他一切形式的社会差别的一种‘彻底平衡物’，它本身是可以被挪用为‘私人的社会权力’的社会权力的一种形式，那么那种可能性就变得确定了。”（戴维·哈维，2003）在金融化主宰世界之前，交换价值仅仅是作为使用价值的代理人才出场的，但交换价值依靠它符号化了的武器，通过动员全部人类的使用价值并垄断它的实现，最终成功地控制了使用价值，并取得了可以自我实现、自我繁衍的伟大胜利。金融化时代，价值规律主要不是存在于使用价值与交换价值相统一的各种商品的可交换性之中，而是存在于金融符码影响下的符号价值的更为纯粹的相互交换之中。金融化革命的要求就是要废除商品价值规律，要求商品价值二重性的分离。作为货币形式的虚拟资本使自己从货币基础本身中分离出去，通过自我繁衍、自由组合生成一个独立的、虚幻的金融化的王国。在马克思那里，经济的积累和追求尚存有可直接触摸到的具有物质外壳的商品，但在资本主义金融化的世界中，连那张“跳舞的桌子”——神秘的物质外壳都消失了。

金融化的世界，无参照的、移情的、不确定的、浮动的符号的纯粹自我运动和能指漂移，成为构筑和架构这个世界的绝对形式或绝对逻辑。金融化运行过程中起根本性支配作用的是由金融资本的符号话语和符号意境制造和渲染出来的充满隐喻式的、极具诱惑性的、富有操控性的能指意义和符号价值。在金融化时代，金融叙事呈现为符号价值能指的自我叙事。“符号相互交换。但决不和真实交换（而且只有以不再和真实交换为条件，它们之间才能顺利地交换、完美地交换）。”（让·波德里亚，2012）金融化的交易行为不是实时的，而是以未来为担保的交易，所以交易的内容是空虚的；通过期权、掉期交易、期货，以及货币与货币的交易等路径，使得货币的价值逐渐与实际生产过程相互脱离，转而与无数符号相关的自在的符号系统相契合。因为资本把符号直接投入到纯粹的流通之中，使符码获得了君临上届的统治地位。金融化的运动过程脱离了客观的现实世界的生产，而表现为由虚拟资本的符号价值所彰显出来的某种意指对人的强大诱惑和操控能力。在金融化座驾的世界中，到处展现的是使用价值的意识形态都已经成为交换价值体系的共犯和随从。

其二，金融创新中的“以词代物”与浮动能指的漂移。

席勒在《金融与好的社会》中提出一个值得深思的问题：“以词代物：货币是衡量价值的标准吗？”日常生活中，我们常常把某个概念赋予一个客观的现实意义，但在这个过程中，概念的重要性便具有了夸大的倾向。“以词代物”就是指当用一些词汇来表达某一概念或传达其内涵时，概念本身就成为与事物本质完全契合，与事物的真实存在状况完全一致的存在。而金融工具的符号化、概念化也会产生同样的效果，由此“以词代物”就成为金融化运行过程中的常见手段和现象。“金融创新从来都不仅是技术革新的挑战，创新过程的一个部分就是对人们已经熟知的概念进行重新架构或二次推销。”（罗伯特·席勒，

2012)金融创新的“新词”在这里就是鲍德里亚所指的“一种再语意化(resémantisation)过程(能指的复活)”(让·鲍德里亚,2009)。“以词代物”是金融资本的符码的狡计,其目的“在于将自身掩盖在价值之下,或者通过价值而生产自身”(让·鲍德里亚,2009)。鲍德里亚的预言“新功能主义将成为新资本主义的镜像,也就是说更大强度的能指的游戏,一种符码的数学和控制论”(让·鲍德里亚,2009),随着金融化的深入,成为现实。

金融化运行机制的过程是:通过真实性来将符号合法化,紧接着通过符号来建构还未实现的真实性,再接着是通过还未实现的真实性将新的符号合法化,等等类推往复。如果说最先开始的金融化伴随着真实性的存在和对真实的关照,那么不断轮番转化的符号化则将金融化运行带向纯粹形式、纯粹符号之间的转化,带向纯粹的符号能指的浮动和漂移。金融系统的全部策略都处在这种浮动能指交换的超级现实中,金融化世界的再生产就是“货币按照一种简单的转账和记账的游戏,按照一种对自身抽象实体的不断拆分与重复来自我再生产”(让·波德里亚,2012)。斯科特·拉什和约翰·厄里指出:“金钱和世界都构成为符号和形象。金钱就是运转得越来越快的世界——显示在电脑屏幕上的纯粹仿像。”(斯科特·拉什、约翰·厄里,2006)在金融化的世界中,仿佛金融符号能指本身,就能“自我实现”,这就“如同在当下的国际趋势中所表现出来的那样,只有漂浮的通货货币在自由地流通着”(让·鲍德里亚,2009)。

其三,生产时代的终结与无处不在的金融化景观。

“在资本主义经济过程中,抽象成为统治不是一种先验的本体论设定,而是经济运作的历史结果。”(张一兵,2013)金融化的社会在本质上成为由符号化的货币牵引生产、决定生产的社会。货币的流通不是按照生产的目的运行,而是出自金融化的模式,即出自金融化的能指参照。金融化成为生产的前导,生产内在于金融符号的包围之中,由此生产失去了目标、先验性。真正的行动不是生产本身的行动,而是生产之前的行动,这是由金融资本所主导的行动,它必须严格遵循金融的符号化的规定。因此,真正的行动就是由金融化世界预先设定的符号行动。资本主义已经超越了其“生产之镜”,直接依靠组织劳动生产来获得剩余价值已成为资本主义发展的陈年旧事,生产的时代走向终结。劳动创造财富的神话不再,此起彼伏的是金融领域的高涨的奇迹,是令人眩晕的统计学数字的增长。但是这些数字增长不是服务于真实的生产,而是作为可以进行财富转移、价值吸纳的手段被编写、被传唤、被利用,不是直接提高和转化为生产力,而是被别有用心之人作为工具和手段谋取无尽的私利。那些抽象的金融词汇、金融概念,表面上遵循公平、自愿的参与原则,在其背后隐藏着大资本家谋求巨额利益的勃勃野心。

当前,一切现实的真实的生产活动都被纳入金融化景观的全球性构建之中。能指的幽灵称霸于金融化的世界：对金融化世界进行幽灵般的分析以及能指幽灵般地笼罩在金融化世界的上空。按照金融化运行的逻辑，仿佛每一事物都具有潜在的符号交换价值，实际上并非如此。由此，当金融危机来临时，我们不应惊奇：当金融化运行逐渐脱离其客观的实体性的生产时，它就转变为一种虚拟化的运行体系，从而在它的再生产过程之中，不过是根据能指力量的大小将仅存的过去的和现在的以及未来可能产生的剩余价值，尽数收入囊中。但是虚拟资本的结构性统治并非真能离开客观物质生产的现实大地。金融系统建立在不确定性和虚拟性的前提下，被不确定性和虚拟性推动。但反过来，它随时面临着不确定性之死的纠缠和真实性之死的纠缠。

四、结　语

21 世纪的政治经济学批判不可回避对资本主义金融化的批判。沿着马克思留下的线索，将资本主义金融化的运行机制本身当作批判反思的对象，可以发现马克思主义政治经济学批判理论仍然具有整体的深刻的思想穿透力。通过对金融化运行机制进行由内而外、由深层到具体的全方位的透视，不仅可以从总体上揭示资本主义金融化运行及金融危机爆发的内在渊源，也可以为新时代中国特色社会主义金融实践的变革提供指引导向、预判筹谋。

1978 年以来，中国的经济发展与金融领域的多次变革密不可分，借助金融的翅膀，中国经济实现了腾飞，但也遭遇过巨大挫折和损失。特别是，改革开放的伟大历史实践是在全球新自由主义浪潮的背景下展开的，而“新自由主义化就是将一切都金融化”（大卫・哈维，2016）。布雷顿森林体系解体之后，金融化运行迸发出巨大的活力和能量，金融创新浪潮不仅日益挣脱原先由主权国家严格把控的管理束缚和壁垒，而且还建构了联系日益紧密和高度复杂的全球金融网络。新自由主义的全球化实践释放出巨大的金融能量，在 40 多年的时间中，使全球的政治经济面貌发生着翻天覆地的变化。在对资本主义金融化运行机制审慎分析的理论基础上，面对风起云涌的世界经济形势，新时代中国特色社会主义金融改革面临着巨大的挑战和风险，必须实现三个回归：

第一，回归生产本源，严格落实金融服务于实体经济和社会发展。习近平指出，“实体经济是一国经济的立身之本，是财富创造的根本源泉，是国家强盛的重要支柱”[①]，而“金融是实体经济的血脉，为实体经济服务是金融的天职，是金融的宗旨”[②]。中国当前实体经济领域的生产更多体现在先进制造业（如

---

① 习近平，《深刻认识建设现代化经济体系重要性　推动我国经济发展焕发新活力迈上新台阶》，《人民日报》第 1 版，2018 年 2 月 1 日。

② 习近平，《服务实体经济防控金融风险深化金融改革　促进经济和金融良性循环健康发展》，《人民日报》第 1 版，2017 年 7 月 16 日。

基础设施建设、医药制造等领域)、互联网技术的转型升级、大数据的开发和维护、智能技术的研发和投产等方面,这些方面都需要巨额资金的保障和支持。由此,实体经济的新发展新飞跃离不开现代金融的服务和支持,这就要求进一步推动现代金融同实体经济的深度融合,推动金融资源向实体经济集聚,推动金融政策向实体经济倾斜,推动金融工作向实体经济增强,营造实业兴邦、实业致富、诚信履约的经济生产环境和投资融资氛围。在中国全面落实精准扶贫、区域均衡发展的国家战略中,金融服务更应加大对贫困地区、落后地区的扶持力度,促进这些地区的现代实体性经济安家扎根,更好发挥实体经济的带动效应和辐射效应。

第二,回归国家治理,货币经济体系稳中求进,做好防范系统性金融风险的筹谋。习近平指出,"防范化解金融风险,事关国家安全、发展全局、人民财产安全,是实现高质量发展必须跨越的重大关口"①。金融化运行中内在潜伏着发生金融危机的现实可能性,需要国家和政府加强对货币经济体系的驾驭和导控。面对日新月异的信息化技术的高速发展,货币的信用化、虚拟化、电子化趋势势不可挡,政府既要引导货币的新发展动态走向有利于提高经济增长、有利于加快货币流通,又要避免其偏离经济持续健康发展的轨道而造成的巨大损失。互联网金融的蓬勃兴起,推进了虚拟经济的繁荣发展,也带来了金融活动乱象丛生,政府既要促进货币信贷业务、融资规模稳健增长,又要促进多层次资本市场健康发展,加强对金融活动的监管和规制。另外,中国的发展与世界经济的稳定发展辅车相依,中国也要在国际金融事务方面发挥大国的力量和责任,为世界货币体系的发展、运行做出应有的贡献,同世界各国一道规划金融发展共同的美好未来。

第三,回归价值初心,社会主义金融化运行不应以财富增长的最大公约数为目的,而应该将人本身的自由和解放作为目的本身。改革开放40年的伟大实践,也是中国金融发展不断探索和前行的实践。随着国家资本市场、金融组织体系的逐步建立和完善,股票、证券、国债、保险、基金等进入了人们的经济生活领域,金融财富成为财富结构的重要组成部分,通过金融杠杆实现财富增殖成为获取财富的有力手段。人民对金融的关注度和参与度越来越高,金融化对人们日常经济生活的渗透逐渐加深,也面临着贫富差距进一步扩大的隐忧。资本主义金融危机爆发的根本原因,在于将金融拉到了一条旨在追求"财富无限积聚"的金融化景观世界中,将人的发展引向不断异化的危险边缘,而没有将财富本身的积累投入促使人类获得全面自由而解放的伟大事业中。新时代金融创新的目的在于保持社会主义生产的强劲有力和稳步提高,满足社

① 习近平,《加强党中央对经济工作的集中统一领导 打好决胜全面建成小康社会三大攻坚战》,《人民日报》第1版,2018年4月3日。

会经济发展和人民群众多样化的金融需求，为美好中国和美好生活助力。

参考文献

[1]大卫·哈维，2016，《新自由主义简史》，王钦译，上海：上海译文出版社。

[2]大卫·哈维，2017，《资本的限度》，张寅译，北京：中信出版社。

[3]戴维·哈维，2003，《后现代的状况——对文化变迁之缘起的探究》，阎嘉译，北京：商务印书馆。

[4]范宝舟，2010，财富幻象：马克思的历史哲学解读，《哲学研究》，第10期。

[5]列宁，2009，《列宁专题文集：论资本主义》，北京：人民出版社。

[6]罗伯特·席勒，2012，《金融与好的社会》，束宇译，北京：中信出版社。

[7]马克思、恩格斯，2001，《马克思恩格斯全集》(第44卷)，北京：人民出版社。

[8]马克思、恩格斯，2002，《马克思恩格斯全集》(第3卷)，北京：人民出版社。

[9]马克思、恩格斯，2003，《马克思恩格斯全集》(第46卷)，北京：人民出版社。

[10]马克思、恩格斯，1995，《马克思恩格斯全集》(第30卷)，北京：人民出版社。

[11]让·波德里亚，2012，《象征、交换与死亡》，车槿山译，南京：译林出版社。

[12]让·鲍德里亚，2009，《符号政治经济学批判》，夏莹译，南京：南京大学出版社。

[13]斯科特·拉什、约翰·厄里，2006，《符号经济与空间经济》，王之光、商正译，北京：商务印书馆。

[14]张一兵，2013，《回到马克思：经济学语境中的哲学话语》，南京：江苏人民出版社。

Generation, Construction and Expression: A Triple Criticism to the Operation Mechanism of Financialization of Capitalism

—Based on the Critical Perspective of Marxist Political Economics

Dong Zhixin

Abstract The theory study to the operation mechanism of financialization of capitalism from the inside out and from abstract to concrete, follows a route as well as the criticism to the financialization of capitalism. The paper mainly has three aspects: through diversified separation, the operation mechanism of financialization has generated, but in the real world it appears as reverse form; the political economics construction of monetary credit system guarantees the operation and promotion of financialization, and it also has internal correspondence with the emergence of financial crisis. Financial capital follows the logic of signifier drift, which not only shapes the landscape world of financialization, but also generates the realistic situation that reality dissolves at any time. Based on the critical perspective of Marxist Political Economics, the study on operating mechanism of capitalist financialization, will evidence that Marx's theory(for example, monetary function and the monetary signifying, bank, credit, and so on) has full scientific and practical significance, and will provide us a rewarding reference for the financial development on socialism with Chinese characteristics for a new era.

Key words Financialization Monetary System Signifier Drift Criticism of Political Economics

最优宏观税负的总量和结构模型分析
——马克思平衡发展理论的分析视角

陈少克

内容提要　合理的宏观税负水平的确定是税制改革的基础或前提,因而,现代税收制度以及税制结构改革需要对宏观税负及其影响因素有一个科学的认识。新时代中国特色社会主义条件下,科学把握宏观税负需要在平衡发展理念下进行科学分析。通过在马克思再生产理论中加入课税因素,可以找出最优宏观税负总公式和最优宏观税负结构式。最优宏观税负总公式界定了最优宏观税负规模,认为最优宏观税负规模需要动态地考虑经济增长率和平均利润率水平的变化;最优宏观税负结构式界定了两大部类之间税负水平结构,认为不同部类之间的税负水平需要动态地考虑两大部类之间的产出比以及资本有机构成的不同变化。据此,在平衡发展的视角下,稳定宏观税负需要在整体上动态地设定最优规模,并在此基础上,依据产出比并考虑资本有机构成的变化结构科学设定最优宏观税负结构。

关键词　马克思再生产理论　宏观税负　平衡发展　宏观税负总公式　宏观税负结构式

中图分类号　F0—0

一、引言与相关文献综述

“十三五”规划中,对财税体制改革提出了基本的要求,即“按照优化税制结构、稳定宏观税负、推进依法治税的要求全面落实税收法定原则,建立税种科学、结构优化、法律健全、规范公平、征管高效的现代税收制度,逐步提高直接税比重”。其中“稳定宏观税负”常被看作是宏观税负水平不变,基于这种理念,税制改革中优化税制结构就被简化成了一个结构性的“加减法”。税收是财政收入的主要来源,因此,任何税制设置或税制改革都需要预设一个合理的宏观税负水平。因而,如何确定一个合理的宏观税负水平便成为税制改革的

收稿日期:2019—01—07

作者简介:陈少克(1980—　),河南大学经济学院副教授、硕士生导师,主要研究方向为税收理论与税收政策。

基金项目:本文系国家社会科学基金一般项目“税制竞争力评价与我国竞争性税制构建研究”(17BJY179)的阶段性研究成果。

方向的基础或前提。这就需要对宏观税负及其影响因素有一个科学的认识。

许多文献对宏观税负的界定主要围绕不同口径宏观税负的适用性进行，而许善达(1999)考虑到宏观税负是规模问题与结构问题的综合，将宏观税负界定为：一国纳税人整体所缴纳的税款总额占该国同期社会剩余产品的比重及其内部结构状况。而从税收的性质上看，最优宏观税负水平不仅要考虑满足政府支出的需要，还要有促进经济发展的考虑。李俊生(1994)从宏观税负与财政支出的关系出发，认为最优宏观税负是指一个财政年度内税收收入总额与理想效率条件下的财政支出总额基本相等。Marsden(1983)较早关注了基于经济增长的最优宏观税负问题，就税收比率的高低对经济增长率的影响进行了研究，认为低税负有利于经济增长，但在考虑到投资增长率和劳动力增长率之后，税负水平对经济增长的影响明显减弱。黄景国(1995)认为，最优宏观税负的选择应以经济发展最快、GDP 最大为依据。郭玉清等(2007)通过扩展 Barro 模型，构建了将消费者、企业和政府行为全部纳入的分析框架，从理论上得出了政府干预经济运行的最优宏观税负测算公式。贺俊、范小敏、曹苏(2014)在离散时间 Ramsey 模型的分析框架下引入政府的公共开支，通过实证分析对我国理论上的最优宏观税负水平进行估计。罗富政、罗能生(2016)构建了基于税负层次和规模视角的产业结构调整模型，分析了宏观税负、产业税负和生产要素税负对产业结构的影响路径及其区域化差异，并探讨了宏观税负的最优区间。杨灿明、詹新宇(2016)构建包含宏观税负的 DSGE 模型，研究宏观税负政策偏向对中国经济波动产生的冲击及其传导机制，探讨宏观税负的稳定效应。

“十九大”报告指出，我国社会主要矛盾已转化为人民日益增长的美好生活需要和不平衡、不充分的发展之间的矛盾。这意味着，新时代中国特色社会主义要着力在平衡发展的基础上实现充分发展，以充分满足人民日益增长的美好生活需要。这就为税制改革提出了新的要求，即税制改革应该能够促进经济平衡充分发展。因此，将宏观税负置于平衡发展框架中考虑便是新时代中国特色社会主义税制改革的基本要求。基于此，本文利用马克思再生产理论对平衡发展视角下的最优宏观税负及其影响因素进行探讨。

二、基本假设界定

在市场经济条件下，经济波动或者经济的不平衡已经是一种常态，一个国家经济的平衡也只是在各种因素共同作用下的短暂现象。因此，对经济平衡的任何研究都不过是对经济发展勾勒一个绚丽的理想图纸，但这个理想图纸对指导经济发展或经济政策确实会起到积极作用。在经济平衡的研究文献中，马克思在其社会总资本再生产理论的基础上建立的经济平衡发展的模型

(以下简称马克思经济平衡模型)对相关经济理论产生了重要影响,其所反映的两大部类按比例协调发展的思想是现代经济学和经济政策的宝贵财富。马克思的该项研究是对两部门经济的考察——没有政府,更没有税收。然而,在现代社会中,课税已经是不可避免的事情,而且,将课税引入马克思经济平衡模型中来探讨经济平衡对课税结构的要求,特别是探讨经济平衡条件下的最优宏观税负水平及其决定因素,对与课税结构相关的税收政策将会起到积极的作用。因此,为了更好地运用马克思再生产理论进行税收问题的分析,本文做出如下假设:

假设 1:剩余价值的用途仅包括用于扩大再生产的追加投资和缴纳税收。即 $M=T+M_r$(M 为剩余价值,T 为税收,M_r 为税后剩余价值),$M_r=\Delta C+\Delta V$。

在马克思经济学中,剩余价值是被资本家无偿占有的,因此,追求剩余价值最大化是资本家的基本目标。资本家占有的剩余价值在用途上包括资本家个人的消费和资本积累(考虑实收问题的话,一定包括缴纳税收)。因此,为了保证假设 1 成立,本文假设资本家(或企业所有者)是社会劳动者的一部分①,其个人消费问题包含在劳动力价值之中。这样,剩余价值的用途只能是用于扩大再生产的追加投资和缴纳税收。特别是,在社会主义社会中,由于消灭了剥削,剩余价值只能由整个社会占有,按照社会需要进行合理分配。从社会主义的生产目的上看,剩余价值分配只能考虑如何通过追加投资和政府支出(对应纳税因素)以满足社会发展和人民日益增长的物质文化需要。

假设 2:政府获取的税收收入仅仅是满足政府非生产性活动(消费性支出)的需要。因此,在社会再生产中,政府的消费性支出表现为税收收入转化成消费品(第二部类的产品)。

本文在做出这一假设的时候,并没有否认政府生产性活动的存在,只是,将政府的生产性活动纳入再生产理论分析时,并不改变马克思再生产理论的实质(陈少克,2012)。比如,以简单再生产为例,假设政府支出形成的社会需求分为消费需求(g_c)和投资需求(g_i),则对于简单再生产条件下的经济平衡模型来说,其基本形式可重写为:

$$\begin{cases} \text{I}(C+V+M)=\text{I}(C)+\text{II}(C)+g_i \\ \text{II}(C+V+M)=\text{I}(V+M)+\text{II}(V+M)+g_c \end{cases}$$

由于政府支出从根本上看也可以分别分为在第Ⅰ部类和第Ⅱ部类中的支出。因此,用Ⅰ(g_i)、Ⅱ(g_i)分别表示属于第Ⅰ部类和第Ⅱ部类中的投资需

① 这一假设考虑以下几个方面的问题:其一,出于简化分析的考虑,如果既考虑资本家的个人消费又考虑到投资,在下文分析将非常复杂;其二,在社会主义社会中,由于消灭了剥削,因此,不存在资本家这个阶层,每个人都是社会劳动者的一部分;其三,在现实中,资本所有者、企业家等也存在"站在机器旁边的劳动"的性质,因此,在一定程度上也是社会劳动者的一员。

求，Ⅰ(g_c)、Ⅱ(g_c)分别表示属于第Ⅰ部类和第Ⅱ部类中的消费需求，则：

$$\begin{cases} g_i = \text{Ⅰ}(g_i) + \text{Ⅱ}(g_i) \\ g_c = \text{Ⅰ}(g_c) + \text{Ⅱ}(g_c) \end{cases}$$

如果将Ⅰ(g_i)、Ⅱ(g_i)分别揉合进Ⅰ(C)、Ⅱ(C)，同时将Ⅰ(g_c)、Ⅱ(g_c)分别揉合入Ⅰ$(V+M)$和Ⅱ$(V+M)$（在扩大再生产的基本模型中做同样的处理）。马克思再生产理论的基本形式和内涵将都不会发生变化。

本文假设税收收入是满足政府非生产性活动（消费性支出）需要，考虑假设1的规定，在下文相关分析中将政府的税收因素和消费性支出列示在模型中，而政府生产性活动（投资性支出）揉合进原来的两大部类即可。在社会主义市场经济中，一方面，政府的生产性活动应当尽可能压缩（至公共部门），另一方面，即使政府存在生产性活动，这一生产性活动也应该和市场中其他微观主体一样按照市场法则来运行。从这个意义上看，本文将政府的生产性活动融入到（或等同于）非政府的生产活动中。

三、最优宏观税负规模的决定分析

（一）最优宏观税负总公式

需要说明的是，按照马克思经济学的分析，扩大再生产顺利进行的基本条件是两大部类都能够顺利地实现扩大再生产所需要的实物补偿和价值补偿，如果该条件满足，则可认为此时经济处于平衡状态。本文对宏观税负的一般分析将用马克思经济学的生产函数进行，假设$Y=C+V+M$是经济平衡状态下的生产函数，即从宏观上看，在经济平衡状态下，再生产过程中的实物补偿和价值补偿都能够顺利实现。在这一状态下引入课税因素，保证课税仍能保持经济均衡状态的实现。于是，能够保证经济平衡的宏观税负水平应该可以被称为最优宏观税负。[①]

按照前文分析设定平衡状态下马克思经济学的生产函数：$Y=C+V+M$，定义θ为资本有机构成，即$\theta=\frac{C}{V}$，故$C=\theta V$。定义p为平均利润率，则按照马克思经济学的分析，$p=\frac{M}{C+V}$，由于$M=M'\cdot V$（M'为剩余价值率），所以，$p=\frac{M}{C+V}=\frac{M}{(\theta+1)V}=\frac{\theta+1}{}$，于是有$M'=p(\theta+1)$，$M=p(\theta+1)V$，因而，马克思经济学的生产函数可转变为：$Y=(\theta+1)(p+1)V$。

在扩大再生产的分析中，基期的生产函数记为：$Y_0=(\theta+1)(p+1)V$。

① 根据最优税原理，最优的税负水平应包含效率和公平两大因素，但当我们将公平问题内涵于工资(V)的决定之中的话，这一宏观税负就可以看作是最优宏观税负。

考虑到目前衡量宏观税负水平(t)均是用税收收入占GDP的比例来衡量[①],因此,本文引入税收因素:假定基期国家税收收入总量为T,宏观税负水平为t,则,$T=tY_0$。但是,税收是国家参与剩余价值分配的重要形式,所以,不管课税形式如何[②],从整体上看,课税的结果一定是私人部门可支配的剩余价值的减少,因此,$M=tY_0+M_r$(其中M_r为税后剩余价值)。即$M_r=(\theta+1)[p-t(p+1)]V$,进而,$Y_0=(\theta+1)[1+t(p+1)]V+M_r$。

假设剩余价值率M'、资本有机构成θ都不发生变化,同时,假设基期税后剩余价值M_r全部用于积累,即用于扩大再生产所需要追加的不变资本ΔC和可变资本ΔV。因而,第一个时期的生产函数可表示为:

$$Y_1=C+\Delta C+V+\Delta V+M'(V+\Delta V)$$

由于$M'=p(\theta+1)$,$\Delta C+\Delta V=M_r$,$\theta=\frac{C}{V}=\frac{\Delta C}{\Delta V}$,所以:

$$\begin{cases}\Delta C=\frac{\theta}{1+\theta}M_r\\ \Delta V=\frac{1}{1+\theta}M_r\end{cases}$$

因而,$Y_1=(\theta+1)V+M_r+p(\theta+1)(V+\frac{1}{1+\theta}M_r)$。

记$\Delta Y=Y_1-Y_0$,用μ表示经济增长率,则$\mu=\frac{\Delta Y}{Y_0}$,可以计算出经济增长率$\mu=(1+p)(1-t)-1$。

由此,$t=1-\frac{\mu+1}{p+1}$。

据此,平衡发展所要求的最优宏观税负水平取决于经济增长率和平均利润率水平两个基本因素。本文称之为最优宏观税负总公式。

(二)最优宏观税负的形成机理分析

根据前文分析,最优宏观税负总公式$t=1-\frac{\mu+1}{p+1}$意味着,设定最优宏观税负水平需要充分考虑经济增长率和平均利润率水平两个核心要素。这意味着,准确认识宏观税负水平需要把握两个方面的基本问题:其一,宏观税负不是一个静态的概念,要随着一个国家经济增长率和平均利润率水平的变化而变化;其二,如果考虑不同国家在平衡时的经济增长率和平均利润率水平不同,那么简单就宏观税负大小进行国际对比是没有意义的。

---

① 目前对宏观税负的衡量有大口径、中口径和小口径的核算差别,其核心是考虑到政府的收入形式不同。

② 实际上,单单考虑宏观税负的核算,课税的形式便可忽略不计,尽管课税形式会对宏观税负产生影响。

第一，在最优宏观税负总公式中，经济增长率与最优宏观税负水平呈反方向变动。即，经济增长率提高，要保证经济平衡，最优宏观税负水平必须相应下降。这样的宏观税负水平不但能保证经济平衡发展，也能够保证政府财政支出的需要：一方面，由于本文经济平衡公式里包含了政府收支因素，所以，这一公式决定的宏观税负水平已经包含了经济平衡和政府收支平衡。另一方面，从经济政策的角度看，由于本文规定宏观税负是税收收入占 GDP 的比重，即 $t_i=\frac{T_i}{Y_i}$，定义 τ 为税收收入增长率，即 $\tau=\frac{T_i-T_{i-1}}{T_{i-1}}$，在经济增长率 μ 提高的情况下，由于保证经济平衡的宏观税负水平要下降，即 $t_i<t_{i-1}$，这意味着 $0<\tau<\mu$，反之，当经济增长率 μ 下降时，最优宏观税负水平 $t_i>t_{i-1}$，此时，$\tau>\mu>0$。① 所以，这样的最优宏观税负水平整体上能够保证政府支出规模不断扩大②的需要，同时由于本文假设的是政府税收收入全部用于支出，实际上也是假设税收收入是财政支出的约束因素，所以这也从支出的角度内设了宏观经济的自动稳定机制。但经济增长率在最优宏观税负决定中的作用究竟如何，需要结合平均利润率进行综合考虑。

第二，在最优宏观税负总公式中，平均利润率与最优宏观税负水平呈同方向变动。即，平均利润率提高，经济平衡下的最优宏观税负水平必须相应提高；反之，平均利润率下降，最优宏观税负水平必须相应下降。

由于经济增长率 μ 是平均利润率水平 p 的函数，即 $\mu=(1+p)(1-t)-1$，因此，最优宏观税负水平取决于经济增长率和平均利润率水平的综合作用。由于 $p>\mu$，$0<\frac{d\mu}{dp}<1$，而且在最优宏观税负总公式中，总是有 $\frac{\partial t}{\partial p}>\frac{\partial t}{\partial \mu}$，因而，总体上看，宏观税负水平取决于平均利润率水平 p 的变化：当平均利润率下降时，最优的宏观税负水平需要下降；平均利润率的下降会引起经济增长率的下降，而经济增长率下降要求最优宏观税负必须提高，但由于 $0<\frac{d\mu}{dp}<1$ 且 $\frac{\partial t}{\partial p}>\frac{\partial t}{\partial \mu}$，因此，总体效果一定是宏观税负水平的下降。反之，平均利润率水平提高时，最优宏观税负水平需要提高；平均利润率水平提高会引起经济增长率的

---

① $\tau=\frac{T_i-T_{i-1}}{T_{i-1}}=\frac{t_iY_i-t_{i-1}Y_{i-1}}{t_{i-1}Y_{i-1}}$，$\mu=\frac{Y_i-Y_{i-1}}{Y_{i-1}}=\frac{t_{i-1}Y_i-t_{i-1}Y_{i-1}}{t_{i-1}Y_{i-1}}$，所以，经济增长率增长要求宏观税负下降，即 $t_i<t_{i-1}$ 时，$\tau<\frac{t_{i-1}Y_i-t_{i-1}Y_{i-1}}{t_{i-1}Y_{i-1}}=\mu$；反之，当经济增长率下降要求宏观税负提高，即 $t_i>t_{i-1}$ 时，$\tau=\frac{t_iY_i-t_{i-1}Y_{i-1}}{t_{i-1}Y_{i-1}}>\frac{t_{i-1}Y_i-t_{i-1}Y_{i-1}}{t_{i-1}Y_{i-1}}=\mu$。

② 现代财政学理论从理论和实证的角度证明了政府支出的扩张趋势，代表性的观点如瓦格纳定律等。

提高，而经济增长率提高要求宏观税负必须下降，同样由于 $0<\frac{d\mu}{dp}<1$ 且 $\frac{\partial t}{\partial p}>\frac{\partial t}{\partial \mu}$，因此，总体效果一定是宏观税负水平的提高。因此，从根本上看，最优宏观税负的变化方向取决于平均利润率的变动方向。

第三，最优宏观税负水平会呈什么样的发展趋势？因为最优宏观税负取决于平均利润率的变化，因此，本质上讲这是一个政治经济学的话题。按照马克思经济学的一般结论，随着资本有机构成的提高，平均利润率呈下降趋势（马克思，1995a）。马艳、李真（2007）和马艳（2009）在其研究中对该趋势做出了发展，认为，技术进步不仅影响劳动的客观条件，同时也影响劳动的主观条件，因此，社会必要劳动要分为自然社会必要劳动和密度社会必要劳动，可变资本相应区分为外延可变资本（v_t）与内涵可变资本（$\hat{v}_t$），并在此基础上将资本有机构成区分为绝对资本有机构成（$\sigma=\frac{c}{v}$）和相对资本有机构成（$\beta=\frac{\hat{v}_t}{\hat{v}_{t-1}}$），并认为，当 $\beta>1$ 时，内涵式可变资本价值进一步增加导致平均利润率呈上升趋势；当 $\beta<1$ 时，平均利润率呈下降趋势；当 $\beta=1$ 时，平均利润率不变。马克思在《资本论》中说："一般利润率日益下降的趋势，只是劳动的社会生产力的日益发展在资本主义生产方式下所特有的表现"（马克思，1995b）。因此，在马克思的语境中，由于技术的进步并没有改善劳动的主观条件，因而单单绝对资本有机构成的提高产生的基本趋势便是平均利润率水平呈下降趋势。在新时代中国特色社会主义条件下，技术进步和经济发展要提高人民的获得感，因此，随着技术的进步，劳动的主观条件（劳动的技术含量或劳动密度）将不断提高，这样，技术进步将与平均利润率呈相同的发展方向。因此，最优宏观税负也只有在这种条件下才有提高的可能。

四、最优宏观税负的结构性分析

前文对最优宏观税负总公式的分析实际上有一个基本的假设，即经济发展过程中，经济中的各部门都可以顺利实现其再生产过程中必需的实物补偿和价值补偿（当然，这是经济平衡的基本内涵）。若考虑不同部门之间的经济关系，观察最优宏观税负的角度和结论会有不同的表现。

（一）短期分析

马克思经济平衡理论分析的基本前提和再生产顺利进行的基本条件是，再生产过程的推进需要两大部类都能够实现其实物补偿和价值补偿，即第一部类的产出要能够满足整个社会(第一部类和第二部类)再生产(含扩大再生产和简单再生产)所需的生产资料;第二部类的产出要能够满足整个社会(第一部类和第二部类)再生产(含扩大再生产和简单再生产)所需的生活资料。因此,考虑上文假设 2,可以将扩大再生产的基本公式表示为:

$$\begin{cases}Y_{10}-C_1-\Delta C_1=V_1+\Delta V_1+T_1\\Y_{20}-V_2-\Delta V_2-T_2=C_2+\Delta C_2\end{cases}$$

且 $V_1+\Delta V_1+T_1=C_2+\Delta C_2$,这实际上是课税条件下经济平衡的基本条件,因此,也是后文分析的着力点。

在上述公式中,Y_{i0} 为第 i 部类($i=1,2$,下同)基期产出,C_i 为第 i 部类基期投入的不变资本(扩大再生产中需要补偿),ΔC_i 是第 i 部类扩大再生产中需要追加的不变资本;V_i 为第 i 部类基期投入的可变资本(扩大再生产中需要补偿),ΔV_i 是第 i 部类扩大再生产中需要追加的可变资本;T_i 是来自于第 i 部类的税收。

定义 θ_i 为第 i 部类的资本有机构成,并假设 $\theta_i=\dfrac{C_i}{V_i}=\dfrac{\Delta C_i}{\Delta V_i}$。

定义 p 为平均利润率,根据马克思对平均利润率形成的分析,经济平衡条件下,部门之间的平均利润率是相同的①,因此,根据前文分析,$Y_{i0}=(1+\theta_i)(1+p)V_i$。

定义 M_i 为第 i 部类产生的剩余价值,则有 $M_i=p(1+\theta_i)V_i$。

定义两大部类的产出比为 λ,则 $\lambda=\dfrac{Y_{10}}{Y_{20}}=\dfrac{(1+\theta_1)V_1}{(1+\theta_2)V_2}$。

考虑税收因素,根据上文对宏观税负的处理,并考虑到不同部门不同的产业税负率水平②,本文定义 t_i 为第 i 部类的税负率,因此,政府获得的税收收入可表示为 $T=T_1+T_2=t_1Y_{10}+t_2Y_{20}$。整个社会的宏观税负水平 $t=\dfrac{t_1Y_{10}+t_2Y_{20}}{Y_{10}+Y_{20}}$。因而,根据前文分析可得,$t=\dfrac{t_1Y_{10}+t_2Y_{20}}{Y_{10}+Y_{20}}=\dfrac{\lambda t_1+t_2}{1+\lambda}$。

对第一部类而言,基期结束后,可以用来积累的剩余价值 $M_{r1}=M_1-t_1Y_{10}$,于是,$M_{r1}=M_1-t_1Y_{10}=p(1+\theta_1)V_1-t_1(1+\theta_1)(1+p)V_1$,即 $M_{r1}=(1+\theta_1)V_1[p-t_1(1+p)]$,所以,$\Delta V_1=\dfrac{M_{r1}}{1+\theta_1}=V_1[p-t_1(1+p)]$。

同样,第二部类基期结束后税后剩余价值 $M_{r2}=(1+\theta_2)V_2[p-t_2(1+$

① 若部门之间存在利润率的差异,资源在部门之间的流动将持续存在,经济均衡进而经济平衡便不能实现。

② 从理论上看,出于税收效率和税收公平的考虑,对不同的部门应同等课税,因此,从平均或宏观的角度看,各个部门的税负率水平和宏观税负应该一致。但现实中,出于税收政策或产业政策调整的需要,税制体系中往往存在大量的针对性的优惠条款,因此,不同部门、不同产业存在不同的税负率水平。因此,假定不同部类税负率不同,便于观察不同部类税负率水平与宏观税负之间的关系。

$p)]$，所以 $\Delta C_2=\frac{\theta_2}{1+\theta_2}M_{r2}=\theta_2 V_2[p-t_2(1+p)]$。

于是，将上述定义代入前文引入税收后的平衡条件 $V_1+\Delta V_1+T_1=C_2+\Delta C_2$，可得最优宏观税负决定公式：

$$\begin{cases}\dfrac{1+\theta_2}{1+\theta_1}\cdot\lambda=\dfrac{\theta_2(1-t_2)}{1+\theta_1 t_1}\\ t=\dfrac{\lambda t_1+t_2}{1+\lambda}\end{cases}$$

由于该式区分了两大部类的资本有机构成并包含了两大部类的产出关系和税负关系，因此，本文称之为最优宏观税负结构式。

于是，经济平衡条件下最优宏观税负水平：

$$\begin{cases}t=\dfrac{\dfrac{\theta_2(1+\theta_1)}{1+\theta_2}+1+(\dfrac{1+\theta_1}{1+\theta_2}-1)t_2}{\theta_1(1+\lambda)}-\dfrac{1}{\theta_1}\\ t_1=\dfrac{1}{\lambda}\cdot\dfrac{\theta_2(1+\theta_1)}{\theta_1(1+\theta_2)}\cdot(1-t_2)-\dfrac{1}{\theta_1}\end{cases}\tag{1}$$

如果定义经济平衡下的最优的产出比为 λ^*，最优宏观税负水平是 t^*，则最优宏观税负 t^* 以及两大部类的最优产业税负率水平 $t_1{}^*$ 与 $t_2{}^*$ 便由(1)式共同决定。由于资本有机构成的变化往往是一个长期的过程，因此，从短期看，资本有机构成可以看作一个常量。于是，如果两大部类的实际产出比大于经济平衡条件下的最优产出比，即 $\lambda>\lambda^*$，根据上式，这种结构失衡需要通过降低宏观税负 t 的方式来实现新的经济平衡：

第一，根据上述条件，这种宏观税负的降低机制可通过降低第二部类的税负水平(t_2)的方式得以实现：降低第二部类宏观税负水平 t_2，将使实际宏观税负 t 向最优宏观税负 t^* 靠近。同时，由于 $\frac{dt_1}{dt_2}<0$，在 $\lambda>\lambda^*$ 的情况下，第二部类税负水平 t_2 的合适程度的下降将保证第一部类的最优产业税负水平条件的实现，即 $t_1^*=\frac{1}{\lambda\uparrow}\cdot\frac{\theta_2(1+\theta_1)}{\theta_1(1+\theta_2)}\cdot(1-t_2\downarrow)-\frac{1}{\theta_1}$。

第二，在扩大再生产的条件下，要保证两大部类的平衡关系，客观上要求两大部类剩余价值的增长率必须相等，因此，假设经济平衡条件下，两大部类剩余价值间的比例系数为 $\hat{\alpha}$，两大部类的剩余价值率分别为 m'_1 和 m'_2，积累率分别为 g_1 和 g_2，因此，$\hat{\alpha}=\dfrac{\dfrac{\theta_2}{m'_2}+\dfrac{\theta_2 g_2}{1+\theta_2}}{\dfrac{1}{m'_1}+\dfrac{g_1}{1+\theta_1}+1-g_1}$，由于 $g_i=\frac{M_i-t_iY_i}{M_i}=1-$

$\frac{1+p}{p}t_i, m_i'=p(1+\theta_i)$。因此：

$$\hat{\alpha}=\frac{(1-\frac{1}{1+\theta_2})(1-t_2)}{\frac{1}{1+\theta_1}(1+\theta_1 t_1)} \tag{2}$$

于是，由 $\hat{\alpha}=\frac{(1-\frac{1}{1+\theta_2})(1-t_2\downarrow)}{\frac{1}{1+\theta_1}(1+\theta_1 t_1\uparrow)}$ 可知，宏观税负 t 的下降可以通过降低 t_2 的同时提高 t_1 共同完成。这一变化不会破坏经济平衡关系，而且通过降低第二部类的相对税负水平将在一定程度上引导社会资源流动，实现新的经济平衡。这实际上构成了“结构性减税”的理论依据。

(二)长期分析

从长期的角度观察宏观税负结构式需要考察资本有机构成的变化对宏观税负的结构性影响。这就需要考察资本有机构成的长期动态变化。借用马艳等(2007，2009)的分析，定义广义的资本有机构成为 $\gamma_i\ (i=1,2)$，$\gamma_i=\frac{c_t^i:v_t^i}{c_{t-1}^i:v_{t-1}^i}=\frac{c_t^i:c_{t-1}^i}{v_t^i:v_{t-1}^i}$，则 $\gamma_i=\frac{c_t^i:v_t^i}{c_{t-1}^i:v_{t-1}^i}=\frac{\theta_t^i}{\theta_{t-1}^i}$，假设两大部类的剩余价值率相同且不变，第一部类初始预付总资本为 1，初始产出比为 λ，即 $\lambda=\frac{Y_{10}}{Y_{20}}$，则利用两大部类的平衡条件 $V_1+\Delta V_1+T_1=C_2+\Delta C_2$，并令 $\theta_{t-1}^i=1$，可得新的宏观税负结构式：

$$\begin{cases} t=\dfrac{\dfrac{\gamma_2(1+\gamma_1)}{1+\gamma_2}+1+(\dfrac{1+\gamma_1}{1+\gamma_2}-1)t_2}{\gamma_1(1+\lambda)}-\dfrac{1}{\gamma_1} \\ t_1=\dfrac{1}{\lambda}\cdot\dfrac{\gamma_2(1+\gamma_1)}{\gamma_1(1+\gamma_2)}\cdot(1-t_2)-\dfrac{1}{\gamma_1} \end{cases} \tag{3}$$

这与上文(1)式是一致的。① 同时，由于广义资本有机构成的变化必将改变产出比 λ，因此，在(3)式中不能判断广义资本有机构成的变化对整体宏观税负的影响②，也不能明确两大部类产业税负的变化方向。因此，考察结构性税负问题，可以通过改造(2)式进行分析，即根据上述原理，将(2)式改造为：

---

① 这是因为马艳等(2007，2009)考察资本有机构成的长期动态变化只是告诉我们资本有机构成变化的形成机理，而不影响宏观税负结构式的分析。

② 对整体宏观税负的影响需要关注的是最优宏观税负总公式而不是这里的结构式。

$$\hat{\alpha}=\frac{(1-\frac{1}{1+\gamma_2})(1-t_2)}{\frac{1}{1+\gamma_1}(1+\gamma_1 t_1)} \tag{4}$$

据此,长期看,两大部类之间的税负关系应该保持经济平衡条件下既定的比例系数$\hat{\alpha}$:随着技术的进步,不变资本c_t增加,外延式可变资本减少,如果可变资本内涵价值增加①,且增加幅度大于外延式可变资本的增幅,那么从资本价值构成的角度看,广义资本有机构成可能不变,甚至降低。②

据此,如果第一部类广义资本有机构成不变或降低(不变资本c_t增加,外延式可变资本减少,但可变资本内涵价值增幅大于外延式可变资本减幅,使$v_t:v_{t-1}=c_t:c_{t-1}$或$v_t^i:v_{t-1}^i>c_t^i:c_{t-1}^i$),而第二部类广义资本有机构成提高(不变资本$c_t$增加,外延式可变资本减少,但可变资本内涵价值增幅小于外延式可变资本减幅,使$v_t:v_{t-1}<c_t:c_{t-1}$)③,此时,(4)式中两大部类之间的比例系数将变大,不能继续保持经济平衡,为此,必须通过提高t_1或t_2或同时提高t_1和t_2的方式才能保持经济平衡条件下的比例系数。

因而,从长期看,最优税负结构的选择需要和相应的政策导向相结合以保持经济的平衡:第一,可以通过提高t_1的方式保持经济平衡。一方面,在第一部类广义资本有机构成不变或者相对(第二部类)下降的条件下,由于第一部类可变资本价值增加而致利润率水平提高(或相对提高),提高了第一部类的纳税能力;另一方面,提高t_1(相对降低t_2)又可以通过税负引导机制保证两大部类均衡发展。第二,根据(4)式,t_2提高也将有助于经济平衡发展,但整体提高第二部类的税负水平与纳税能力相对下降相悖,也将不利于两大部类均衡发展,因此,t_2不宜一刀切地提高,以免破坏经济平衡,可以考虑第二部类结构性增税的方式提高t_2,比如,重点关注第二部类需要调节的内容(如奢侈品)提高税负水平以便于特定的调节。这同时意味着,在两大部类资本有机构成变化方向不一致的情况下,特别是第二部类广义资本有机构成下降的条

---

① 根据马艳(2007)可变资本内涵价值主要是因为,随着技术的进步可变资本所支配的活劳动量发生了变化(也就是劳动复杂程度、熟练程度、强度在提高),其可变资本的内涵与上一时期相比就发生了变化。

② 利用$\gamma_i=\frac{c_t^i:v_t^i}{c_{t-1}^i:v_{t-1}^i}=\frac{c_t^i:c_{t-1}^i}{v_t^i:v_{t-1}^i}$,如果可变资本内涵价值增加抵消了外延可变资本减小后使$v_t^i:v_{t-1}^i=c_t^i:c_{t-1}^i$,表现出来的便是资本有机构成$\gamma_i$(本文中仍用$\theta_i$)不变;如果可变资本内涵价值增加抵消了外延可变资本减小后使$v_t^i:v_{t-1}^i>c_t^i:c_{t-1}^i$,表现出来的便是资本有机构成减小;如果可变资本内涵价值增加抵消不了外延可变资本的减小,则$v_t^i:v_{t-1}^i<c_t^i:c_{t-1}^i$,表现出来的便是资本有机构成提高。因此,资本有机构成的变化可以侧重比较分析$v_t^i:v_{t-1}^i$与$c_t^i:c_{t-1}^i$的大小。

③ 选择这样的"如果",主要是考虑到第一部类更多的是资本密集型产业,对劳动者的熟练程度和技术水平要求高于第二部类,这实际上也是从可变资本优先增长的角度为"第一部类优先增长"提供的解释依据。

件下,保持经济平衡的税负结构需要考虑把提高 t_1 和结构性提高 t_2 相结合。

五、结　论

本文在平衡发展的视角下对最优宏观税负进行分析,可得出以下结论:

第一,最优宏观税负规模不存在一个固定的最优值或最优区间,而是一个伴随经济增长率和利润率水平的变化而变化的概念。因此,"稳定宏观税负"也不意味着宏观税负水平保持不变或相对稳定,如果将"稳定宏观税负"固化,一定会破坏平衡发展的实现,因此,"稳定宏观税负"应该从平衡发展的视角下进行优化变化。

我国经济进入新常态的基本表现是经济增长率进入中高速增长(和以前的高速增长相比,经济增长率下降)同时平均利润率水平也呈下降趋势,比如,赵磊、刘河北(2017)对我国1998—2014年的利润率水平进行了测算,利润率水平的上升趋势(存在小幅波动)在2007年达到峰值后,开始大幅度地下降。同时,利润率与经济增长率变化趋势在数值上高度一致,其峰值也出现在2007年,之后开始大幅度下滑,并据此论证了我国经济进入新常态。从最优宏观税负总公式上看,经济增长率下降要求宏观税负水平提高(主要考虑政府支出的需要),然而,现实中即使宏观税负不变,也会出现宏观税负过高的"抱怨",其根本原因是相对于平均利润率水平下降而言,企业出现了超额税负(超出其纳税能力)。因此,考虑到利润率水平下降的因素,平衡发展要求现阶段税制调整应着力降低宏观税负水平而不是静态地"稳定"宏观税负。

第二,从平衡发展的角度考虑,最优宏观税负要走出一个"正确的误区"。长期以来,在税收学领域中形成的一个基本的看法,即税制结构要解决的是税负的分配。这一观点无疑是正确的。但过分强调这一正确的观点将在实践中形成误区,即最优宏观税负仅关注总量而不关注结构。最优宏观税负不单单是规模的最优,而是要将规模的优化与税负结构的优化相结合考虑。比如,在上文宏观税负结构式中,如果假设部门之间不存在税负的差异,即两大部类税负水平相等,这将产生什么后果?随着技术的进步,没有任何一种力量能够保证两大部类资本有机构成同方向同比例变化,也就意味着两大部类之间的利润率水平将会存在差异,将利润率之间的差异与相同的税负水平结合意味着,这种课税设置一方面违背了税收横向公平(纳税能力相同的同等课税)和税收纵向公平(纳税能力不同的不同等课税)的基本原则;另一方面,利润率水平低的部门与其他部门同等课税也就进一步抑制了该部门的发展,破坏了平衡发展的基本理念。平衡发展本身就是一个结构性问题,经济平衡发展意味着各经济部门要按照最优的比例平衡发展。因此,最优宏观税负要考虑部门之间的内在联系确定部门之间的最优税负结构,只有如此,才能够使税制结构的调整更有方向感。

因而,在建立现代税收制度、推进税制结构改革的过程中应该科学地理解宏观税负。稳定宏观税负需要在整体上动态地设定最优规模(考虑经济增长率和利润率水平),并在此基础上,依据产出比并考虑资本有机构成的变化结构科学设定最优宏观税负结构。

参考文献

[1]K. Marsden. 1983, Link between Taxes and Economic Growth: Some Empirical Evidence, *World Bank Staff Working papers*, No. 605.

[2]程恩富,2012,《现代政治经济学新编》,上海:上海财经大学出版社,第 210 页。

[3]陈少克、陆跃祥,2012,课税结构、价值流动与经济平衡——一个马克思经济学的分析框架,《马克思主义研究》,第 7 期,第 57—64 页。

[4]郭玉清、连晨浩,蒋冉,2007,中国最优宏观税负规模的估算,《统计与决策》,第 19 期,第 108—111 页。

[5]贺俊、范小敏、曹苏,2014,基于内生增长模型的中国宏观税负研究,《天津大学学报(社会科学版)》,第 2 期,第 109—114 页。

[6]黄景国,1995,对我国宏观税负问题的若干思考,《财经理论与实践》,第 5 期,第 42—44 页。

[7]李俊生,1994,《财政效率论》,大连:东北财经大学出版社,第 62 页。

[8]罗富政、罗能生,2016,税收负担如何影响产业结构调整——基于税负层次性和规模的讨论,《产业经济研究》,第 1 期,第 20—29 页。

[9]马克思,1995,《资本论》(第 3 卷),北京:人民出版社,第 236,237 页。

[10]马艳,2009,马克思主义资本有机构成理论创新与实证分析,《学术月刊》,第 5 期,第 68—75 页。

[11]马艳、李真,2007,马克思主义平均利润率变动规律的动态模型,《海派经济学》,第 2 期,第 42—55 页。

[12]许善达,1999,《中国税收负担研究》,北京:中国财政经济出版社,第 18 页。

[13]杨灿明、詹新宇,2016,中国宏观税负政策偏向的经济波动效应,《中国社会科学》,第 4 期,第 71—90 页。

[14]赵磊、刘河北,2017,利润率下降与中国经济新常态,《四川大学学报(哲学社会科学版)》,第 1 期,第 102—111 页。

Analysis on the Optimal Macro-taxation Gross and its Structural Model

—Viewed from Marx's Theory of Balanced Development

Chen Shaoke

Abstract　Setting a reasonable macro tax burden is the basis or premise of tax reform. Building up a modern tax system, we should have an accurate and scientific understanding of macro tax burden and its influencing factors, which under the socialism with Chinese characteristics in the new era should be analyzed under the concept of balanced development. By adding tax factor in Marx's reproduction theory, we can find out the general formula for optimal macro-taxation and the structural formula for optimal macro-taxation. The general formula for optimal macro-taxation defines the scale of optimal macro tax burden which is dynamically determined by economic growth rate and average profit margin. The structural formula for optimal macro-taxation defines the tax burden structure between the two major categories, which is in short term analysis mainly determined by the output ratio of the two major categories, and in the long-term analysis determined fundamentally by organic composition of capital and its different changes in directions or amplitudes. So under the concept of balanced development, the stability of macro tax burden in the 13th Five-year Plan couldn't be understand as an unchangeable macro tax burden. Setting an Optimal Macro-taxation, the Structural factors should be valued as well as the scale factors.

Key words Marx's Theory of Social Reproduction Optimal Macro-Taxation Balanced Development The General Formula for Optimal Macro-Taxation The Structural Formula for Optimal Macro-Taxation

海派经济学
第 17 卷第 3 期，2019　Journal of Economics of Shanghai School　No. 17，3，2019

中国城市群连绵带的城市层级体系协同发展模式构建及实现路径研究

曾　鹏　李洪涛

内容提要　习近平总书记在十九大报告中特别提出要建立更加有效的区域协调发展新机制，以城市群为主体构建大中小城市和小城镇协调发展的城镇格局。城市群连绵带的城市层级体系协同发展是城市间协同发展区域体系形成完善的过程，是区域逐渐形成统一的经济社会发展系统的重要方向。研究基于区域经济协同发展理论由政府作用与市场因素两个维度通过基础设施、产业布局、社会发展三个方向建立城市群连绵带的城市层级体系协同发展的顶层设计路径。

关键词　城市群连绵带　城市层级体系　协同发展战略　区域经济协同发展

中图分类号　F04

一、引　言

2017 年 10 月 18 日习近平总书记在十九大报告中特别提出："建立更加有效的区域协调发展新机制，以城市群为主体构建大中小城市和小城镇协调发展的城镇格局，实施区域协调发展战略。"城市群是城镇化推动下城市发展规律的必然结果，城镇化促使中心城市的规模不断扩大，其影响辐射能力不断提升，进而形成城市间紧密的经济联系。在城市群发展的早期阶段，大多是"核心层级＋中心层级"型，此阶段城市之间没有明显协同。随着城镇化水平的提升，核心层级城市和中心层级城市不断发展扩张，以都市圈为单位出现城市群内部协同，通过都市圈外延带动周边更低层级的城市。当城镇化率进一步提升，就出现城市群化，都市圈外溢扩大，中间地带不断被不同层级的城市连接起来，整体形成城市群连绵带。不同层级城市之间通过多元化发展实现

收稿日期：2019－03－23

作者简介：曾鹏（1981－　），广西民族大学研究生院院长、民族学与社会学学院教授、博士生导师，主要研究方向为城市群与区域经济可持续发展；李洪涛（1993－　），大连理工大学人文与社会科学学部管理学博士研究生（在读），主要研究方向为区域经济可持续发展。

基金项目：本文系国家社会科学基金项目"中西部地区城市群培育与人口就近城镇化实现路径研究"（15XJL002）的阶段性研究成果。

1＋1＞2，城市群连绵带内部的协同程度大大加强。

城市群连绵带作为城市群互联发展到较为成熟阶段的空间组织形式，其本质在于流通和联合，在协同程度较高的城市群连绵带中，形成了层级分明的城市布局与区域覆盖，各城市共享便捷的基础设施、共享经济活动联系、共享相近的生态环境与资源禀赋。人才、技术、信息、资金、市场主体在打破行政边界束缚后自由流动联系，能够实现城市群连绵带的城市层级体系的城市间多种作用力协同作用，提升城市群连绵带的城市层级体系整体的综合竞争实力。

二、文献综述

国外学者对于城市群及城市层级体系的问题有着丰富的研究，主要体现在4个方面：第一，大都市带的研究。未来世界经济将呈现大都市带发展模式，随着城市规模的不断扩大、技术创新、治理优化，城市规模的放大将会超越空间限制，形成大范围的区域集聚（José，2017）。超级大都市的形成是世界经济的发展趋势，超大城市的出现促使商业与金融的高速发展以及基础设施建设的完善，超大城市的集聚推动能力对国家发展有着重要作用（Zhao，2017）。第二，半城镇化区域的研究。随着经济社会发展，城市、农村之间的边界逐步被打破，区域发展出现一种城乡融合的灰色地带，通过引导城市间、城乡间的融合，可以进一步实现区域的协同发展（Hirsch，2009）。特大城市的出现彻底改变了城乡结构及发展模式，使得城市发展呈现出集群扩张的特点，城乡界限逐渐模糊，从而形成城市集群演化趋势（Ortega，2014）。第三，全球城市区域的研究。城市作为区域连接的纽带，对于地区的政策贯彻、市场发展、社会交流具有重要作用，通过城市群和城市体系的建立，可以塑造区域经济社会发展的新形态（Jacobs，2016）。随着城市的全球化、规模化发展，国家及地区必须充分解决城市治理问题，构建合理的区域空间结构体系（McCann，2017）。第四，多中心巨型城市区域的研究。区域的城市发展将会由单中心城市逐步向多城市中心进行演化，地区内将会逐步形成几个相邻的中心城市，从而构建完整的城镇体系（Vasanen，2012）。地区内的城市规模及功能应当进行合理的规划，通过设计城市的层级体系实现嵌套层次的空间结构（Luthi，2013）。

国内关于城市群连绵带及城市层级体系的研究随着党中央两次将“城市群”的概念写进五年规划纲要而迅速发展。研究主要集中在两个方面：第一，都市连绵区的城市体系研究。学者对大都市连绵带的概念进行了系统性分析，认为应当遵循都市区—联合都市区—都市连绵区—大都市连绵带的发展规律（黄金川、刘倩倩、陈明，2014），对都市连绵带的发展进行清晰明确的政策规划，并且通过构建城镇密集区引导大都市连绵带的构建（李浩，2011）。都市区连绵带的构建会推进区域的均衡扩散发展模式，而非都市区连绵带的城市体系会导致区域空间结构复杂化(曹广忠、邰晓雯、刘涛,2011),应当通过建立都市区连绵带联系从而推动城市群的发展。第二,城市群连绵带的研究(李仙德、宁越敏,2012)。城市群是工业化和城镇化发展到较高阶段的区域空间形态,应当科学界定、规划城市群的引导培育政策,建立城市群分层梯度发展模式(方创琳、毛其智、倪鹏飞,2015)。城市群是城市高度发达的空间形态,是城市间形成共赢合作体系的重要演化模式(Fang,2017),应当通过建立城市体系从而实现城市区的引导培育,建立城市群识别体系,科学建立区域城市空间结构(王丽、邓羽、牛文元,2013)。城市群的培育发展应当遵循位序—规模规律,区域内应当建立梯度化的城市层次体系以及适度的空间距离布局(叶浩、庄大昌,2017)。

综上所述,国内外的研究人员已开始重点关注城市群连绵带及城市层级体系的相关研究,认为城市群连绵带的发展模式是区域空间演化的必然规律,而城市层级体系是建立城市群连绵带的重要结构支撑。但关于中国城市群连绵带的城市层级体系协同发展的研究成果却较为缺乏,且现有的研究成果大多是基于城市群互联、城市群空间结构、区域经济协同发展等角度;而基于连绵带视角展开城市群连绵带的城市层级体系及其协同发展的研究成果极为罕见,其研究深度和广度均有待于进一步提升。随着中国城镇化、工业化建设进程的推进,进一步进行城市群连绵带的城市层级体系协同发展的深入研究,一方面可以填补城市群理论、区域经济协同发展理论的相关理论空白,丰富和完善区域经济学的研究;另一方面也有利于缩小地区间、地区内的发展差距,指导和促进区域经济一体化建设。

三、中国城市群连绵带的城市层级体系协同的模式构建

(一)协同发展的顶层设计

区域经济协同发展理论认为区域单元之间存在协同共生关系,区域的一体化运作以及合作组织形式是未来经济发展的主要方向。城市群连绵带的城市层级体系协同发展的顶层设计目的在于形成城市群连绵带内部各级城市之间良好的定位与分工秩序规划,完善区域发展的多样性和协同机制,从而进一步对城市群连绵带内部城市发展动力进行充分利用,这是实现区域经济一体化、协调政府与市场关系的重要战略构想。随着城镇化、经济发展水平不断提升,地区的空间格局(基础设施发展)、产业格局(非农产业布局)、社会格局(社会发展变迁)发生变化,城市群连绵带的城市层级体系逐步形成和完善,通过对城市群连绵带的城市层级体系多元格局进行协调整合可以实现城市群连绵带的城市层级体系协同发展。在上述分析的基础上,研究参考相关学者的研究成果(丛屹、王焱,2014;方创琳,2017),由基础设施、产业布局、社会发展三

个方面进行城市群连绵带的城市层级体系协同发展的研究。

首先，通过基础设施的协同形成基础设施网络体系，可以促进城市群连绵带的城市层级体系空间格局构建，形成城市群连绵带城市层级体系的基础网络结构，推动城市群连绵带内部城市的广泛互联关系、提升城市群连绵带核心城市的辐射带动能力、提升公共服务的供给能力及供给范围，为城市群连绵带的城市层级体系的稳定完善奠定基础。其次，通过产业布局的协同形成产业发展互联网络，可以促进城市群连绵带的城市层级体系产业格局均衡发展，提升城市群连绵带内部各城市的劳动生产率、转型经济增长模式、促进经济发展的稳定健康、缩小各地区城市及城乡之间的发展差距，形成城市群连绵带整体的经济互联体系。最后，通过社会发展的协同形成社会网络体系及社会福利均衡覆盖，可以促进城市群连绵带的城市层级体系社会发展格局补足完善，有效缓解社会矛盾、调解城市发展压力、促进经济社会的稳定健康发展、实现经济发展成果的福利转化，形成惠及全民的城市群连绵带的城市层级体系协同发展成果。

实现城市群连绵带的城市层级体系基础设施、产业布局、社会发展协同，实际上也就是对区域经济发展中政府与市场关系梳理协调实现路径的探寻（孙久文、原倩，2014）。一方面，政府作用是城市群连绵带城市层级体系构建的制度基础，政府作用对于构建梯度化的城市层级体系、平衡地区间及地区内的城市发展关系起到重要作用；另一方面，市场因素对城市群连绵带内部城市经济互联体系建立、区域经济一体化的形成起到重要推动（王建廷、黄莉，2015）。因此，城市群连绵带的城市层级体系协同发展的实现应当由顶层设计的角度对现有行政区划设置进行解构重组，平衡区域经济发展中政府与市场之间的关系。

中国城市群连绵带的城市层级体系协同发展顶层设计，首先需要提升城市群连绵带内部各级城市的基础设施建设水平，建立基础设施网络，避免城市间建设的孤岛效应。其次需要优化产业布局模式，制定区域性产业分工战略性规划。再次需要促进社会发展的均衡化，缩小各地区、城市、城乡间的发展差距。因此，研究根据基础设施、产业布局、社会发展对于城市群连绵带的城市层级体系协同发展影响的时序规律，进一步对中国城市群连绵带的城市层级体系基础设施协同模式（经济性基础设施协同、社会性基础设施协同）、产业布局协同模式（产业发展协同、产城融合协同）、社会发展协同模式（社会融合协同、社会福利协同）进行研究，构建得到中国城市群连绵带的城市层级体系协同发展模式，见图1。

（二）基础设施协同的模式构建

基础设施协同发展是城市群连绵带的城市层级体系协同的基础条件，是培育和形成城市群连绵带整体范围内城市互联体系的首要任务。城市群连绵

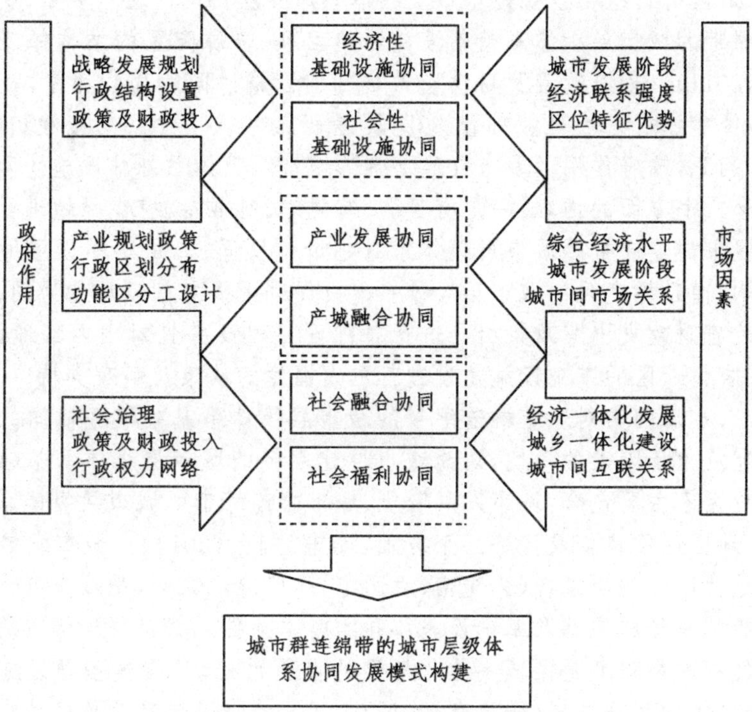

图1　中国城市群连绵带的城市层级体系协同发展模式

带的城市层级体系基础设施协同模式的构建实际上也就是城市群连绵带实现资源共享、规划设计融合的过程。中国城市群连绵带的城市层级体系协同发展需要彻底打破不同层级城市的行政边界,通过全局视域下的城市群连绵带规划建设有利于推动城市间的互动融化,形成以区域共享、共建为特征的基础设施协同网络。

研究根据相关学者的研究成果(程哲、欧阳如琳、杨振山、蔡建明,2016;金戈,2016),将基础设施分为经济性基础设施(电信基础设施、交通基础设施)和社会性基础设施(公共服务基础设施、环境保护基础设施)两个维度展开分析。研究从区域经济协同理论的角度,由政府作用与市场因素两个维度对城市群连绵带的城市层级体系基础设施协同的影响因素展开分析。

第一,政府作用对城市群连绵带的城市层级体系基础设施协同的影响分析。研究从政府作用的角度进行分析,认为城市群连绵带的城市层级体系基础设施协同的影响因素主要包含:政府战略发展规划、地区行政结构设置、政府政策及财政投入三个方面。

政府的战略发展规划是区域一体化协同的总体纲领,是整合与协同地区之间、城市之间、城乡之间基础设施协同的制度保障(柯善咨、赵玉奇、王莉,

2014)。地区行政结构设置是城市层级体系建立及协同的必备要素,是统筹城市群连绵带的城市层级体系基础设施网络互联、资源配置的结构保证(杨帆、韩传峰,2011)。政府政策及财政投入是基础设施协同的核心力量,是缩小各地区、各城市、城乡之间基础设施发展差距的主要措施(刘生龙、胡鞍钢,2011)。因此,政府作用下城市群连绵带的城市层级体系基础设施协同的模式构建包含三个方面的内容:一是有目的、有规划、有准备、有步骤地进行政府主导下的城市群连绵带的城市层级体系基础设施协同;二是科学设置地区行政级别结构,通过梯度化的城市层级体系建设促进形成基础设施的协同;三是高效利用政府财政支出与政策引导进行基础设施建设并且对中西部地区、欠发达城市、农村地区的基础设施建设进行更大幅度的政策及财政支持。

第二,市场因素对城市群连绵带的城市层级体系基础设施协同的影响分析。研究从市场因素的角度,认为城市群连绵带的城市层级体系基础设施协同的影响因素主要包含:城市发展阶段、城市群连绵带的城市层级体系经济联系强度、地区区位特征及优势三个方面(李琳、刘莹,2014)。城市发展阶段是基础设施协同的物质基础(张光南、洪国志、陈广汉,2014),是城市群连绵带的城市层级体系形成完善及基础设施协同的基本条件。城市群连绵带的城市层级体系经济联系强度是区域一体化协同的重要过程,是构建基础设施建设网络、协同关系的客观前提(张学良,2012)。区位特征及优势是构建城市群连绵带的城市层级体系基础设施协同的客观要素(谭俊涛、张平宇、李静,2014),是针对性建立基础设施网络布局、形成协同机制的考量依据。因此,市场因素下城市群连绵带的城市层级体系基础设施协同的模式构建包含三个方面的内容:一是提升城市群连绵带内核心城市的引导带动作用,进一步提升城市群连绵带基础设施建设的均衡化发展;二是充分运用市场效应扩大城市间广泛互联,以经济需求导向构建基础设施协同;三是针对性分析各城市群连绵带的区位特征及优势,因地制宜地进行城市群连绵带的城市层级体系基础设施协同。

(三)产业布局协同的模式构建

产业布局协同发展是城市群连绵带的城市层级体系协同的关键因素,是培育和形成城市群连绵带整体范围内城市合作融合的经济平台(孙虎、乔标,2015)。城市群连绵带的城市层级体系产业布局协同模式构建实际上也就是城市群连绵带实现行政区经济与经济区经济协调发展的重要实现路径。城市群连绵带内核心城市的差异化优势与清晰定位是形成产业多元良性互动格局的关键,以核心城市为中心搭建的城市群连绵带需要根据区域资源禀赋的不同,形成产业差异化布局,从而避免区域发展陷入低水平重复竞争和资源浪费的困局,实现对整个城市群连绵带的城市层级体系经济活力的激发(吴福象、蔡悦,2014)。

研究根据相关学者的研究成果(姜玉砚,2012;贺传皎、王旭、邹兵,2012;

石忆邵,2016),将产业布局分为产业发展(产业优化、产业结构)与产城融合(产业空间分布、城市职能规划)两个维度进行现状与问题分析。产业优化、产业结构是对产业布局协同下产业发展状况的衡量,产业空间分布、城市职能规划是对产业布局协同下产城融合的评估分析。研究从区域经济协同和新经济地理理论的角度,由政府作用与市场因素两个维度对城市群连绵带的城市层级体系产业布局协同的影响因素展开分析。

第一,政府作用对城市群连绵带的城市层级体系产业布局协同的影响分析。研究从政府作用的角度,认为城市群连绵带的城市层级体系产业布局协同的影响因素主要包含:政府的产业规划政策、地区行政区划分布、国家及地区功能区分工设计三个方面(李爱民,2015)。政府的产业规划政策是进行城市群连绵带的城市层级体系产业布局协同升级的重要力量,是对城市资源整合、产业协调发展、缩小城市间差距的制度保证(潘锦云、姜凌、丁羊林,2014)。地区行政区划分布区域产业协同发展的基础设计,是完善产业空间布局、制定合理的城市职能规划的基本要素(靳文辉,2017)。国家及地区的功能区分工设计是进行城市群连绵带的城市层级体系职能规划、产业分工的主要依据(姬卿伟、李跃,2015),是促使各地区、各城市、城乡之间产业布局协同的主要措施。因此,政府作用下城市群连绵带的城市层级体系产业布局协同的模式构建包含三个方面的内容:一是展开各地区、城市针对性的产业优化及结构升级措施,积极协调各城市间的产业互联网络构建;二是通过梯度化的城市层级体系建设促进形成产业布局的协同;三是提升城市群连绵带的城市层级体系产业协同的均衡化发展,对中西部地区、欠发达城市、农村地区的产业发展进行更大幅度的政府支撑作用。

第二,市场因素对城市群连绵带的城市层级体系产业布局协同的影响分析。研究从市场因素的角度,认为城市群连绵带的城市层级体系产业布局协同的影响因素主要包含:城市综合经济水平、城市群连绵带的城市层级体系发展阶段、城市群连绵带城市间市场关系三个方面(汤梦玲、李仙,2016)。城市综合经济水平是产业布局协同的实现基础,是进行城市群连绵带范围内的产业优化及产业结构升级、产业空间分布及城市职能规划设计的客观条件(吕惠萍、匡耀求,2015)。城市群连绵带的城市层级体系发展阶段是实现区域一体化协同的重要过程,是构建产业空间分布网络、职能分工安排的基本保证(陈健生、李文宇,2012)。城市群连绵带城市间市场关系协调是进行产业布局协同的首要前提,是进行产业发展及产城融合的重要力量(梁波、王海英,2010)。因此,市场因素下城市群连绵带的城市层级体系产业布局协同的模式构建包含三个方面的内容:一是构建城市群连绵带产业布局网络化结构,提升产业布局协同均衡发展;二是提升城市群连绵带内各个城市的产业发展水平并构建城市群连绵带整体产业布局网络;三是建立广泛互联的城市群连绵带城市间市场关系，优化产业空间分布，突出各城市的职能规划、产业分工。

(四)社会发展协同的模式构建

社会发展协同是城市群连绵带的城市层级体系协同的长期目标，是培育和形成城市群连绵带整体范围内城市打破边界均衡化发展的重要过程。城市群连绵带的城市层级体系社会发展协同模式的构建实际上也就是城市群连绵带实现社会福利供给均衡、城市间广泛深度融合的过程。我国城市群连绵带的城市层级体系协同发展需要完善和深化区域性的社会服务政策，确保公共服务供给的均衡有效。

研究根据相关学者的研究成果(李涛、任远，2011；袁方成、袁青、宋江帆，2013；方巍，2011)，将社会发展分为社会融合(社会结构、社会网络)与社会福利(公共服务、社会制度)两个维度进行现状与问题分析。社会结构、社会网络是对社会发展协同下社会融合状况的分析，公共服务、社会制度是对社会发展协同下社会福利供给提升水平的评估。研究从区域经济协同和社会发展理论的角度，由政府作用与市场因素两个维度对城市群连绵带的城市层级体系社会发展协同的影响因素展开分析。

第一，政府作用对城市群连绵带的城市层级体系社会发展协同的影响分析。研究从政府作用的角度，认为城市群连绵带的城市层级体系社会发展协同的影响因素主要包含：政府社会治理、政策及财政投入、地区行政权力网络三个方面(郁俊莉、傅睿，2014)。政府社会治理是进行社会结构调节、社会网络建设的重要力量，是对城乡关系、民族关系、社会矛盾进行梳理的制度措施(万国威，2016)。政策及财政投入是缩小各地区及城市间社会发展差距、提升社会福利的实现基础，是均衡化提供公共服务、避免社会矛盾激增的必要保证(毛捷，2012)。地区行政权力网络是促进社会发展协同的制度结构，是推进社会融合、完善社会网络、创新社会治理的基本架构(姚云云、刘金良，2015)。因此，政府作用下城市群连绵带的城市层级体系社会发展协同的模式构建包含三个方面的内容：一是完善创新政府治理体系及模式，针对性地调整社会结构、协调社会关系，避免社会矛盾激化；二是充分利用政策及财政支撑作用为中西部地区及欠发达城市推动其社会发展，提供广泛均衡的社会福利供给；三是利用地区行政权力网络推动城市群连绵带核心城市的发展带动作用并建立城市层级体系城市互动机制。

第二，市场因素对城市群连绵带的城市层级体系社会发展协同的影响分析。研究从市场因素的角度，认为城市群连绵带的城市层级体系社会发展协同的影响因素主要包含：区域经济一体化发展、城乡一体化建设、城市群连绵带城市间互联关系三个方面(李琳、刘莹，2015)。区域经济一体化发展是实现社会发展协同的客观条件，是缩小各地区、城市、城乡社会发展差距的重要组成部分。城乡一体化建设是促进社会融合的重要过程，是减小社会矛盾、协同社会关系、建立社会网络的必要前提。城市群连绵带城市间互联关系是进行社会发展协同的关键环节，是形成社会发展的共建体系，促进社会网络及社会治理互动机制的重要力量(周沛，2014)。因此，市场因素下城市群连绵带的城市层级体系社会发展协同的模式构建包含三个方面的内容：一是推进社会融合，实现更为广泛的社会福利供给，促进区域经济一体化的实现；二是推进城乡一体化建设，推进城乡发展融合以及更为均衡的社会发展，实现城市群连绵带整体范围内的社会发展协同；三是建立广泛互联的城市群连绵带城市间市场关系，优化公共服务，形成完整的社会网络及共建模式。

四、中国城市群连绵带的城市层级体系协同发展实现路径

尽管我国区域性城市群培育发展已取得一定效果，但从总体上看尚未形成完整的城市群连绵带体系，城市群连绵带的城市层级体系协同发展水平较差。一方面，由于目前我国城市发展依旧保持政府主导下的行政区经济模式，整体而言市场化发展程度不够成熟，还未形成区域性广泛的要素流转，城市间的协同发展意愿不足。另一方面，城市群连绵带的城市层级体系协同发展存在行政区划壁垒效应。地方政府从自身利益出发，对构建区域性协同发展意愿不足。由于各地方政府以发展本地区 GDP 为首要目标，同质化发展比较严重，导致城市群连绵带城市层级体系协同发展利益分成、补偿机制不成熟，阻碍了区域经济融合一体化的进程。因此，通过城市群连绵带的城市层级体系协同模式构建与政策支持机制建立对于形成城市的差异性结构互补、多元化生产要素流动、扩大经济发展潜力、提升协同发展经济效益、实现城市群连绵带整体综合竞争力发展具有重要价值。研究基于区域经济协同发展理论，由基础设施、产业布局、社会发展三个维度展开协同发展政策支持机制研究。

(一)基础设施协同实现路径

第一，政府作用影响下的城市群连绵带的城市层级体系基础设施协同实现路径。具体包括：(1)政府全局性的战略发展规划、政策及财政投入可以进一步扩大电信基础设施的覆盖面积、降低电信资费水平、缩小城市及城乡间的电信发展水平；(2)政府由城市群连绵带维度下的战略发展规划、行政结构设置、政策及财政投入可以完善城市群连绵带层级体系交通基础设施网络布局，缩小城市及城乡间交通基础设施发展差距；(3)政府通过完善城市群连绵带维度下的战略发展规划、政策及财政投入可以缩小各城市、城乡之间公共服务供给水平差异，通过政府规划投入提升社会性基础设施的整体发展水平；(4)政府构建城市群连绵带布局的战略发展规划、行政结构设置、政策及财政投入可以提升进行保护及治理的效率，避免城市间的相互挤压导致的环境治理成本扩大，有效运用政府作用实现环境保护。

第二，市场因素影响下的城市群连绵带的城市层级体系基础设施协同实现路径。具体包括：(1)通过市场发展下城市群经济互联、充分利用城市群区位特征及优势，提升经济性基础设施的建设使用效率，构建城市群连绵带的城市层级体系电信基础设施结构网络；(2)城市发展阶段的提升、城市群的广泛经济互联、地区区位特征及优势的充分运用可以加快基础设施协同对城市群连绵带的城市层级体系经济社会发展的正反馈作用，由基础设施协同满足城市群连绵带发展对经济性基础设施的需求；(3)城市经济发展的成熟稳定、城市群连绵带经济互联是构建公共服务基础设施均衡发展、缩小各城市及城乡公共服务基础设施发展差距的客观基础条件；(4)城市发展阶段提升、城市群连绵带经济互联、城市群特征及优势可以避免城市间邻避效应，整合环境保护基础建设资源。

(二)产业布局协同实现路径

第一，政府作用影响下的城市群连绵带的城市层级体系产业布局协同实现路径。具体包括：(1)政府由区域一体化的产业规划政策、行政区划设置调整、城市功能区分工设计等方式可以提升欠发达地区及中小城市的产业发展水平、产业优化升级，保证城市群连绵带的城市层级体系产业发展的稳定可持续；(2)政府通过积极调整产业规划政策、行政区划分布、功能区分工设计可以调节产业结构比例、缩小城市群及内部城市各产业发展差距、发挥产业发展结构优势；(3)政府通过制定区域一体化的产业规划政策、行政区划设置调整、城市功能区分工设计可以统筹城市群连绵带的城市层级体系的产业空间分布情况、构建网络化的产业布局协同机制；(4)政府通过科学合理的产业规划政策、行政区划设置调整、城市功能区分工设计可以充分利用城市区位特征进行职能规划和产业分工布局。

第二，市场因素影响下的城市群连绵带的城市层级体系产业布局协同实现路径。具体包括：(1)通过城市综合经济实力提升、城市群连绵带的形成发展、城市群连绵带城市间的市场关系建立可以提升产业生产效率、形成产业空间分布格局、保证城市群连绵带产业发展活力；(2)通过城市综合经济实力提升、城市群连绵带的形成发展、城市群连绵带城市间的市场关系建立可以优化城市群连绵带产业结构关系、减小产业发展污染成本、实现产业结构升级更新；(3)通过城市综合经济实力提升、城市群连绵带的形成发展、城市群连绵带城市间的市场关系建立可以优化产业空间分布、形成城市群连绵带产业布局一体化、促使城市间形成产业协同互动机制；(4)通过城市综合经济实力提升、城市群连绵带的形成发展、城市群连绵带城市间的市场关系建立可以形成具备区分度的城市群连绵带内部城市职能及产业分工的协同演化。

(三)社会发展协同实现路径

第一，政府作用影响下的城市群连绵带的城市层级体系社会发展协同实现路径。具体包括:(1)政府通过完善社会治理模式、提升政策及财政投入力度、有效利用行政权力网络可以缩小城乡社会发展差距、避免社会矛盾激增,保证城市群连绵带的城市层级体系社会结构稳定;(2)政府通过积极调整社会治理模式、提供社会发展的政策及财政支持、调配地区行政区划网络可以促进城市群连绵带形成社会发展共建体系、避免城市间社会发展的隔阂,营造稳定健康的城市群连绵带社会网络关系;(3)政府通过完善社会治理模式、扩大政策及财政投入覆盖范围、协调地区行政权力网络可以缩小各地区及城市间的公共服务供给水平差异、带动城市群连绵带整体的公共服务提升、对中西部地区及欠发达城市提供有效的公共服务供给;(4)政府通过积极调整社会治理模式、针对性提供政策及财政投入、优化地区行政权力网络可以实现社会发展及社会治理效率提升、扩大社会保障范围的覆盖广度及深度,合理解决社会矛盾问题。

第二,市场因素影响下的城市群连绵带的城市层级体系社会发展协同实现路径。具体包括:(1)通过区域经济一体化发展、城乡一体化建设、城市群连绵带城市间互联关系的形成可以推动城市群连绵带形成广泛的社会发展协同机制、避免地区及城市间发展不平衡引发的结构失调问题,提升城市群连绵带整体的长期稳定发展势态;(2)通过区域经济整体发展提升、城乡融合建设、城市群连绵带城市间互联关系的培育可以形成城市群连绵带城市间互动机制、提升城市群连绵带核心城市的带动引导作用、合理调配社会资源促进社会发展的协同机制;(3)通过区域经济一体化发展、城乡一体化建设、城市群连绵带城市间互联关系构建可以提升城市群连绵带整体公共服务供给能力、有效利用城市群连绵带内部各类资源进行公共服务供给,协调经济增长与公共服务供给能力之间的关系;(4)通过区域经济一体化发展、城乡一体化建设、城市群连绵带城市间互联关系网络可以培育形成城市群连绵带整体的社会发展协同机制、多元化社会治理模式,协同社会制度构建与经济发展之间的关系。

参考文献

[1]Chuanglin Fang,Danlin Yu,2017,Urban agglomeration:An evolving concept of an emerging phenomenon,*Landscape and Urban Planning*(162),pp. 126—136.

[2]Hirsch Philip,2009,Revisiting frontiers as transitional spaces in Thailand,*Geographical Journal*(175),pp. 124—132.

[3]José Edgardo Abaya Gomez Jr. ,2016,The size of cities:A synthesis of multi-disciplinary perspectives on the global megalopolist,*Progress in Planning*(116),pp. 1—29.

[4]Jacobs A. J. ,2016,The City as the Nexus Model:Bridging the State,Market,Societal,and Geospatial Contexts,*Citys*(51),pp. 84—95.

[5]Luethi Stefan,Thierstein Alain,Bentlage Michael,2013,The Relational Geography of the Knowledge Economy in Germany:On Functional Urban Hierarchies and Localised

Value Chain Systems,*Urban Studies*(2),pp. 276—293.

[6]McCann,Eugene,2017,Governing urbanism:Urban governance studies 1.0,2.0 and beyond,*Urban Studies*(2),pp. 312—326.

[7]Ortega,Amisson Andre C.,2014,Mapping Manila's Mega-Urban Region,*Asian Population Studies*(2),pp. 208—235.

[8]Vasanen,Antti,2012,Funtional Polycentricity:Examining Metropolitan Spatial Structure through the Connectivity of Urban Sub-centres,*Urban Studies*(16),pp. 3627—3644.

[9]Zhao S. X.,Guo N. S.,Li C. L. K.,2016,Megacities,the World's Largest Cities Unleashed:Major Trends and Dynamics in Contemporary Global Urban Development,*World Development*(98),pp. 257—289.

[10]曹广忠、邰晓雯、刘涛,2011,都市区与非都市区的城镇用地增长特征:以长三角地区为例,《人文地理》,第5期,第65—70页。

[11]丛屹、王焱,2014,协同发展、合作治理、困境摆脱与京津冀体制机制创新,《改革》,第6期,第75—81页。

[12]程哲、欧阳如琳、杨振山、蔡建明,2016,中国城镇化进程中基础设施投融资时空格局与发展特征,《地理科学进展》,第4期,第440—449页。

[13]方创琳、毛其智、倪鹏飞,2015,中国城市群科学选择与分级发展的争鸣及探索,《地理学报》,第4期,第515—527页。

[14]方创琳、周成虎、王振波,2015,长江经济带城市群可持续发展战略问题与分级梯度发展重点,《地理科学进展》,第11期,第1398—1408页。

[15]方创琳,2017,京津冀城市群协同发展的理论基础与规律性分析,《地理科学进展》,第1期,第15—24页。

[16]方巍,2011,中国社会福利的新发展主义走向,《社会科学》,第1期,第81—87页。

[17]黄金川、刘倩倩、陈明,2014,基于GIS的中国城市群发育格局识别研究,《城市规划学刊》,第3期,第37—44页。

[18]贺传皎、王旭、邹兵,2012,由"产城互促"到"产城融合"——深圳市产业布局规划的思路与方法,《城市规划学刊》,第5期,第30—36页。

[19]金戈,2016,中国基础设施与非基础设施资本存量及其产出弹性估算,《经济研究》,第5期,第41—56页。

[20]姜玉砚,2012,经济转型和城镇化背景下的区域产业布局优化研究——基于山西的实证,《城市发展研究》,第12期,第166—169页。

[21]李浩,2011,关于"大城市连绵区"相关概念的探讨,《城市发展研究》,第2期,第68—75页。

[22]李仙德、宁越敏,2012,城市群研究述评与展望,《地理科学》,第3期,第282—288页。

[23]李涛、任远,2011,城市户籍制度改革与流动人口社会融合,《南方人口》,第3期,第17—24页。

[24]孙久文、原倩,2014,京津冀协同发展战略的比较和演进重点,《经济社会体制比

较》,第 5 期,第 1—11 页。

[25]孙钰、王坤岩、姚晓东,2015,城市公共基础设施环境效益研究,《中国人口·资源与环境》,第 4 期,第 92—100 页。

[26]孙虎、乔标,2015,京津冀产业协同发展的问题与建议,《中国软科学》,第 7 期,第 68—74 页。

[27]石忆邵,2016,产城融合研究:回顾与新探,《城市规划学刊》,第 5 期,第 73—78 页。

[28]王丽、邓羽、牛文元,2013,城市群的界定与识别研究,《地理学报》,第 8 期,第 1059—1070 页。

[29]王建廷、黄莉,2015,京津冀协同发展的动力与动力机制,《城市发展研究》,第 5 期,第 18—23 页。

[30]吴福象、蔡悦,2014,中国产业布局调整的福利经济学分析,《中国社会科学》,第 2 期,第 96—115 页、第 206 页。

[31]叶浩、庄大昌,2017,城市体系规模结构研究的新方法——位序累积规模模型,《地理科学》,第 6 期,第 825—832 页。

[32]袁方成、袁青、宋江帆,2013,国家整合与社会融合:城乡基层治理发展趋向与对策,《国家行政学院学报》,第 3 期,第 83—87 页。

[33]郑世林、周黎安、何维达,2014,电信基础设施与中国经济增长,《经济研究》,第 5 期,第 77—90 页。

Research on the Construction and Realization Path of the Coordinated Development Model of the Urban Hierarchy in China's Urban Clusters

Zeng Peng　Li Hongtao

Abstract　In the report of the 19th National Congress of the Communist Party of China, General Secretary Xi Jinping specifically proposed to establish a more effective new mechanism for regional coordinated development, with urban agglomeration as the main body to build a coordinated urban development pattern of large, medium and small cities and small towns. The coordinated development of the urban hierarchy system in the urban agglomeration is a process of perfecting the regional system of coordinated development between cities, and is an important direction for the region to gradually form a unified economic and social development system. Based on the theory of regional economic synergy development, the research focuses on the top-level design path of the coordinated development of urban clusters in urban areas through the three dimensions of government and market factors through infrastructure, industrial layout and social development. Among them, infrastructure synergy is the precondition for the coordinated development of the urban hierarchy system of the urban agglomeration, and it is the underlying structure for constructing the economic interconnection network of the urban agglomeration; the industrial layout synergy is the key factor for the coordinated development of the urban hierarchy system of the urban agglomeration It is an important process for constructing urban agglomerations and cities for cooperation and integration; social development synergy is the long-term goal of the coordinated development of urban-level system of urban agglomerations, and is the core force for narrowing the internal development gap of urban agglomerations to achieve balanced development. At the end of the study, the implementation path of the urban-level system of China's urban agglomerations is proposed from the perspective of infrastructure, industrial layout and social development.

Key words Urban Agglomeration Belt Urban Hierarchy System Coordinated Development Strategy Coordinated Development of Regional Economy

粤港澳大湾区城市金融竞争力与辐射力研究

黎　伟

内容提要　构建金融集聚竞争力评估体系,测算粤港澳大湾区主要城市的金融竞争力,以及金融增长极的金融辐射半径,评估金融增长极对湾区内各节点城市的影响。结论是粤港澳大湾区已形成以香港为龙头、深圳和广州为支撑、其他节点城市为腹地的"中心—腹地"联动发展格局,建议力促湾区城市群空间组织从"中心—腹地"向"枢纽—网络"模式转变,加强湾区金融中心城市间的联动,深化中心城市和节点城市的金融合作和大力促进金融人才的区域流动。

关键词　粤港澳大湾区　金融竞争力　金融辐射力　威尔逊模型

中图分类号　F831

一、引　言

粤港澳大湾区建设是习近平总书记亲自谋划、亲自部署、亲自推动的国家战略。2019 年 2 月,筹备多时的《粤港澳大湾区发展规划纲要》(以下简称《纲要》)正式下发。《纲要》明确指出要构建极点带动、轴带支撑网络化空间格局,支持香港建设国际金融枢纽,支持广州完善现代金融服务体系,支持深圳加快推进金融开放创新,支持澳门打造中国—葡语国家金融服务平台。这里面隐含着以香港、深圳、广州和澳门为金融增长极,加快发展现代服务业的政策导向。

经济全球化的时代背景下,金融已成为全球经济活动的核心。区域范围内各主要城市的金融集聚能力及其金融辐射力对于度量不同地区之间的竞争实力、促进区域整体发展水平起着关键作用。2019 年 3 月,英国独立智库 Z/Yen 和综合开发研究院(CDI)发布了第 25 期全球金融中心指数(GFCI 25),

---

收稿日期:2019—03—20

作者简介:黎伟(1979—),东莞理工学院经济与管理学院讲师,主要研究方向为产业经济、技术创新、区域经济。

基金项目:本文系"空间经济学视角下粤港澳大湾区产业协同集聚与经济协调发展研究"(GD18XYJ03)和广东省普通高校人文社科重点研究基地珠三角产业生态研究中心(2016WZJD005)的阶段性研究成果。

对全球112个金融中心城市进行排名。大湾区城市群中，香港、深圳、广州分别排名第3、14和24位，澳门等其他城市未能进入榜单。与全球视角相比，区域视角下对粤港澳大湾区金融中心的研究更关注湾区内各个城市的金融竞争力、各城市在区域圈层结构中的地位以及金融中心的辐射范围。通过分析比较粤港澳大湾区内各城市金融竞争力的差异，测算金融中心的辐射范围及对节点城市的影响，为《纲要》的贯彻实施、粤港澳大湾区现代服务业的发展以及金融资源的合理分配提供政策依据。

二、文献综述

金融中心通过极化效应集聚周边地区乃至国际金融资源形成区域的极点，并通过扩散效应辐射和带动其他城市的经济发展。金融中心的集聚经济和规模经济特征决定了金融中心的竞争力。一个城市金融竞争力越强，将集聚更多的金融资源和占据更大的市场份额（黎平海，2009）。金融中心的范围经济直接决定了金融中心的影响力。辐射范围越广，对区域的金融业和产业经济带动能力更强（邓伟根，2014）。

国内外学者们分别从不同视角对金融中心的竞争力进行了研究。王仁祥等（2004）认为区域金融是造成城市之间金融集聚竞争力大小不一的重要因素，在对该因素进行研究分析后，从中观的角度出发把区域金融理念引入金融集聚竞争力的框架，并对湖北省主要城市的金融竞争力进行实证分析。徐璋勇等（2007）从金融规模、金融效率和金融生态三个维度构建动态和静态区域金融竞争力指标体系。Beck（2009）从私人信贷的GDP占比、股市市值的GDP占比、股市换手率、融资融券交易额等方面衡量金融市场的竞争力；邓伟根等（2014年）从经济总量、金融总量和金融细分行业三大板块构建区域金融竞争力评估指标体系。孔佩伊等（2017）从金融发展、金融环境和经济发展三方面构建自贸区中心城市金融竞争力评价指标体系并进行实证分析。这些指标体系的构建都涵盖了金融资产存量或者流量指标，强调金融发展，没有考虑金融机构和金融稳定性。经历了2008年金融危机后，对国家级别上的金融竞争力的研究有所转变。Rousseau & Wachtel（2011）指出，过度的金融发展会导致金融危机的发生。World Economic Forum（2017）以问卷调查的形式从金融服务多样性、金融服务成本、融资渠道、贷款便利性、风险投资可得性、银行稳健性、证券市场监管评价以及法律环境评价等八个维度来衡量国家的金融竞争力，评价体系不仅考虑金融市场的效率，还考虑金融市场的可信赖性和信心。

金融中心的辐射力的研究，主要从经济地理的角度来评价金融中心对区域的金融业和产业经济带动能力。唐吉平等（2005）首次将经济地理学中的威尔逊模型运用于对中心城市辐射半径的测量。王仁祥等(2008)运用断裂点模型,测量区域内各中心城市的金融辐射范围,以武汉为例测算出武汉对区域内其他城市的金融辐射范围及辐射半径,得出武汉金融辐射能力并不明显的结论。张晓燕(2014)利用威尔逊模型分析出环渤海地区 6 个城市的金融辐射力度及其辐射范围。郭倩倩等(2017)围绕经济辐射源、经济辐射流以及经济辐射通道三个维度选取金融指标,对宁波范围内各中心城市的金融辐射半径进行研究分析,通过对杭州、南京、合肥、苏州等周边城市的横向比较以及对宁波各主要城市 2010—2015 年经济辐射力发展水平的纵向分析,得出该经济圈范围内各中心城市的金融辐射力虽然呈现上升趋势,但辐射范围却不大的结论。余佳美(2018)则运用区位熵对西南五省的金融辐射情况进行测量,并利用威尔逊模型和面板数据模型考察分析了该地区金融集聚的核心区域对其周围腹地的辐射范围。

三、粤港澳大湾区主要城市金融竞争力评价

(一)城市金融竞争力评价指标体系的构建

中国是一个金融市场欠发达国家,金融业态以间接融资为主,股权融资严重不足(潘功胜,2019),因此在城市金融竞争力评价指标体系的选取上,依然主要考虑金融资源集聚能力以及金融市场效率。借鉴孔佩伊(2017)的城市金融竞争力评价指标体系,将城市金融竞争力分成经济总量指标和金融规模指标两个一级指标,其中又将一级指标细分为 10 个二级指标(见表 1)。这 10 个指标基本涵盖了金融发展的各个方面,因此可以用来衡量粤港澳大湾区各城市的金融竞争力。

表 1　　城市金融竞争力评级指标体系

<table>
<tr><td rowspan="11">城市金融竞争力评价指标体系</td><td>一级指标</td><td>二级指标</td></tr>
<tr><td rowspan="5">经济总量指标</td><td>GDP(亿元)(X_1)</td></tr>
<tr><td>第三产业增加值(亿元)(X_2)</td></tr>
<tr><td>进出口总额(亿元)(X_3)</td></tr>
<tr><td>城乡居民储蓄存款余额(亿元)(X_4)</td></tr>
<tr><td>财政收入(亿元)(X_5)</td></tr>
<tr><td rowspan="5">金融总量指标</td><td>年末金融机构存款余额(亿元)(X_6)</td></tr>
<tr><td>年末金融机构贷款余额(亿元)(X_7)</td></tr>
<tr><td>金融从业人员(人)(X_8)</td></tr>
<tr><td>金融业增加值(亿元)(X_9)</td></tr>
<tr><td>年保费收入(亿元)(X_{10})</td></tr>
</table>

(二)粤港澳大湾区"9+2"城市金融竞争力实证分析

指标数据主要来自香港特区政府统计处、澳门特区统计暨普查局、香港金

融管理局、2017年香港统计年刊、2017年澳门统计年刊、广东省产业发展数据库、广东统计信息网以及2018年广东省各市统计年鉴等。采用因子分析法进行测算,具体分析结果如下:

首先对各个指标间做KMO和巴特利特检验,如表2显示,KMO值为0.695,大于0.6的最低标准,因此所选取的数据适合做因子分析。又由于巴特利特球形检验的近似卡方值为257.150,显著性水平为0.000,拒绝变量之间不存在相关性的原假设,因此数据适合做因子分析。进一步地,各变量之间的相关性基本都大于0.5,显著性小于0.001,变量之间的相关性比较高,不同变量之间包含有共享信息以及多重共线性,因此有必要提取公因子。

表2　KMO和巴特利特球形检验

KMO		0.659
巴特利特球形检验	近似卡方值	257.150
	显著性	0.000

由表3可知,原来的10个指标可以提取出两个主因子。因子分析法要求所有提取的主成分累积贡献率要大于或等于85%,信息损失范围在可接受范围内。由表3可知,所提取的两个主因子的累积方差贡献率取值为95.639%,因此所提取的两个主因子里面包含有原模型的大部分信息,损失量在可接受范围内。

表3　方差贡献分析表

	初始特征值			旋转载荷平方和		
主因子	总计	方差百分比	累积%	总计	方差百分比	累积%
1	8.482	84.824	84.824	4.942	49.419	49.419
2	1.081	10.815	95.639	4.622	46.219	95.639

通过采用方差最大法对因子进行旋转,从而得到旋转后的成分矩阵。经过旋转后的成分矩阵系数出现了明显的两极分化。如表4所示,第一主因子在指标X_2、X_3、X_4、X_8、X_{10}上的取值比较高,间接说明这5个指标之间的相关性比较强,可以分为同一类。从具体经济含义来看,这5个指标主要反映了城市的经济发展规模,因此命名为经济发展因子,用F_1来表示。第二主因子在指标X_1、X_5、X_6、X_7、X_9上的得分较高,可以归结为一类,主要反映了该地区的金融发展规模,故命名为金融发展因子,用F_2表示。

表 4　　**旋转后的成分矩阵**

		F_1	F_2
进出口总额(亿元)	X_3	0.955	
第三产业增加值(亿元)	X_2	0.926	
城乡居民储蓄存款余额(亿元)	X_4	0.882	
年保费收入(亿元)	X_{10}	0.866	
金融从业人员(人)	X_8	0.713	0.660
财政收入(亿元)	X_5		0.911
年末金融机构存款余额(亿元)	X_6		0.864
年末金融机构贷款余额(亿元)	X_7		0.851
GDP(亿元)	X_1		0.848
金融业增加值(亿元)	X_9	0.662	0.739

注：提取方法：主成分分析法；旋转方法：Kaiser 标准化的正交旋转法。

从各主因子的特征根可以得出其权重 w_i ($w_i=\lambda_i/\sum\lambda_i$)，其中 λ_i 表示第 i 个主因子所对应的特征根($i=1,2$)，所以可以由此构建金融竞争力综合评价模型：

$$F=w_1F_1+w_2F_2=49.419\%F_1+46.219\%F_2$$

其中：F_1、F_2 为因子得分矩阵，其值见表 4。为了进一步观察样本城市的金融竞争力现状，得出综合因子得分系数矩阵和原始变量的标准化值，并对 2017 年粤港澳大湾区内城市的金融集聚竞争力进行综合排名，结果如表 5 所示。

综合得分无论是正数还是负数，都是数据的标准化处理的结果，只代表数值的大小，不代表方向，并且各城市综合得分之和均为 0。综合得分如果为正，则说明该城市的金融竞争力水平大于该区域的平均水平；反之，则代表该城市的金融竞争力水平低于该区域的平均水平。此外，综合得分越高，说明相对于得分较低的城市，该市金融竞争力越强，意味着更高的集聚金融资源能力和更大的金融市场份额。

表 5　　**2017 年粤港澳大湾区城市金融集聚竞争力综合得分**

城市	主因子 1	主因子 2	综合得分	排名
香港	2.875 25	0.636 98	1.72	1
深圳	−1.119 57	2.455 27	0.58	2
广州	0.027 86	0.918 27	0.44	3

续表

城市	主因子1	主因子2	综合得分	排名
澳门	−0.259 60	0.214 67	−0.03	4
东莞	0.029 62	−0.564 55	−0.25	5
佛山	−0.231 85	−0.296 95	−0.25	6
惠州	−0.208 38	−0.644 75	−0.40	7
中山	−0.252 77	−0.647 51	−0.42	8
珠海	−0.265 21	−0.648 84	−0.43	9
江门	−0.267 60	−0.680 89	−0.45	10
肇庆	−0.327 75	−0.741 71	−0.50	11

从表5可知,2017年粤港澳大湾区内金融竞争力综合得分高于平均水平的城市有3个,都集中在经济较发达的沿海地区,分别是香港、深圳、广州。江门、珠海、肇庆、中山等金融竞争力水平比较低。香港、深圳、广州分别为粤港澳大湾区内金融竞争力最强的城市,在金融市场、金融环境、金融规模等方面都表现良好,其中,不论是主因子得分还是综合因子得分,香港都要远远大于其他城市,在整个粤港澳大湾区城市圈中居于主导地位,说明其金融竞争力远高于湾区内其他城市。由于肇庆位于粤港澳大湾区经济圈较为偏远的西部,金融发展相对于其他城市而言比较落后,所以该地的金融竞争力水平最弱。因此在粤港澳大湾区经济圈中,基本上可以确定香港、广州以及深圳为该区域的三个金融中心,形成区域的三个金融增长极。

四、粤港澳大湾区主要城市的金融辐射力评价分析

(一)威尔逊模型及其简化

Friedmann(1966)提出的"核心—边缘"理论揭示了经济增长的空间动态过程,认为区域增长极通过范围效应辐射周边城市,并与之形成紧密联系。粤港澳大湾区11个城市中,香港、深圳和广州三个金融增长极的辐射范围不同,对湾区内其他节点城市的金融影响力也有所不同。威尔逊模型广泛用于研究区域内各节点城市之间的相互作用强度。利用威尔逊模型对粤港澳大湾区三个金融增长极进行金融辐射力研究。

依据威尔逊模型,区域j吸引区域k金融资源的能力可以表示为:

$$T_{jk}=KO_jP_ke^{-\beta R_{jk}} \tag{1}$$

其中,T_{jk}表示从区域k被区域j吸引的金融资源;O_j表示区域j的金融资源强度;P_k表示区域k的金融资源总量;R_{jk}表示两个区域之间的距离;β是衰

减因子($0<\beta<1$),代表金融影响力衰减速度;K 是归一化因子,不失一般性,令 $K=1$。

简化后,威尔逊模型表示为:

$$T_{jk}=\alpha P_k=P_k e^{-\beta R_{jk}} \tag{2}$$

借鉴王铮等(2002)的思路,k 城市对 j 城市的辐射力度与城市间距离正相关。模型进一步简化为:

$$\theta=P_k e^{-\beta R_{jk}} \tag{3}$$

将(3)式代入(2)式后,可得 $\alpha=e^{-\beta R_{jk}}$,获取 j,k 两个节点城市之间的距离 R_{jk} 和城市 k 对城市 j 的资源辐射比重 α 后,就可以求出 β:

$$\beta=(1/R)\ln(1/\alpha) \tag{4}$$

在该式中,θ 是一个阈值,代表 k 城市对外辐射能力的最大范围。所以,可以通过对 P_k 和 β 的计算得出城市 k 的最大辐射半径 R_{jk}:

$$R_{jk}=(1/\beta)\ln(P_k/\theta) \tag{5}$$

(二)金融辐射半径计算

在前面的因子分析中,香港、广州以及深圳综合因子得分大于 0,可以认为这 3 个城市对于该区域内其他城市具有金融辐射的作用;由于其他城市均为负值,则可以认为其主要接受来自香港、深圳、广州三地的金融辐射,不具有辐射作用。以下测算香港、深圳和广州的辐射范围,并估计三个金融增长极的最大辐射半径。

香港、广州、深圳三市对于粤港澳大湾区内其他城市的金融资源辐射比重 α,这里选取大湾区内各市的金融资源占香港(深圳、广州)金融资源的比重近似值,为了使数据具有可比性,R_{jk} 不能直接使用地图上两城市之间的直线距离,必须考虑通达性因素,故湾区城市间的距离选取高速公路的里程,并通过(4)式求出 β。

选取表 1 中的城乡居民储蓄存款余额(X_4)、财政收入(X_5)、年末金融机构存款余额(X_6)、年末金融机构贷款余额(X_7)、年保费收入(X_{10})五个方面以及选取表 4 中各指标的公因子方差作为权重来估计粤港澳大湾区内各城市的金融资源,即:

$$P_i=0.983X_{4i}+0.860X_{5i}+0.991X_{6i}+0.993X_{7i}+0.984X_{10i} \tag{6}$$

其中:i 表示第 i 座城市;P_i 表示第 i 座城市的金融资源。由(6)式可以得出粤港澳大湾区内各城市的金融资源以及其对香港(深圳、广州)金融资源的比重 α 值,并通过查询香港(深圳、广州)到大湾区内其他城市的公路里程 R_{jk},就可以测算出 β 值(见表 6)。由表 6 可知,香港金融增长极辐射衰减因子 β 值平均为 0.016 9;深圳金融增长极辐射衰减因子 β 值平均为 0.014 5(香港对深圳的 β 值为小于 0,可排除);广州金融增长极辐射衰减因子 β 值平均为

0.023 4(深圳对广州的 β 值为小于 0,可排除)。

表 6　　粤港澳大湾区各市的金融资源、α 值、β 值及公路里程

城市	金融资源(亿元)	α 值(香港)	α 值(深圳)	α 值(广州)	R 香港(公里)	R 深圳(公里)	R 广州(公里)	β 值(香港)	β 值(深圳)	β 值(广州)
香港	175 688.31	1.000	1.453	1.778	0	60	160	—	−0.006 2	0.003 6
澳门	40 886.77	0.233	0.338	0.414	89	160	120	0.016 0	0.006 8	0.007 3
深圳	120 939.85	0.688	1.000	1.224	60	0	127	0.006 7	—	−0.001 6
广州	98 789.92	0.562	0.817	1.000	160	127	0	0.003 6	0.001 6	—
珠海	6 705.83	0.038	0.055	0.068	80	175	140	0.040 9	0.016 6	0.019 2
佛山	30 333.82	0.173	0.251	0.307	185	180	25	0.009 5	0.007 7	0.047 2
惠州	13 069.64	0.074	0.108	0.132	130	80	152	0.020 0	0.027 8	0.013 3
东莞	11 404.41	0.065	0.094	0.115	137	92	50	0.019 9	0.025 7	0.043 3
中山	11 505.22	0.065	0.095	0.116	143	120	109	0.019 1	0.019 6	0.019 8
江门	9 456.59	0.054	0.078	0.096	161	252	90	0.018 1	0.010 1	0.026 0
肇庆	3 554.78	0.020	0.029	0.035	263	240	110	0.014 9	0.014 8	0.030 5

(三)粤港澳大湾区金融辐射范围分析

P_k 既可以看作城市 k 的金融资源总量,也可以将其理解成城市 k 对其他城市的金融资源辐射力度。城市 k 金融资源辐射强度 P_k 的取值可以用该城市金融竞争力综合因子来表示。由表 5 可知,广州的综合因子取值为 0.44,位列三个金融增长极的末位,数量级为十的负一次方。选取粤港澳大湾区城市金融竞争力综合因子的阈值 θ 为 0.1,这意味着当金融增长极对外辐射能力衰减到 0.1 时,金融中心的辐射范围就到达了边界。最后,由式(5)可以计算出香港、深圳和广州三个金融增长极的辐射半径 R_{jk}(见表 7)。

从表 7 可以直观地看出,香港的综合因子得分最大,金融辐射半径最广,基本覆盖到粤港澳大湾区的大部分地区;深圳和广州的金融辐射力次之,但也基本覆盖到粤港澳大湾区的绝大部分区域。说明粤港澳大湾区已经形成了以香港作为国际金融中心、深圳和广州作为国内金融中心的层次分异结构。香港、深圳、广州的金融辐射范围高度重叠,说明香港、深圳、广州三个金融增长极在金融发展方面存在一定程度的竞争。

表 7　　粤港澳大湾区金融中心的辐射半径

城市	综合因子得分	金融辐射半径(km)
香港	1.72	168.337 8
深圳	0.58	121.231 6
广州	0.44	63.316 4

通过绘图软件直观地描绘出各城市金融竞争力的辐射范围(见图 1),可以直观地看出,香港的影响力最大,辐射范围最广,160 多公里的辐射半径基本覆盖了湾区内的大部分城市,从客观上说明香港的金融辐射力对湾区内陆城市群经济发展举足轻重,是否能转化为经济增长动能取决于这些城市对香港的金融承接能力。深圳的金融辐射能力稍微优于广州,120 多公里的辐射半径几乎覆盖到了湾区的大部分城市,已经成为一个引人注目的中心城市。相对而言,广州市成为粤港澳大湾区的金融中心仍然任重道远,60 多公里的辐射半径仅可以影响到佛山、东莞、中山和惠州等中小城市,其影响力与其他两个金融增长极相比偏弱。但相对于其他城市而言,广州对大湾区内的发展依然有着举足轻重的作用。因此,在以金融竞争力为主要衡量指标的大湾区城市圈层结构中,香港属于整个圈层结构中的内圈层,深圳和广州在金融上则是承载着副中心的职能,属于整个圈层结构中的中圈层。其他节点城市金融竞争力与这三个金融增长极相比,差距较为明显,金融发展更多是受到这三座城市的带动,属于圈层结构中的外圈层。目前,粤港澳大湾区的金融中心与节点城市之间已经形成了以金融中心为核心的集聚和扩散的圈层状的空间分布结构,各种金融资源互动频繁,从中心向外围呈现圈层状的有规律变化。

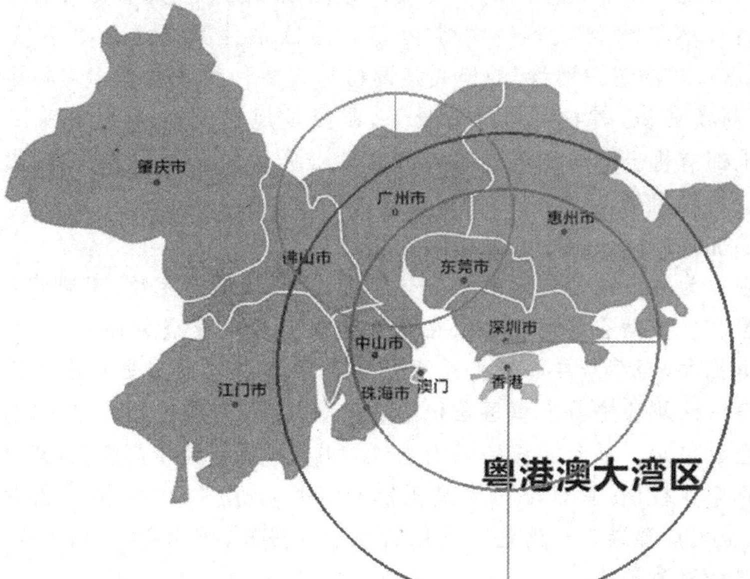

图 1　粤港澳大湾区主要城市金融辐射半径直观图

五、粤港澳大湾区金融中心提升辐射效应的政策选择

粤港澳大湾区已形成以香港为龙头、深圳和广州为支撑、其他节点城市为腹地的“中心—腹地”联动发展格局。香港处于整个粤港澳大湾区金融中心的内圈层,起着为整个粤港澳大湾区域融资以及充当国际金融贸易服务中心的角色,同时,香港特殊的政治和经济政策同样为上述功能的发挥提供了制度性的支持。深圳和广州处于湾区金融中心的中圈层,在金融上则发挥着副中心的职能。其他城市处于湾区金融中心的外圈层,金融竞争力和辐射力偏弱,更多是受到来自这三座城市的金融辐射带动。

提升粤港澳大湾区金融中心的辐射效应是一项长期的系统工程,需要粤港澳大湾区城市群加强区域协同合作,可以有以下政策选择:

(一)力促湾区城市群空间组织从“中心—腹地”向“枢纽—网络”模式转变

加强各城市内部之间的互联互通,通过交通建设、通信网络等基础设施建设,力促粤港澳大湾区城市群空间组织的模式从传统“中心—腹地”转向“枢纽—网络”的模式。当前粤港澳大湾区的“中心—腹地”模式强调层级结构,中心和次中心之间以及同层次的中心之间缺乏联动,节点城市之间的互联互通主要受到自然要素禀赋第一本性和交通区位条件第二本性的影响(Krugman,1993)。“枢纽—网络”的模式强调信息化条件和人力资本为标志的第三本性,在高铁和5G建设加快的背景下,即使是规模较小、区位优势不足的节点城市也都有机会参与到粤港澳大湾区核心区域的交流和合作中,更易受到金融中心的辐射带动。

(二)加强湾区金融中心城市间的联动

深圳作为香港连接内地的桥梁与纽带,应明确城市定位,实现城市间资源的优化整合。虽然香港近几年来在科技创新与金融发展方面呈现滞后状态,市场基本饱和,而深圳在高新技术产业和金融发展方面则呈现出快速向上的发展趋势。深圳应充分发挥区位优势和产业优势,与香港形成错位发展,构建区域性金融中心。通过承接香港的外溢效应,发展金融外包服务,建立金融科技常态化合作机制,更好地为香港国际金融中心服务,加快推进金融开放创新,进一步推动粤港澳大湾区科技创新水平的提升,成为全球创新、现代服务、优质资源的聚集地。

香港作为国际金融中心,应开发更多的跨境金融衍生产品,同时为湾区城市群大型创新型企业提供金融服务,发展成为湾区高新技术企业的融资中心,乃至“一带一路”建设的投融资平台。

广州身为珠三角地区重要的省会城市,在促进区域金融中心的发展方面,可立足于自身省会城市以及重化工业的优势,加大力度吸引各金融企业在广

州的集聚，打造国际金融结算中心，发展成为区域性资金结算中心及南方金融总部中心，完善现代金融服务体系，与香港形成错位发展，在提升自身的金融集聚竞争力的同时，积极发挥其金融辐射作用。

（三）深化中心城市和节点城市的金融合作

首先要加强节点城市的金融发展水平，完善金融服务配套设置，加强与金融中心接轨和合作的同时，享用金融中心辐射带来的经济效益。其次，加快社会信息体系建设，为金融中心辐射效应的发挥提供良好的外部环境。再次，构建特色区域金融体系。佛山、东莞、中山等可以依托制造业产业链核心企业，打造区域特色产业链金融体系，满足制造业产业链上下游企业的融资需求。最后，节点城市着力打造湾区科技成果转化中心。东莞、佛山、中山等在先进制造业产业链上对中心城市拥有比较优势，在加强城市间的互联互通的基础上，深化与中心城市的科技合作和金融合作，着力打通创新链、产业链和资本链，打造湾区科技成果转化中心。

（四）大力促进金融人才的区域流动

人才是金融业快速发展的基础。随着金融创新活动的深化，金融业对跨界人才、专业人才需求迫切。金融高端人才无疑将加速向金融中心内圈层和中圈层集聚，外圈层城市应大力培养创新型和综合性人才，完善人才激励机制，打造优质高效的营商环境和优美宜居生态环境，引进和留住人才，为三个金融增长极辐射效应的发挥提供人才支撑和智力保障。此外，应突破地域边界壁垒，消除人才流动障碍，促进金融人才等创新要素在湾区内跨境流动。

参考文献

[1]Friedman J. R. ,1966,*Regional Development Policy*:*A Case Study of Venezuela*, Cambridge:MIT Press.

[2] World Economic Forum,2018,*Global Competitiveness Report* 2017－18,New York:Oxford University Press.

[3] Rousseau P. L. ,Wachtel P. ,2011,What is Happening to the Impact of Financial Deepening on Economic Growth,*Social Science Electronic Publishing*,Volume 49,pp. 276－288.

[4]邓伟根、潘捷、张守哲，2014，区域金融视角下城市金融竞争力与辐射力研究——以大珠江三角洲地区为例，《金融经济学研究》，第4期，第107－117页。

[5]郭倩倩、陈永红，2017，宁波都市圈中心城市经济辐射力的评价及影响因素分析，《科技与管理》，第5期，第27－37页。

[6]孔佩伊、江航，2017，自贸区中心城市金融竞争力及辐射力实证研究，《产业与科技论坛》，第21期，第87－89页。

[7]黎平海、王雪，2009，珠三角城市金融辐射力实证研究，《国际经贸探索》，第11期，第49－53页。

[8]唐吉平、陈浩、姚星垣,2005,长三角城市金融辐射力研究,《浙江大学学报(人文社会科学版)》,第 6 期,第 62—70 页。

[9]王仁祥、安子铮、安子祎,2008,武汉城市圈金融辐射力实证研究,《武汉金融》,第 8 期,第 25—26 页、第 61 页。

[10]王仁祥、孙亚超,2004,城市金融竞争力研究,《科技进步与对策》,第 12 期,第 45—48 页。

[11]王伟、杨娇辉、邱婉萍,2018,金融竞争力、金融开放与双边对外直接投资头寸,《中山大学学报(社会科学版)》,第 2 期,第 197—208 页。

[12]王铮、蒋轶红、王瑛、李山、王莹、翁桂兰,2002,旅游域模型及其结合 GIS 的应用,《旅游学刊》,第 2 期,第 57—62 页。

[13]徐璋勇、陈颖,2007,区域金融竞争力指标体系构建,《长安大学学报(社会科学版)》,第 1 期,第 28—31 页。

[14]余佳美,2018,西南五省金融集聚的经济效应研究,重庆工商大学。

[15]张晓燕,2014,金融中心及其辐射域研究——以环渤海经济圈为例,《经济问题》,第 10 期,第 43—46 页、第 52 页。

[16]周孝坤、袁颖、冯钦,2011,西部主要城市金融辐射力实证研究,《经济体制改革》,第 6 期,第 48—52 页。

Research on Urban Financial Competitiveness and Radiation in the Guangdong-Hong Kong-Macao Greater Bay Area

Li Wei

Abstract Establish an evaluation system of financial agglomeration competitiveness, measure the financial competitiveness of major cities in Guangdong, Hong Kong, Macao and the financial radiation radius of the financial growth pole, and evaluate the impact of the financial growth pole on each node city in the Bay Area. The conclusion is that the "center-hinterland" linkage development pattern has been formed in the Guangdong-Hong Kong-Macao Greater Bay Area, with Hong Kong as the leader, Shenzhen and Guangzhou as the support and other node cities as the hinterland. It is suggested that the spatial organization of the urban agglomeration in the Bay Area should be transformed from "center-hinterland" to "hub-network" mode, the linkage between financial central cities in the Bay Area should be strengthened, and the financial integration between central cities and node cities should be deepened, and the regional flow of financial talents should be promoted.

Key words　Guangdong-Hong Kong-Macao Greater Bay Area　Financial Competitiveness　Financial Radiation　Wilson Model

中国制造业绿色创新生产率研究
——基于行业异质性视角

明　倩　冯志军

内容提要　本文采用 GML 指数,对 2009—2015 年能源环境约束下中国制造业 27 个分行业的绿色创新生产率进行测算,并进行行业异质性特征分析。研究发现:2009—2015 年中国制造业绿色创新生产率年均增长 4.40%,增长动力是年均 8.55%的技术进步率。考虑绿色创新生产率的行业异质性,污染密集型制造业显著低于相对清洁型制造业,但二者增长的动力机制相同;专利密集型和非专利密集型制造业二者相当,但是前者绿色创新生产率的动力机制明显优于后者。

关键词　绿色创新生产率　GML 指数　行业异质性
中图分类号　F276

一、引　言

作为国民经济的主体,制造业的持续快速发展是中国经济近三十多年保持高速增长的主要动力源泉之一。但是,中国制造业"高投入、高消耗、高污染、低收益"的发展模式,不仅造成制造业长期处于国际产业链的底端,同时产生了严重环境问题。《中国制造 2025》中重点强调需要加快制造业绿色改造升级、推进资源高效循环利用(卢强等,2013)。一直以来,技术创新被认为是产业转型升级的核心动力。但是实践表明:传统技术创新单纯追求经济效益,加剧了资源枯竭和环境污染。长期以来,中国制造业的创新发展也导致了资源消耗量和污染物排放量的不断攀升(朱承亮,2017)。

作为"创新"和"绿色"两大发展理念的结合点,绿色创新是建立在传统技术创新基础上的一种创新模式。绿色创新通过引入绿色增长理念,给无限扩张、价值单一的传统创新模式设置绿色限压阀,最终实现创新过程中经济效

收稿日期:2019—05—23

作者简介:明倩(1984—),东莞理工学院讲师,主要研究方向为产业经济学、绿色经济;冯志军(1983—),东莞理工学院经济与管理学院副教授,主要研究方向为绿色经济。

基金项目:本文系"区域低碳创新系统协调发展研究:内生机理、实证检验与政策保障体系——基于二象对偶理论与系统演化的新视角"(71603048)和"广东省社会科学研究基地——东莞理工学院质量与品牌发展研究中心(GB200101)、广东省普通高校人文社科重点研究基地珠三角产业生态研究中心"(2016WZJD005)的阶段性研究成果。

益、环境效益与社会效益的协调统一。经济新常态下,绿色创新已成为突破资源环境约束、推动中国制造业绿色发展转型的有效手段之一。

现有文献对绿色创新绩效(生产率或效率)进行了积极探索,Ghisetti 和 Rennings(2014)以德国企业为样本,选择了能源消耗、环境污染两方面内容的9项指标对绿色创新效率进行测度。张江雪和朱磊(2012)将工业废气排放量视为投入、工业综合能耗产出率视为产出,对我国2009年各省份工业技术创新效率进行评价。韩晶等(2013)应用包含空间计量的DEA方法对2010年中国基于绿色增长的区域创新效率进行测度。冯志军(2013)构建DEA-SBM模型对中国省级区域工业企业的绿色创新效率进行了测算。岳书敬等(2014)从经济效益和低碳效益两个维度构建低碳创新效率,评估不同工业行业1998—2011年间的低碳创新效率。曹霞和于娟(2015)从绿色环保、低碳节能的角度出发,构建随机前沿改进模型对中国各区域创新效率进行实证分析。黄奇等(2015)在综合考虑资源消耗和环境污染的基础上测算中国工业企业绿色技术创新效率。王惠等(2016)采用Super-SBM模型测度2006—2012年中国各省区高技术产业绿色创新效率。彭文斌等(2017)利用Super-SBM模型测算2005—2014年中国各省域的绿色创新效率。钱丽等(2018)利用共享投入关联两阶段DEA模型对2008—2015年中国工业企业绿色研发和成果转化效率进行评价。陆菊春和沈春怡(2019)在创新价值链视角下,将创新过程分为知识创新、创新成果吸收、创新成果商业化三个阶段,采用考虑非期望产出的网络RAM模型分析了11个国家中心城市绿色创新效率的异质性。

在现有研究基础上,本文进行了以下拓展:第一,研究视角上,已有关于绿色创新绩效的实证研究多是基于区域视角,鲜有文献从细分行业角度分析制造业绿色创新绩效,基于行业差异性(划分为污染密集型、相对清洁型、专利密集型和非专利密集型),在测算中国制造业27个分行业绿色创新生产率的基础上进行异质性特征分析。第二,在研究方法上,已有文献中所采用的Malmquist-Luenberger生产率指数,不具有传递性,且在测度跨期方向性距离函数时可能存在线性规划无解问题;本文采用能够克服以上问题的Global Malmquist-Luenberger指数,以期为提升中国制造业绿色创新绩效提供更为真实、准确的依据。

二、绿色创新生产率测度的Global Malmquist-Luenberger指数模型

本文运用Global Malmquist-Luenberger(简称GML)指数模型来测度中国制造业27个分行业绿色创新生产率。GML指数方法是Oh(2010)在Chung(1997)提出的传统ML指数基础上改进得来的。GML指数是基于全

局生产技术集构造的，能有效避免 ML 指数不具有传递性等缺陷。

首先构造一个生产可能性集合，该集合同时包含期望产出和非期望产出（金春雨等，2016）。假设每个决策单元使用 N 项投入 $x=(x_1,\ldots,x_n)\in R_+^N$，得到 M 项期望产出 $y=(y_1,\ldots,y_n)\in R_+^M$，$J$ 项非期望产出 $b=(b_1,\ldots,b_n)\in R_+^J$。那么，生产可能性集合可以表示为：

$$P(x)=\{(y,b)\mid x \text{ 可以生产}(y,b)\} \tag{1}$$

设方向性向量为 $g=(g_y,g_b)$，其中 $g\in R^M\cdot R^J$，相应的方向性距离函数定义为：

$$D(x,y,b;g_y,g_b)=\max\{\beta\mid(y+\beta g_y,b-\beta g_b)\in P(x)\} \tag{2}$$

这个函数说明期望产出增长的同时，非期望产出亦在同比例减少，而 β 是试图寻求产出 y 最大化、污染物 b 最小化的方向性距离函数值。将方向性向量设定为 $g=(y,b)$，对应的方向性距离函数简写为 $D(x,y,b)$。

为了对 GML 指数进行定义和分解，Oh(2010)引入当期生产可能性集合和全局生产可能性集合两个概念。当期生产可能性集合表述为：

$$P^t(x^t)=\{(y^t,b^t)\mid x^t \text{ 可以生产}(y^t,b^t)\},t=1,\ldots,T \tag{3}$$

全局生产可能性集合表示所有当期生产可行集的并集，即 $P^G=P^1\cup P^2\cup\cdots\cup P^T$，该集合同时涵盖了所有观测单元的当期生产可能性集合。GML 指数及其分解形式为：

$$\begin{aligned}GML^{t,t+1}(x^t,y^t,b^t,x^{t+1},y^{t+1},b^{t+1})&=\frac{1+D^G(x^t,y^t,b^t)}{1+D^G(x^{t+1},y^{t+1},b^{t+1})}\\&=\frac{1+D^t(x^t,y^t,b^t)}{1+D^t(x^{t+1},y^{t+1},b^{t+1})}\cdot\\&\left[\frac{1+D^G(x^t,y^t,b^t)/(1+D^t(x^t,y^t,b^t))}{1+D^G(x^{t+1},y^{t+1},b^{t+1})/(1+D^{t+1}(x^{t+1},y^{t+1},b^{t+1}))}\right]\\&=TEC^{t,t+1}\cdot TC^{t,t+1}\end{aligned} \tag{4}$$

在(4)式中，$D^G(x,y,b)=\max\{\beta\mid(y+\beta y,b-\beta b)\in P^G(x)\}$ 为全局方向性距离函数，其依赖于全局生产可能性集合 $P^G(x)$。$TEC^{t,t+1}$ 表示两个时期间的技术效率变化，而 $TC^{t,t+1}$ 表示两时期间的技术进步。为测算和分解 GML 指数，利用 DEA 线性规划模型对(4)式中 4 个方向性距离函数进行求解。以 t 期为例，当期的方向距离函数 $D^t(x^t,y^t,b^t)$ 和建立在全局生产可能性集合上的全局方向距离函数 $D^G(x^t,y^t,b^t)$ 可分别通过求解以下两个线性规划得到：

$$
\begin{aligned}
&D^t(x^t,y^t,b^t)=\max\beta && D^G(x^t,y^t,b^t)=\max\beta \\
&\text{s.t.}\ Y^t z^t \geqslant (1+\beta)y_k^t && \text{s.t.}\ \sum_{\tau=1}^{T} Y^\tau z^\tau \geqslant (1+\beta)y_k^t \\
&B^t z^t = (1-\beta)b_k^t && \sum_{\tau=1}^{T} B^\tau z^\tau = (1-\beta)b_k^t \\
&X^t z^t \leqslant x_k^t && \sum_{\tau=1}^{T} X^\tau z^\tau \leqslant x_k^t \\
&z^t \geqslant 0 && z^\tau \geqslant 0
\end{aligned}
\tag{5}
$$

同理,可以得到 $t+1$ 期的当期方向距离函数 $D^{t+1}(x^{t+1},y^{t+1},b^{t+1})$ 和全局方向距离函数 $D^G(x^{t+1},y^{t+1},b^{t+1})$。

三、变量与数据

(一)制造业绿色创新生产率的评价指标体系

投入指标:制造业绿色创新投入主要包括人力投入、资金投入和能源投入三个方面。其中,采用R&D人员全时当量来衡量人力投入;采用R&D经费内部支出来表示资金投入;选取能源终端消费量即分行业的能源消费总量来表示能源投入。

产出指标:包括期望产出和非期望产出两部分。考虑绿色创新活动的知识生产和产品生产这两个连续过程,采用各行业发明专利申请数和新产品销售收入作为绿色创新过程的期望产出。在制造业绿色发展转型背景下,制造业进行绿色创新活动,其目的在于实现经济效益与环境效益的双赢。现阶段制造业绿色创新的环境效益主要表现为环境污染的减少,也就是非期望产出越少越好。本文选取制造业分行业的工业"三废"排放量作为非期望产出。制造业绿色创新生产率投入产出变量的统计性描述见表1。

表1　　制造业绿色创新生产率投入产出变量的统计特征

变量/单位		个数	均值	标准差	最大值	最小值
投入	R&D活动人员全时当量/人年	189	74 226	89 576	426 583	3 194
	R&D经费内部支出/万元	189	7 464 633	9 762 026	56 622 594	160 218
	能源消费总量/万吨标准煤	189	7 894	14 347	69 342	184
期望产出	发明专利申请数/个	189	6 076	9 917	60 533	142
	新产品销售收入/万元	189	42 037 615	610 356 757	360 039 482	1 485 520

续表

变量/单位		个数	均值	标准差	最大值	最小值
非期望产出	工业废水排放量/万吨	189	73 119	1 788 617	2 186 335	526
	工业废气排放量/亿立方米	189	15 118	359 597	181 694	53
	工业固体废弃物产生量/万吨	189	3 522	8 988	44 076	3

(二)数据来源及说明

根据中国国家统计局公布的国民经济行业分类，将制造业划分为29个行业。自2012年开始，相关统计年鉴将橡胶制品业、塑料制品业合并为橡胶和塑料制品业；交通运输设备制造业被拆分为汽车制造业，铁路、船舶、航空航天和其他运输设备制造业；工艺品及其他制造业变变更为其他制造业，且统计范围发生了变化。因此，考虑行业分类的一致性和数据的可得性，本文在考察期内将橡胶制品业和塑料制品业合并为橡胶和塑料制品业，汽车制造业和铁路、船舶、航空航天和其他运输设备制造业合并为交通运输设备制造业，删去工艺品及其他制造业或其他制造业，最终共计27个制造业行业。由于2010年以后的《中国科技统计年鉴》只统计“R&D活动人员及经费”，因此本文以2009—2015年中国制造业27个行业面板数据为样本。

另外，为消除物价变化的影响，对所有涉及价格的变量指标采用各行业历年的工业生产者出厂价格指数核算成基期(即2009年)的实际值。R&D经费内部支出的投入产出周期一般较长，当期的R&D经费投入无法马上转化为创新产出。因此，对该指标要采用存量数据。采用国际上较为通行的永续盘存法来测算各行业R&D经费内部支出的存量(吴传清等，2018)，将2009年R&D经费内部支出除以折旧率(取值为15%)和2009—2015年的R&D经费内部支出平均增长率之和，即得基期2009年的R&D经费存量。本文原始数据来自历年的《中国科技统计年鉴》《中国统计年鉴》《中国环境统计年鉴》《中国工业经济统计年鉴》《工业企业科技活动统计年鉴》，统计口径为“规模以上工业企业”。

四、实证结果及分析

(一)制造业绿色创新生产率的测算结果及分析

1. 整体分析

本文使用Maxdea软件，采用GML指数模型，从动态生产率维度分析中国制造业的绿色创新绩效，2009—2015年中国制造业绿色创新生产率(GML)及其分解的技术进步(TC)、技术效率(TE)，见表2和表3。

表 2　中国制造业绿色创新生产率及其分解(2009—2015 年)

年　份	GML	TC	TE
2009—2010	1.064 4	1.188 9	0.895 3
2010—2011	1.090 2	1.190 9	0.915 5
2011—2012	1.080 1	0.993 6	1.087 1
2012—2013	1.096 4	1.139 2	0.962 5
2013—2014	0.959 6	0.996 5	0.963 0
2014—2015	0.981 9	1.024 7	0.958 2
均值	1.044 0	1.085 5	0.961 7

2009—2015 年间,中国制造业绿色创新生产率平均值为 1.044 0,年均增长 4.40%。对中国制造业绿色创新生产率进行分解可知,考察期内,中国制造业绿色创新生产率的提升主要源于技术进步,技术进步平均值为 1.085 5,年均增长率为 8.55%;而技术效率平均值为 0.961 7,年均下降 3.83%。这表明:当前中国制造业绿色创新生产率的增长是由绿色技术进步来推动的,并没有发挥出绿色技术进步与绿色技术效率双轮共驱的理想局面。为此,要通过完善绿色创新管理机制,改进公司治理结构,明确企业主体的经济与环境责任等一系列的企业内部管理体系改进来提高绿色创新过程中的技术效率。

中国制造业绿色创新生产率增长趋势相对稳定,只是在 2013—2014 年、2014—2015 年间表现出下滑趋势。在时序变动趋势方面,不同时段的技术效率与技术进步的变化存在显著差异。其中,2013—2014 年间,中国制造业绿色创新生产率的下降是由于技术退步与技术效率的下降共同引起的;其他各年均表现为绿色创新生产过程的技术进步与技术效率呈现明显的反方向变动,即当技术进步时,总会遇到技术效率的下降(2009—2010 年、2010—2011 年、2012—2013 年、2014—2015 年等);或者是当技术效率提升时,总会遇到技术退步(2011—2012 年)。

2. 行业差异

2009—2015 年间,家具制造业等 22 个行业的绿色创新生产率为正向增长,其中增长率最大的依次为家具制造业、烟草制品业、纺织服装鞋帽制造业、专用设备制造业、仪器仪表及文化、办公用机械制造业、通用设备制造业,年均增长率都超过 10%。根据绿色创新生产率增长的动力来源,这 22 个行业又可分为三类:第一类是绿色创新生产率的增长源自技术进步和技术效率的共同驱动,有家具制造业、烟草制品业、纺织服装鞋帽制造业、通用设备制造业 4 个行业属于该种类型。第二类是绿色创新生产率的增长动力为技术效率的提升,有专用设备制造业、仪器仪表及文化、办公用机械制造业 2 个行业属于该种类型。第三类是绿色创新生产率的增长动力为技术进步，有石油加工、炼焦及核燃料、电气机械及器材制造业、纺织业、化学纤维制造业、橡胶和塑料制品业、饮料制造业、印刷业和记录媒介的复制、金属制品业、有色金属冶炼及压延加工业、农副食品加工业、文教体育用品制造业、造纸及纸制品业、化学原料及化学制品制造业、皮革毛皮羽毛及其制品业、食品制造业、通信设备、计算机及其他电子设备制造业等 16 个行业属于该类型。

其他 5 个行业绿色创新生产率未能实现正向增长，分析造成这一结果的成因，可将这 5 个行业划分为两类：第一类是技术进步的恶化和技术效率的下降共同导致行业绿色创新生产率的降低，只有交通运输设备制造业属于这种情形；第二类是技术效率的下降造成了行业绿色创新生产率的降低，其中，黑色金属冶炼及压延加工业、医药制造业、非金属矿物制品业、木材加工及木、竹、藤、棕、草制品业等 4 个行业属于该种情形。

表 3　中国制造业分行业绿色创新生产率及其分解的均值(2009—2015 年)

	GML	TC	TEG		ML	TC	TE
农副食品加工业★	1.029 9	1.089 2	0.945 6	橡胶和塑料制品业	1.052 1	1.074 1	0.979 5
食品制造业★	1.008 1	1.068 8	0.943 2	非金属矿物制品业★	0.933 3	1.093 9	0.853 2
饮料制造业	1.051 3	1.102 8	0.953 3	黑色金属冶炼业★	0.996 0	1.211 0	0.822 5
烟草制品业	1.161 5	1.124 3	1.033 1	有色金属冶炼业★●	1.031 5	1.134 0	0.909 6
纺织业★	1.066 9	1.106 0	0.964 6	金属制品业●	1.032 1	1.050 6	0.982 3
纺织服装制造	1.136 1	1.132 5	1.003 2	通用设备制造业●	1.103 6	1.038 5	1.062 7
皮革毛皮制品业★	1.014 7	1.254 2	0.809 0	专用设备制造业●	1.130 0	0.945 8	1.194 7
木材加工	0.920 2	1.208 6	0.761 4	交通运输设备制造业●	0.935 8	0.947 5	0.987 7
家具制造业	1.178 0	1.173 5	1.003 8	电气机械制造业●	1.089 0	1.090 2	0.999 0
造纸及纸制品业	1.025 6	1.121 5	0.914 4	通信设备制造业●	1.003 5	1.006 1	0.997 5
印刷业和记录媒介复制	1.044 6	1.051 1	0.993 9	仪器仪表制造业●	1.124 3	0.983 0	1.143 7
文教体育用品制造业	1.026 2	1.029 7	0.996 6	污染密集型制造业均值	1.020 6	1.129 5	0.903 6
石油炼焦及核燃料★	1.097 4	1.126 8	0.973 9	相对清洁型制造业均值	1.056 0	1.064 2	0.992 2
化学原料及化学制品制造业★●	1.015 4	1.094 3	0.927 9	专利密集型制造业均值	1.042 7	1.027 5	1.014 8
医药制造业●	0.979 9	1.002 8	0.977 2	非专利密集型制造业均值	1.044 8	1.121 2	0.931 9
化学纤维制造业	1.056 3	1.117 2	0.945 4	制造业均值	1.044 0	1.085 5	0.961 7

注：★代表属于污染密集型制造业；●代表属于专利密集型制造业。

为了深入分析各类行业绿色创新生产率的差异，将制造业 27 个行业分两类进行分析。第一类：污染密集型制造业与相对清洁型制造业。国务院 2007 年开展《第一次全国污染源普查方案》时明确我国 11 个重污染行业(李长青等，2014)，其中属于制造业的有农副食品加工业等 9 个行业(见表 3)，本文将这9个行业界定为污染密集型制造业，将其他19个行业列为相对清洁型制造业。在绿色创新生产率方面，污染密集型制造业的绿色创新生产率均值为1.020 6，显著低于相对清洁型制造业的绿色创新生产率均值1.056 0。在绿色创新生产率增长的动力机制方面，二者的绿色创新生产率增长都是单纯依赖于绿色技术进步的独立推动。通过分解可知，2009—2015年，污染密集型制造业绿色创新生产率年均增长2.06%，技术进步年均增长12.95%，技术效率年均下降9.64%；而相对清洁型制造业绿色创新生产率年均增长5.60%，技术进步年均增长6.42%，技术效率年均下降0.78%。由于行业特征差异，污染密集型制造业的单位能耗显著高于相对清洁型制造业，在污染密集型制造业中绿色技术工艺、技术的应用对于绿色创新生产率提高的边际效益显著高于相对清洁型制造业。这进一步验证了对于污染密集型制造业，必须通过内外部的相关措施，比如严格的环境规制，绿色创新补贴，促使其进行绿色创新。

第二类：专利密集型制造业与非专利密集型制造业。专利密集型产业是众多拥有关键技术和核心专利的企业集合，对于实施创新驱动发展战略、实现产业转型升级、推动经济持续增长都有着显著影响。中国国家知识产权局发布的《专利密集型产业目录(2016)》(试行)确定了48个国民经济中类行业为专利密集型产业，该目录对应国民经济行业分类(GB/T 4754—2011)的中类条目(三位码)，根据48个行业对应的三维码所属的制造业行业(三位码)，最终确定化学原料及化学制品制造业等10个行业为专利密集型制造业(见表3)，其余17个行业为非专利密集型制造业。在绿色创新生产率方面，专利密集型和非专利密集型制造业的均值分别为1.042 7、1.044 8；整体而言，专利密集型制造业和非专利密集型制造业在创新生产率方面差异较小。在绿色创新生产率增长的动力机制方面，专利密集型制造业的绿色创新生产率增长动力来源于绿色技术进步和绿色技术效率的双增长，而非专利密集型制造业的绿色创新生产率增长主要是受绿色技术进步的独立推动。通过分解可知，2009—2015年，专利密集型制造业绿色创新生产率年均增长4.27%，其中技术进步年均增长2.75%，技术效率年均改善1.48%；而非专利密集型制造业绿色创新生产率年均增长4.48%，其中技术进步年均增长12.12%，技术效率年均下降6.81%。可见，虽然在绿色创新生产率方面，专利密集型制造业与非专利密集型制造业旗鼓相当，但是在绿色创新生产率增长的动力机制方面，专利密集型制造业明显优于非专利密集型制造业。可见，专利密集型制造业已经逐渐发挥其经济拉动能力强，极具创新活力和市场竞争力的优势，初步实现了产业的创新驱动与绿色发展转型。

五、结论与政策启示

本文采用Global Malmquist-Luenberger指数，对2009—2015年能源环境约束下中国制造业27个分行业的绿色创新生产率进行了测算。主要研究结论有：(1)2009—2015年间，中国制造业绿色创新生产率平均值为1.044 0，年均增长4.40%，其主要增长动力为技术进步(年均增长率为8.55%)。(2)考虑行业异质性，污染密集型制造业的绿色创新生产率(均值为1.020 6)显著低于相对清洁型制造业(均值1.056 0)，污染密集型制造业和相对清洁型制造业的绿色创新生产率增长都是单纯依赖于绿色技术进步的独立推动；专利密集型制造业(均值为1.042 7)和非专利密集型制造业(均值1.044 8)在创新生产率方面差异较小，专利密集型制造业的绿色创新生产率增长是受到技术进步和技术效率改善共同促进的结果，而非专利密集型制造业的绿色创新生产率增长主要是受绿色技术进步的独立推动。

本文研究结论具有以下政策含义：(1)加大节能减排、清洁生产、污染治理等绿色技术创新的资金支持，为在制造业中广泛应用绿色技术提供源头支持，以此来发挥绿色技术进步驱动中国制造业绿色转型的核心推动作用。(2)对于污染密集型制造业而言，要有针对性地提升环境规制水平。较为严格的环境规制增加了污染密集型制造业企业生产产品的综合成本，促使企业通过积极开展绿色创新以抵消环境规制带来的成本上升，即发挥环境规制对技术创新的"补偿效应"。(3)对于专利密集型制造业，要引导资金和税收金融扶持政策向专利密集型制造业倾斜和加大财税金融政策向专利密集型制造业的倾斜，以此来推动专利密集型制造业地快速成长，切实发挥出专利密集型行业的"专利密集、经济绩效高、依赖创新、带动其他产业发展"的功能特征，使专利密集型制造业切实成为中国制造业绿色转型的突破口。

参考文献

[1]Chung Y. H., Fare R., Grosskopf S., 1997, Productivity and undesirable outputs: A directional distance function approach, *Journal of Environmental Management*, Volume 3, pp. 229—240.

[2]Ghisetti C., Rennings K., 2014, Environmental innovations and profitability: How does it pay to be green? An empirical analysis on the German innovation survey, *Journal of Cleaner Production*, Volume 15, pp. 106—117.

[3]Oh D., 2010, A global Malmquist-Luenberger productivity index, *Journal of Productivity Analysis*, Volume 3, pp. 183—197.

[4]曹霞、于娟，2015，绿色低碳视角下中国区域创新效率研究，《中国人口·资源与环境》，第5期，第10—19页。

[5]冯志军,2013,中国工业企业绿色创新效率研究,《中国科技论坛》,第 2 期,第 82—88 页。

[6]韩晶、宋涛、陈超凡、曲歌,2013,基于绿色增长的中国区域创新效率研究,《经济社会体制比较》,第 3 期,第 101—110 页。

[7]黄奇、苗建军、李敬银、王文华,2015,政府科技资助是否影响了中国工业企业技术创新效率,《科技管理研究》,第 20 期,第 38—44 页。

[8]金春雨、王伟强,2016,环境约束下我国三大城市群全要素生产率的增长差异研究——基于 Global Malmquist-Luenberger 指数方法,《上海经济研究》,第 1 期,第 3—12 页。

[9]李长青、姚萍、童文丽,2014,中国污染密集型产业的技术创新能力,《中国人口·资源与环境》,第 4 期,第 49—156 页。

[10]卢强、吴清华、周永章、周慧杰,2013,广东省工业绿色转型升级评价研究,《中国人口·资源与环境》,第 7 期,第 34—41 页。

[11]陆菊春、沈春怡,2019,国家中心城市绿色创新效率的异质性及演变特征,《城市问题》,第 2 期,第 21—28 页。

[12]彭文斌、程芳芳、路江林,2017,环境规制对省域绿色创新效率的门槛效应研究,《南方经济》,第 9 期,第 73—84 页。

[13]钱丽、王文平、肖仁桥,2018,共享投入关联视角下中国区域工业企业绿色创新效率差异研究,《中国人口·资源与环境》,第 5 期,第 27—39 页。

[14]王惠、王树乔、苗壮、李小聪,2016,研发投入对绿色创新效率的异质门槛效应——基于中国高技术产业的经验研究,《科研管理》,第 2 期,第 63—71 页。

[15]吴传清、杜宇,2018,偏向型技术进步对长江经济带全要素能源效率影响研究,《中国软科学》,第 3 期,第 110—119 页。

[16]岳书敬、王旭兰、许耀,2014,中国工业行业低碳创新及其影响因素解析,《财经科学》,第 9 期,第 78—87 页。

[17]张江雪、朱磊,2012,基于绿色增长的我国各地区工业企业技术创新效率研究,《数量经济技术经济研究》,第 2 期,第 113—125 页。

[18]朱承亮,2017,中国制造业绿色创新绩效及其行业差异,《城市与环境研究》,第 1 期,第 73—84 页。

Research on Green Innovation Productivity of China's Manufacturing Industry

—Based on the Study of Industry Heterogeneity

Ming Qian　Feng Zhijun

Abstract　Based on the Global Malmquist-Luenberger index, this paper measures the green innovation productivity of 27 manufacturing industries from 2009 to 2015 in China. The results show that: The green innovation productivity of China's manufacturing industry grew at an average annual rate of 4.40% from 2009 to 2015, and the source of this growth is the annual rate of technology progress of 8.55%. Considering the industry heterogeneity of green innovation productivity, pollution-intensive manufacturing is significantly lower than relatively clean manufacturing, but they are have the same driving mechanism; patent-intensive manufacturing and non-patent-intensive manufacturing are equivalent in green innovation productivity, but the driving mechanism of green innovation productivity of the former is obviously better than the latter.

Key words Manufacturing Industry Green Innovation Productivity GML Index Industry Heterogeneity

我国三大产业变迁中的"结构红利"分析

方　坤

内容提要　在过去数十年中,我国的经济发展过程有两个显著特征:农业就业人口向工业和服务业转移,以及工业部门始终保持领先的产值份额。本文基于省级数据,采用转换份额分析的方法,梳理了我国各省的产业结构动态特征,并检验了上述两个特征对平均劳动生产率的作用。结果表明,这些结构特征确实提高了平均劳动生产率从而加速了经济增长,这正是我国产业结构动态中的两种"结构红利"。未来的发展中,我国仍将享受到就业转移的红利,但第二种红利正在消失。

关键词　产业结构　结构红利　劳动生产率　转换份额分析　经济增长
中图分类号　F124

一、导　论

世界上大部分国家,都在其发展过程中经历了一个显著的结构变化,即伴随着实际收入的增长,不论是就业结构还是增加值结构,农业部门份额占比不断减少,工业部门份额先上升后下降呈现倒 U 型,而服务业部门份额持续上升。从世界范围的典型数据均显示,三部门中劳动生产率最低的是农业,最高的是工业。所以,当一个经济体解决了温饱问题并初步实现了工业化的原始积累之后,劳动力从农业转向工业和服务业,受益于结构变化,社会平均的劳动生产率将大幅上升,并高于三部门内部的生产率增速均值,这就是"结构红利"。但是,当生产率继续发展,收入不断提高,由于人们对不同产品的收入弹性的差异导致对食品和工业品的需求相对下降,对服务的需求相对上升。在不断进步的生产率水平和不断降低的相对需求的共同作用下,工业部门就业越来越少,相反,服务部门的就业占比不断提高,此时,结构变化将不利于社会劳动生产率的增长,这被称为"结构负担"或"鲍莫尔成本病"(该问题最早由美国学者威廉·鲍莫尔于 1967 年提出)。

从历史上看,几乎每一个发达国家都经历了从农业社会到工业化,再到服务化的转变,以及相应的增长速度放缓。但实际上,达到什么样的收入水平才

收稿日期:2019—04—15
作者简介:方坤(1983—),湖南财政经济学院讲师,主要研究方向为政治经济学。

会出现“结构红利”到“结构负担”的逆转，并无定论，取决于包括国家规模、科技水平、人力资源、经济政策和分配制度等在内的诸多方面。Rodrik(2016)的研究发现，除了东亚少数国家外，很多发展中国家特别是拉美诸国，工业化的“倒U型”拐点出现时的收入水平越来越低，即它们的工业化(以增加值或就业度量)峰值出现，不仅比发达国家历史上去工业化要早，也比同为发展中国家的东亚国家要早，这种过早的服务化降低了它们的经济增长速度。结果，这些出现“未成熟的去工业化”现象的国家在收入水平还不高时经济增速就放缓了，也就是说，这些国家过早地转向服务化，从而落入了“中等收入陷阱”。

回到我国的具体情况，在改革开放之后，我国经历了三十多年平均高达9%的快速发展，人均收入已经进入中高收入国家行列，这也引发了关于我国经济高速增长是否可持续的讨论。高增长能否延续，取决于我国经济发展的潜力，其中一个重要方面就是我国的经济结构红利是否仍然存在。近年来，我国学者对结构变化的红利问题展开了研究。比如，刘伟和张辉(2008)分析了我国1978—2006年的数据，发现产业结构变化对生产率的贡献一度高达50%以上，但1998年以后下降明显。干春晖和郑若谷(2009)分析了我国1978—2007年间的产业结构演化，发现劳动力在三部门之间的转移虽然不如部门内部生产率增长效应大，但依然促进了生产率的增长，证实了“结构红利”的存在。苏振东等(2012)利用1993—2008年的数据，肯定了产业结构中存在“结构红利”现象。李翔等(2016)则认为我国第三产业份额上升先是产生了“结构红利”，在2012年后又变为“成本病”拖累了经济增长。总的来说，在全国层面，学者们普遍认为三大产业的结构变化的“结构红利”是存在的，至少在早期是存在的，但在现阶段，“结构红利”有逐渐减少甚至转为“结构负担”的迹象。

然而，现有文献中对“结构红利”的研究至少在以下两点上值得进一步完善和改进。首先，大部分文献侧重于全国层面数据，较少研究省级结构变化，但我国幅员辽阔且地区间发展不够均衡，采用地区数据有利于我们更清楚地分析地区间的“结构红利”；其次，很多文献提到了农业向工业和服务业转移的红利，但在考察了三大产业的生产效率差异之后，我们发现实际上工业占比在长时间内保持优势也是一种红利，近年来的增长减速与这一种红利的减弱高度相关。本文的内容按如下顺序展开，首先介绍了我国各地区经济结构以及生产率变化的典型事实，再采用“转换份额分析”(Shift-Share Analysis)的方法，分解了我国1993年以来各省的劳动生产率，并将其与产业结构的变化联系起来，然后运用计量模型验证了我国经济发展中的两种“结构红利”的作用，最后做出总结和展望。

二、产业结构和劳动生产率的变化趋势

(一)经济增长与平均劳动生产率的关系

本文讨论的经济增长是用人均 GDP 来度量的。本文讨论的劳动生产率是指平均而言一位劳动者在一年内的产出，具体而言，在分析一个国家或地区的劳动生产率时，就是 GDP 除以就业总人数(在分析行业时，就是该行业增加值除以从业人数)。人均 GDP 和平均劳动生产率这两个指标可以通过如下公式联系起来：

$$\text{人均 GDP}=\frac{Y}{N}=\frac{Y}{L}\frac{L}{L_0}\frac{L_0}{N_1}\frac{N_1}{N}$$

在上式中，Y 为 GDP 总量，N 为总人口，N_1 为劳动适龄人口，L_0 为参与劳动市场的人数(包括就业与失业的总数)，L 为就业总人数。这样，人均 GDP 就可以用劳动生产率(Y/L)、就业率(L/L_0)、劳动参与率(L_0/N_1)以及人口的年龄结构(N_1/N)等指标得到。同样，人均 GDP 的增长率也可以由上述指标的增长率求和得到。本文的研究重点在于劳动生产率及其变化规律，不会涉及对就业率、劳动参与率和人口年龄结构的分析。实际上在本文的考察期间，我国实际人均 GDP 增速与实际劳动生产率增速非常接近(见图 1)，所以聚焦在劳动生产率来研究经济发展是有实际和理论基础的。后文将看到，这样处理会带来分析上的便利性。

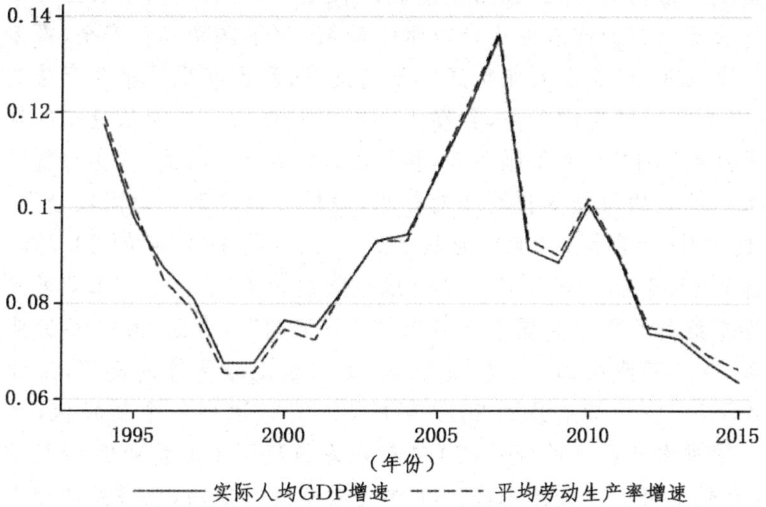

图 1　人均 GDP 与劳动生产率增速比较

资料来源：《中国统计年鉴(1990—2017)》，经作者计算得到。

(二)我国的产业结构变化趋势

一般来说,产业结构可以用三大产业的增加值比重和就业比重两个指标来定义,图2展示了1993年以来我国产业结构变化的趋势,散点表示增加值结构,虚线表示就业结构。

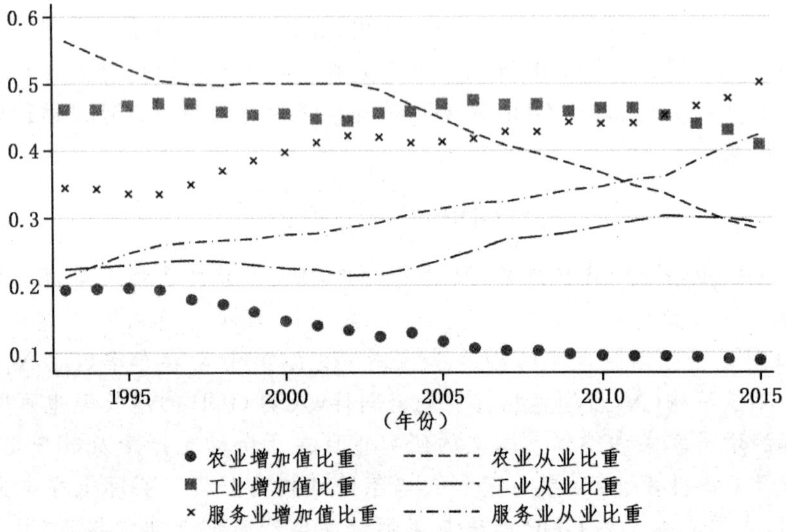

图2 增加值与就业份额的变化趋势——全国数据

资料来源:国家统计局网站。

先看就业结构的变化,我国是传统的农业大国,长期以来农业都是我国的第一大就业部门。我国农业生产率水平较低,为了保障粮食安全,需要大量的劳动者从事农业,但随着农业生产率不断提高,我国实现了粮食产量的持续丰收,同时农业就业的持续下降,劳动力不断得到释放。农业从最初的第一大就业部门下降到2011年低于服务业,再到2014年低于制造业,变为就业最少的部门。工业就业的份额变化则相对较小,我们可以分两个时间段分别考察:从1993年到2003年期间,工业就业从22.7%上升到1997年的23.7%,但之后持续下降到21.6%,相当于是一个跨度很长的倒U型。这个工业就业持续下降的时期正好是我国大量国有企业员工"下岗潮"。直到2003年工业就业才逐步改善,这一年我国加入了世贸组织,受益于比较优势的发挥,工业就业从2003年的21.6%持续上升到2012年的30.3%,达到一个新峰值,之后才转为下降。根据发达国家的经验,2012年或许是我国工业就业倒U型曲线的峰值,之后大概率将持续缓慢下降。在本文考察的时期内,服务业的就业份额持续增长,从最初的21.2%位列三大产业之末,到2011年达到42.4%成为第一,且依然保持了上升趋势。

接下来看增加值结构的变化。农业虽然就业份额高，但农业的增加值份额始终是最低的，其占国民经济的比重已从 1993 年的 19.3%下降到 2015 年的 8.8%。由于工业的重资本高技术特征，在很长的一段时间里，工业部门用最少的就业份额，实现了最高的增加值份额。工业的增加值份额相对稳定，但与工业就业一样，也可以分成两个阶段来看：从 1993 年到 2003 年是第一个平缓的倒 U 型，峰值在 1997 年的 47.1%；第二个倒 U 型是从 2003 年到 2015 年，峰值在 2006 年的 47.5%，要早于就业的峰值点。从 1997 年开始，服务业增加值份额开始上升，这一趋势一直持续到 2002 年达到第一个峰值。之后，服务业增加值占比有所下降，但 2006 年之后再次上升，并在 2011 年超越工业成为我国国民经济中第一大部门。

我国各地区的发展水平差异很大，在考察全国数据之后，继续考察各地区的产业结构变化情况有助于我们认识和理解各地的发展差异。表 1 展示了地区结构变化数据。首先看就业，1993 年我国经济水平还比较落后，除了北京服务业吸收了最多的就业，上海、天津、辽宁是工业就业排第一，而其他所有地区，第一大就业部门都是农业。经过 22 年的发展，我国农业就业比重降低了一半，服务业就业大幅增加，工业就业也平均上升了 7 个百分点。截至 2015 年底：农业就业比重仍位列三大产业最高的只有豫、湘、桂、黔、滇、藏、宁、新共 8 个地区，即使是这些地区，农业就业占比也平均下降了 20 个百分点，而且从趋势看，这些地区农业份额也在迅速减少。工业就业比重在省份间表现分化，少部分地区工业就业下降，如京、沪等发达地区由于经济服务化导致工业下降，还有辽、吉、黑、晋、蒙、陕、宁、新等地区相比于 1993 年也已经出现了工业化下降现象，但除上述地区外其他二十多个地区的工业就业份额均上升，其中冀、苏、浙、粤 4 个省份的工业更是升为第一大就业部门。总体而言，从就业结构看，我国经济目前已进入“服务化”阶段，不仅全国范围内服务业就业早在 2011 年就超过工业排第一，表 1 列出的 29 个地区中有 17 个地区的服务业就业占比是三大产业第一。

再看增加值占比，1993 年，除西藏是农业比重最高、海南是服务业比重最高外，其他地区均是工业占比最高。总体趋势为：农业比重大降，工业比重小降，服务业比重上升。到 2015 年，已经没有哪个地区农业增加值比重最高了，工业比重最高的地区有冀、蒙、吉、皖、闽、赣、鲁、豫、鄂、湘、桂、黔、青、宁等 14 个地区，其余 15 个地区国民经济中第一大部门是服务业。但值得注意的是，这 15 个地区中，既有经济发展水平较高的京、津、沪、苏、浙、粤，也有经济中等水平的晋、辽、黑、琼、川、陕、新，甚至还有经济较为落后的滇、藏地区，这些欠发达地区的“服务化”反映了他们的工业部门缺少比较优势，难以与其他地区竞争，在接下来的内容中我们将讨论“服务化”对经济增长的潜在影响。

表 1 **各地区产业结构变化**①

	就业比重(%)						增加值比重(%)					
	农业		工业		服务业		农业		工业		服务业	
年份	1993	2015	1993	2015	1993	2015	1993	2015	1993	2015	1993	2015
全国	56.4	28.3	22.4	29.3	21.2	42.4	19.3	8.8	46.2	40.9	34.5	50.2
北京	10.4	4.2	44.5	16.9	45.1	78.8	6.0	0.6	47.3	19.7	46.7	79.7
天津	17.7	7.4	48.7	35.7	33.6	56.9	6.6	1.3	57.2	46.6	36.2	52.2
河北	58.6	32.9	24.6	34.1	16.9	32.9	17.8	11.5	50.1	48.3	32.0	40.2
山西	46.4	35.6	30.9	26.3	22.8	38.1	14.3	6.1	49.2	40.7	36.5	53.2
内蒙古	53.1	39.1	21.9	17.1	25.0	43.8	27.9	9.1	37.8	50.5	34.3	40.5
辽宁	31.9	28.6	41.2	26.4	26.8	45.0	13.0	8.3	51.7	45.5	35.3	46.2
吉林	46.3	35.5	28.5	23.2	25.3	41.4	21.7	11.4	48.9	49.8	29.4	38.8
黑龙江	38.2	37.6	35.7	20.0	26.2	42.5	16.6	17.5	54.2	31.8	29.2	50.7
上海	9.6	3.4	58.0	33.8	32.4	62.9	2.5	0.4	59.4	31.8	38.1	67.8
江苏	51.3	18.4	30.5	43.0	18.1	38.6	16.4	5.7	53.3	45.7	30.3	48.6
浙江	47.7	13.2	33.9	48.3	18.4	38.5	16.4	4.3	51.1	46.0	32.5	49.8
安徽	62.2	32.2	16.7	28.4	21.1	39.5	27.6	11.2	42.9	49.7	29.5	39.1
福建	53.5	22.3	23.2	37.1	23.3	40.6	22.8	8.2	40.9	50.3	36.3	41.6
江西	57.0	30.0	24.3	32.5	18.7	37.5	31.2	10.6	39.1	50.3	29.7	39.1
山东	61.4	29.6	24.4	33.8	14.1	36.6	21.5	7.9	48.9	46.8	29.5	45.3
河南	66.1	39.0	18.4	30.8	15.5	30.2	24.7	11.4	46.0	48.4	29.2	40.2
湖北	57.6	38.4	21.7	22.8	20.7	38.8	26.1	11.2	40.5	45.7	33.3	43.1
湖南	64.0	40.7	20.3	23.5	15.7	35.8	30.8	11.5	37.8	44.3	31.4	44.1
广东	43.7	22.1	29.4	41.0	26.9	36.9	16.1	4.6	49.1	44.8	34.8	50.6
广西	70.1	50.6	11.1	18.2	18.8	31.2	28.7	15.3	36.8	45.9	34.5	38.8
海南	62.7	41.4	11.5	12.6	25.8	46.1	29.5	23.1	25.4	23.7	45.1	53.3
四川	68.2	30.8	15.6	27.7	16.2	41.4	30.2	7.3	39.1	45.0	30.7	47.7
贵州	77.2	38.6	9.6	26.6	13.2	34.8	31.9	12.2	37.1	44.1	30.9	43.7
云南	78.7	59.7	9.8	16.2	11.4	24.1	24.4	15.6	41.6	39.5	34.0	44.9
西藏	78.5	53.6	4.8	13.0	16.7	33.4	48.9	15.1	14.7	39.8	36.4	45.1
陕西	62.1	41.2	19.6	13.2	18.3	45.5	21.9	9.6	43.9	36.7	34.3	53.8
青海	56.3	35.8	17.0	23.0	26.7	41.2	20.2	8.6	43.9	49.9	35.9	41.4
宁夏	61.1	44.1	19.2	18.2	19.7	37.6	19.9	8.2	43.7	47.4	36.4	44.5
新疆	59.1	44.1	18.8	15.2	22.2	40.8	25.6	16.7	41.4	38.6	33.0	44.7

资料来源:国家统计局网站。

---

① 甘肃缺就业数据,重庆 1998 年才设立直辖市,这两个地区未列入此表。

(三)我国的劳动生产率的变化趋势

产业结构指标是一个没有量纲的相对值概念,但劳动生产率的情况则不太一样,如果有通胀将不会直接影响产业结构指标,但会影响我们对真实的劳动生产率计算。为了让不同年份的劳动生产率进行比较,我们需要对数据进行预处理以控制通胀因素。国家统计局公布了以当年价格计算的地区生产总值和三部门增加值,以及以不变价格计算的地区生产总值指数和三部门增加值指数,利用这两组指标,我们就可以计算每个地区的GDP平减指数和三大产业各自的平减指数。我们采用的做法是将各省的所有名义变量都用本省的GDP平减指数来统一平减,这样做的好处是我们保留了三大产业的相对价格变化。比如,假设一个产业由于生产率增长很快,产品供过于求,导致产品价格下降,在我们的计算中,该产业劳动生产率会是产量上升和价格下降两大因素综合作用的结果,最终是上升还是下降则取决于哪个因素占主导。

1993年到2015年间,农业一直是劳动生产率最低的部门。结合图2的产业结构变化趋势,除了1998年到2002年间外,其他年份中农业就业份额持续稳定地下降,农民不断转为工人和服务业者,这是我国结构变化对经济增长的第一个结构性红利,即“现代化红利”。

在2012年之前,工业一直是我国国民经济第一大部门,特别是2003年入世后我国扭转了之前工业份额下降的趋势,又上升了10年左右。我们看到工业部门不仅劳动生产率始终是三部门中最高的,同时增速也是最快的。工业部门尤其是制造业在国民经济中占主导地位,是我国过去很长一段时间中结构变化的第二个结构性红利,即“工业化红利”。

数据显示,发达国家以及我国发达地区的经济结构都表现为高度服务化,所以很多学者用服务化指标(如服务业比重、服务业与工业之比等)来表示经济结构的高级化,但我们注意到,服务业生产率不仅水平值低于工业,增速也低于工业,在部分省份服务业平均增速甚至要低于农业,对于还处在发展阶段的我国经济,很难说服务业的上升就意味着经济结构变得高级了。近年来,我国经济的产业结构中服务业迅速上升,这一方面固然是我国人均收入已经到了中高收入阶段的结果,但也意味着我国经济发展的结构性红利即将消失。特别要注意到,服务业迅速上升的现象不仅出现在我国发达的地区,也出现在中等水平甚至落后地区(见表1和前一部分的分析)。这些地区会不会就像Rodrik(2016)中指出的那些出现了“未成熟的去工业化”国家和地区一样陷入发展陷阱,还值得我们进一步考察和研究。

需要说明的是,由于数据的可得性问题,我们没有这么长时期大范围的细分行业数据,本文的服务业笼统地涵盖了诸如批发零售、交通住宿、餐饮和居民等传统的服务业,以及像金融、房地产和科学研究等更高附加值的服务业。

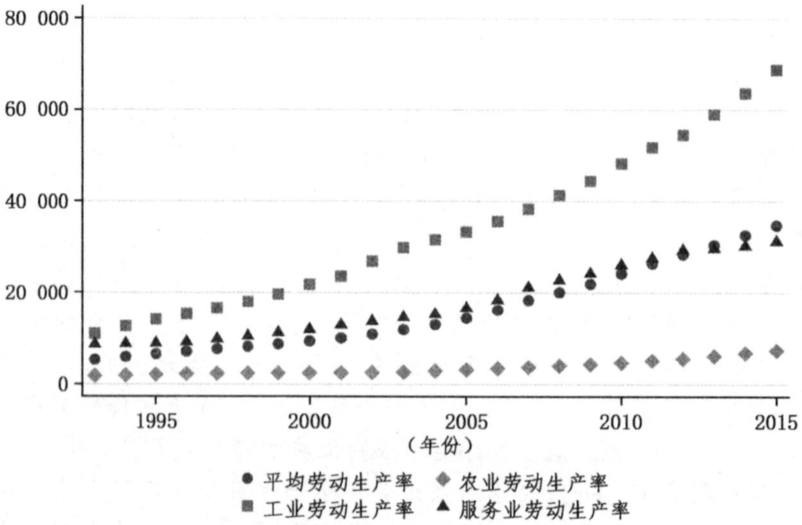

图 3 劳动生产率变化趋势——全国数据

资料来源:《中国统计年鉴》,经作者计算得到。

表 2 各地区劳动生产率的变化

	1993 年劳动生产率，当年价格计算				2015 年劳动生产率，以 1993 年价格计算				劳动生产率指数，1993 年为 1			
地区	平均	农业	工业	服务业	平均	农业	工业	服务业	平均	农业	工业	服务业
全国	5 340	1 828	11 008	8 693	34 747	7 354	68 784	31 289	6.51	4.02	6.25	3.60
北京	14 116	8 163	15 016	14 596	66 867	11 257	148 930	51 812	4.74	1.38	9.92	3.55
天津	10 712	3 978	12 577	11 554	97 805	13 675	192 539	56 467	9.13	3.44	15.31	4.89
河北	5 332	1 624	10 889	10 106	39 331	6 650	72 790	42 734	7.38	4.09	6.68	4.23
山西	4 918	1 516	7 846	7 882	33 013	2 942	72 528	36 452	6.71	1.94	9.24	4.62
内蒙古	5 334	2 801	9 231	7 305	60 251	8 216	229 059	48 880	11.29	2.93	24.81	6.69
辽宁	10 024	4 073	12 561	13 201	70 978	12 411	167 096	57 390	7.08	3.05	13.30	4.35
吉林	5 806	2 726	9 958	6 764	48 341	10 512	135 327	38 103	8.33	3.86	13.59	5.63
上海	19 341	5 029	19 814	22 719	106 808	7 895	150 511	88 980	5.52	1.57	7.60	3.92
江苏	6 909	2 202	12 057	11 566	78 739	14 250	121 588	65 737	11.40	6.47	10.08	5.68
浙江	7 362	2 531	11 094	13 021	58 148	13 530	69 518	57 713	7.90	5.35	6.27	4.43
安徽	3 286	1 458	8 419	4 596	26 060	5 485	61 280	22 528	7.93	3.76	7.28	4.90
福建	7 276	3 104	12 830	11 329	49 926	11 523	92 029	39 727	6.86	3.71	7.17	3.51
江西	3 798	2 077	6 107	6 051	26 606	8 082	54 702	20 463	7.01	3.89	8.96	3.38
山东	6 326	2 218	12 665	13 215	49 697	8 364	94 944	43 677	7.86	3.77	7.50	3.31
河南	3 773	1 410	9 458	7 119	26 301	5 279	59 259	24 867	6.97	3.74	6.27	3.49
湖北	4 199	1 904	7 853	6 754	38 088	6 565	104 698	35 826	9.07	3.45	13.33	5.30

续表

	1993年劳动生产率，当年价格计算				2015年劳动生产率，以1993年价格计算				劳动生产率指数，1993年为1			
地区	平均	农业	工业	服务业	平均	农业	工业	服务业	平均	农业	工业	服务业
湖南	3 720	1 792	6 920	7 438	31 036	6 099	82 721	31 361	8.34	3.40	11.95	4.22
广东	10 103	3 723	16 880	13 061	64 945	9 204	103 662	59 728	6.43	2.47	6.14	4.57
广西	3 832	1 569	12 692	7 021	30 767	6 194	106 142	32 747	8.03	3.95	8.36	4.66
海南	7 812	3 678	17 168	13 666	36 645	18 062	98 949	38 764	4.69	4.91	5.76	2.84
四川	3 261	1 446	8 175	6 177	31 478	6 393	77 219	30 016	9.65	4.42	9.45	4.86
贵州	2 348	971	9 066	5 523	19 914	2 857	65 440	36 436	8.48	2.94	7.22	6.60
云南	3 781	1 174	15 991	11 234	23 047	3 589	95 330	29 890	6.10	3.06	5.96	2.66
西藏	3 331	2 076	10 148	7 250	21 378	4 367	68 233	24 094	6.42	2.10	6.72	3.32
青海	4 330	1 557	11 175	5 816	32 710	4 294	99 735	27 516	7.56	2.76	8.92	4.73
宁夏	4 555	1 486	10 356	8 432	26 064	4 099	99 507	22 266	5.72	2.76	9.61	2.64
新疆	7 550	3 273	16 671	11 229	32 649	9 096	97 770	35 672	4.32	2.78	5.86	3.18

资料来源：国家统计局，部分数据经作者计算得到。

三、产业结构红利的分析

（一）初步分析：“结构红利”是否存在？

在考察了我国产业结构和劳动生产率变化的典型事实之后，我们将定量分析经济结构变化对经济增长的作用，首先需要构造一个度量经济结构变化的指标。现有的构造法，如干春晖、郑若谷和余典范（2011）等文章中提出了产业结构合理化与高级化指标，其中合理化度量的是各行业劳动生产率的差异度，即各行业差异越小则合理化程度越高，但是不同行业的劳动生产率的差异既受技术水平和人力资本的影响，也受行业人均资本的影响，与工资并不等同，所以即使在均衡状态下，行业间劳动生产率也不一定相等；在主流文献中，高级化基本上是指服务化，但通过上一部分内容中的分析我们并不认为现阶段在我国服务化可以等同于高级化。综上考虑，本文采用的结构变化指标并不度量结构变化的方向和趋势，只表征结构变化的绝对量。参考Vu（2017），本文定义结构变化：

$$SC_t = \sum_{i=a,m,s} | s_{i,t} - s_{i,t-1} |$$

其中，$s_{i,t}$ 代表某一地区 t 时期 i 产业的就业比重。本文的实证分析是考察经济结构变化对经济增长的影响，根据Vu（2017）的总结，只要控制了前一期经济增速以及当前经济发展水平等因素，简单模型就可以得到我们感兴趣的变量的因果关系。具体而言，本文使用如下的动态面板回归模型：

$$g_{i,t} = \beta_0 + \beta_1 g_{i,t-1} + \beta_2 y_{i,t-1} + \beta_3 SC_{i,t} + \mu_i + \varepsilon_{i,t}$$

其中,$g_{i,t}$ 是人均 GDP 的增长率,$y_{i,t-1}$ 是人均 GDP 的对数值,代表经济发展水平,$SC_{i,t}$ 是当期结构变化指数。分别运用系统 GMM 和差分 GMM 对模型进行回归,结果显示我国各地区的结构变化显著地促进了经济的增长,存在"结构红利",具体回归结果见表 3。

表 3 **结构变化的增长效应①**

	(1)	(2)
	SysGMM	DiffGMM
上一期增长率	0.767 9***	0.701 0***
	(80.25)	(24.63)
结构变化	8.064 6***	6.709 4***
	(4.78)	(2.58)
人均 GDP	−0.034 1**	−0.010 3
	(−1.98)	(−0.14)
常数项	2.444 3***	3.032 9***
	(10.76)	(3.78)
N	669	637
个体异质性	控制	控制
Sargan 检验 P 值	1	1

(二)转换份额分析

现在我们已经知道,在过去 20 年,总体而言我国"结构红利"是存在的。接下来,我们进一步回答两个问题:结构红利到底有多大?具体是通过何种渠道促进经济增长的?这就涉及经济增长。根据前文分析,我们暂时不引入人口结构和就业率等问题,经济增长的分解就变为劳动生产率的分解问题。而对于劳动生产率分解,"转换份额分析"(Shift-Share Analysis)是被广泛采用的方法。现有的研究中,刘伟和张辉(2008)用该方法计算了 1978—2006 年全国的产业结构变化对劳动生产率增长的贡献,吕铁(2002)则应用该方法分解了 1980—1997 年间各地区制造业劳动生产率增长的影响因素。

$$LP=\frac{Y}{L}=\frac{\sum_i L_i \cdot LP_i}{L}=\sum_i s_i \cdot LP_i$$

其中 LP 表示当前社会平均劳动生产率,s_i 和 LP_i 分别表示行业 i 的就

① 注:括号里为 t 统计量;显著性水平 * $p<0.1$,** $p<0.05$,*** $p<0.01$。

业份额与劳动生产率。进一步,我们可以计算社会平均劳动生产率的变化率:

$$
\begin{aligned}
g_t^{LP} &= \frac{\Delta LP_t}{LP_{t-1}} = \frac{LP_t - LP_{t-1}}{LP_{t-1}} \\
&= \frac{\sum_i (s_{i,t-1} + \Delta s_{i,t}) \cdot (LP_{i,t-1} + \Delta LP_{i,t}) - \sum_i s_{i,t-1} \cdot LP_{i,t-1}}{LP_{t-1}} \\
&= \frac{\sum_i \{\Delta s_{i,t} \cdot LP_{i,t-1} + s_{i,t-1} \cdot \Delta LP_{i,t} + \Delta s_{i,t} \cdot \Delta LP_{i,t}\}}{LP_{t-1}}
\end{aligned}
$$

这样,社会平均劳动生产率的变化就可以用各部门就业份额和劳动生产率的滞后项与差分项来表示。特别地,我们可以看到平均劳动生产率变化可以分成 3 种效应:$\Delta s_{i,t} \cdot LP_{i,t-1}$ 代表着重新配置的直接效应;$s_{i,t-1} \cdot \Delta LP_{i,t}$ 代表着劳动生产率变化的直接效应;$\Delta s_{i,t} \cdot \Delta LP_{i,t}$ 代表着两种作用的交互作用。(刘伟、张辉,2008)称第一项为静态结构变迁效应,称第二项为生产率增长效应,称第三项为动态结构变迁效应,下文沿用他们的命名方式。

值得注意的是,部门劳动生产率的增长,至少有三种可能的来源:技术进步、人均物质资本积累、相对需求扩张。技术进步(包括人力资本积累)显然是劳动生产率增长的重要推动力;资本积累提高了人均的资本存量,即使全要素生产率不变时,也能提高劳动生产率;即使扣除通胀因素,部门的相对需求扩张也将会提高该部门的相对价格(相对其他商品,或一揽子商品),进而提高劳动生产率。本文的研究不涉及部门劳动生产率增长源泉的讨论,研究的重点在于部门的结构变化如何适应部门间差异性生产率增长,以实现经济总体的增长。

图 4 中展示了全国层面的劳动生产率增长分解。从中我们可以看到,劳动生产率进步主要的来源是生产率增长效应,而静态结构变迁效应相对较小,动态结构变迁更小,可以忽略。

从时间上看,有几个关键的时间节点值得注意。20 世纪 90 年代前期,结构变化的效应比较大,1997 年之后该效应走低,1998 年之后结构变化拖累了经济增长。这一现象持续数年,在时间上与 1997 年东南亚金融风波后我国大规模的国企改革和“下岗”现象是一致的。结合产业结构数据,这一时间段中我国的农业就业份额保持稳定,工业就业份额稳中有降。2003 年之后,我国工业份额再次走高,静态结构变化效应很快就上升到高位,并维持了数年。2008 年时,我国结构的配置效应短暂走低,但随后受益于积极的财政政策下大规模固定资产投资,配置效应又有所恢复。2015 年,结构变化的配置效应再次走低,劳动生产率的进步几乎完全依赖于部门劳动生产率的进步。

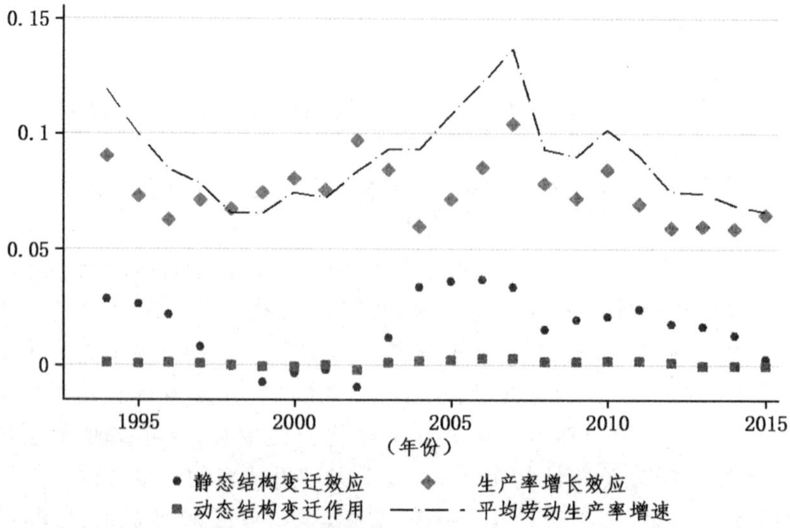

图 4　生产率进步的分解——全国

从空间上看，我国地区间结构变化效应在各地区也有很大差别。图 5 展示了 1993 年到 2015 年期间，各个地区三种效应的历年均值，其中省份的排序是以静态结构变化效应从小到大的顺序从上到下排列。总体而言，生产率增

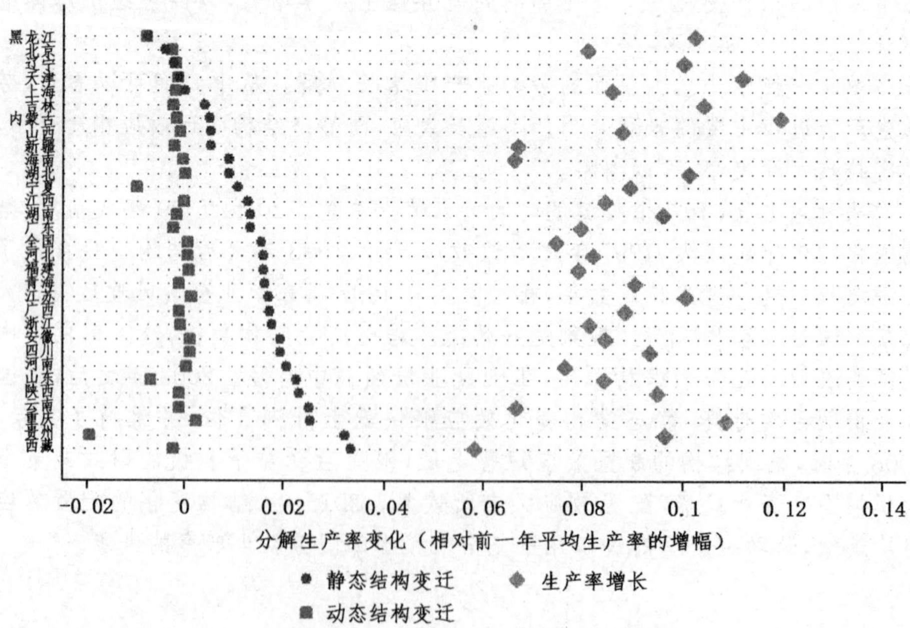

图 5　各地区历年劳动生产率变化的分解

长效应要远大于结构变化效应，再次说明我国劳动生产率进步的主要源泉还是行业内优化提升。但结构变化效应在各省分化很大。结构变化效应较小的地区是京、津、沪这些发达地区，以及黑、辽、吉、蒙、晋这些原本工业化较高但发展较慢的地区。而结构变化最大的地区是贵、藏这两个原本农业比重特别大的地区。很自然地，我们要进一步验证初期发展水平与结构变化和效率提升这两个效应的关系。

(三)假设检验第一种红利：农业就业越高意味着未来结构红利越大

我们将静态结构变迁效应简称为 SSC，生产率增长效应为 LPG，即：

$$SSC_t=\frac{\sum_i\{\Delta s_{i,t}\cdot LP_{i,t-1}\}}{LP_{t-1}},LPG_t=\frac{\sum_i\{s_{i,t-1}\cdot \Delta LP_{i,t}\}}{LP_{t-1}}$$

在此基础上，再将各个省的两种效应从 1993 年到 2015 年累积计算，定义累积的静态结构变迁效应：

$$A\_SSC_t=\begin{cases}1, & t=1993\\(1+SSC_t)A\_SSC_{t-1}, & t>1993\end{cases}$$

同样，定义累积的生产率进步效应：

$$A\_LPG_t=\begin{cases}1, & t=1993\\(1+LPG_t)A\_LPG_{t-1}, & t>1993\end{cases}$$

图 6(a)中展示了A_SSC_{2015} 与初期(1993 年)农业就业份额的关系。很显著地，初期农业份额越低的地区，期间结构变化的效应越大。相似地，图 6(b)是累积的生产率变化效应与初期农业份额的关系，生产率效应与初期农业份额是负相关的。对此，我们进一步做了回归检验，展示在表 4 中，回归结果说明，初期农业份额对结构变迁的效应是非常显著地大于零，回归模型的R^2 也很大，但生产率效应则不显著，R^2 也较小，这些结果说明一个地区一段时间的劳动生产率增长中，结构变迁因素的贡献很大程度上取决于其在初期的农业就业份额，当其农业就业份额较大时，该地区有潜力享受结构变化的红利，但当该地区农业就业份额较小时，其未来获得结构红利的潜力就很小了。

目前，我国尚有 28.3%的农业就业人口，远高于欧美发达国家的水平，这意味着我国仍有相当的潜力享受结构红利。我们做了一个测算，假设结构变化不改变工业和服务业的劳动生产率，如果未来从事农业的人口缩减至总就业的 3%：在最理想状况下，其他 25.3%的就业人口全部均转为工人，我国平均劳动生产率将比现在高 43%；如果全部转为服务业，则平均劳动生产率将提高 17%。随着我国农业人口的不断减少，这一红利将逐步释放，特别是那些农业就业较高的地区将会继续受益。

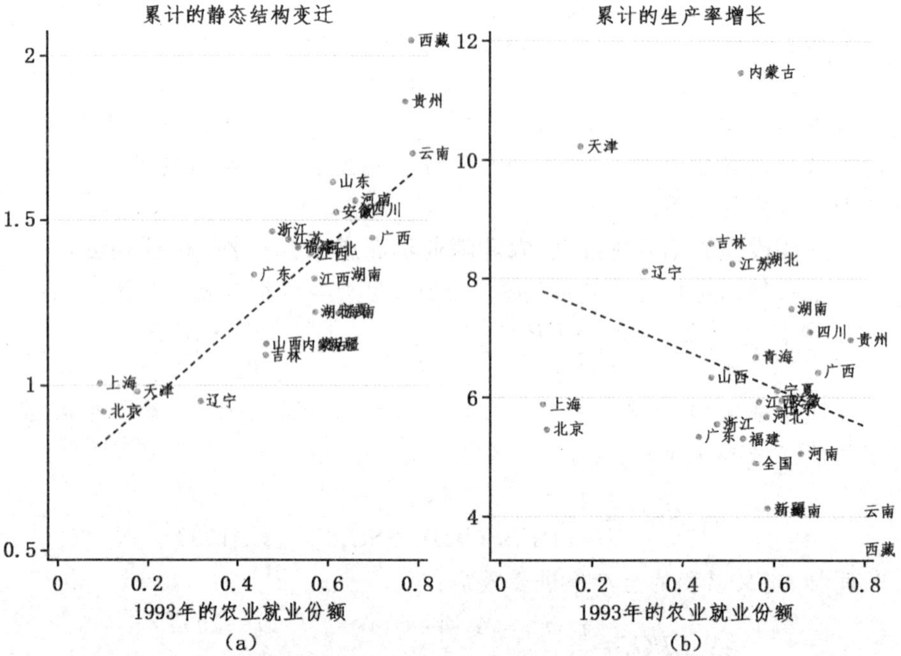

图 6　初期农业就业份额 VS. 累积的结构变迁效应和增长效应

表 4　累积的结构变迁效应和增长效应对①

初期农业份额回归结果

	(1)	(2)
	A_SSC_{2015}	A_LP_{2015}
1993 年农业份额	1.189 4***	−3.173 5
	(6.59)	(−1.66)
常数项	0.709 8***	8.082 5***
	(6.95)	(7.47)
样本数	28	28
调整的 R^2	0.611 3	0.061 2

(四)假设检验第二种红利:工业份额越高意味着经济增速就越快

农业就业较高的地区,未来有潜力享受结构变化的红利,那些工业部门较为发达的地区是否就意味着经济一定会减速呢?本文的研究认为并不一定如此,因为这些地区也有它们的结构红利,即工业份额越高增速就越快。同样

① 注:括号里为 t 统计量;显著性水平 $^{*}p<0.1$,$^{**}p<0.05$,$^{***}p<0.01$。

地，我们对此展开了实证分析，建立了如下的回归方程：

$$g_{i,t}=\beta_0+\beta_1 g_{i,t-1}+\beta_2 y_{i,t}+\beta_3 share\_agr_{i,t}+\beta_4 share\_ind_{i,t}+e_t+\mu_i+\varepsilon_{i,t}$$

其中，$share\_agr_{i,t}$ 和 $share\_ind_{i,t}$ 分别是农业和工业部门的增加值占比，我们需要控制了增长率的滞后项以及当期收入水平，同时我们还控制了地区和时间效应。作为对照，我们用服务业增加值份额替代上式中的工业份额，做了同样的回归，回归结果见表 5 中。

表 5　　经济增速对工业(服务业)份额回归的结果①

	(1)	(2)
	工业份额	服务业份额
上一期增速	0.585 1***	0.5851***
	(21.01)	(21.01)
人均 GDP	−3.42e−5***	−3.42e−5***
	(−4.00)	(−4.00)
农业增加值份额	6.261**	1.742
	(2.25)	(0.76)
工业增加值份额	4.519**	
	(2.48)	
服务业增加值份额		−4.520***
		(−2.48)
常数项	2.319***	6.839***
	(1.168)	(6.99)
年份虚拟变量	是	是
个体异质性	是	是
回归方法	FE	FE
样本数	669	669
R^2	0.753 2	0.753 2

回归结果显示，在控制了上一期增速、收入水平、年份和个体异质性等因素时，工业增加值份额越高的地区，越有可能享受到高增长。相反，服务业越高的地区，则经济的平均增速会更低，面临“结构性减速”，这与袁富华(2012)的结论一致。

① 注：括号里为 t 统计量；显著性水平 * $p<0.1$，** $p<0.05$，*** $p<0.01$。

在我们考察的样本区间里，我国工业部门保持了20年的份额优势，为我国的经济快速增长做出了重要贡献。然而由于我国经济体量越来越大，在世界市场上的份额也在变大，传统的外部市场趋于饱和；我国人均收入也越来越高，对制造业产品的收入弹性或许也达到拐点，更多的收入将被用于服务和高端工业品消费。尽管工业的技术和生产能力仍在进步，但数量提升和成本降低为特点的水平技术进步本身就直接导致了工业品价格走低，只有以新产品和高端产品为特点的垂直型技术进步才会吸引新需求、开拓新市场。

所以，如果我们要放缓经济增速下降的趋势，我们可以通过放缓工业部门份额下降的趋势来实现，从我国目前的经济环境和国家政策来看，我们是有望做到这一点的：一是由我国提出并得到广泛呼应的“一带一路”倡议，在这一倡议下，广大发展中地区将迎来大规模基础设施建设和经济发展，这有利于我国工业部门开拓新市场；二是我国已经实施了制造强国战略，并公布了《中国制造2025》行动纲领，受益于我国良好的工业体系和互联网基础，我国有很大机会在即将到来的工业4.0时代跟上世界技术前沿甚至占得先机。展望未来，虽然工业红利不可避免地会要减弱，但我们可以放缓它减弱的速度，继续发展。

四、结　论

本文试图从“结构红利”的视角来理解中国经济高速增长和近年来放缓。首先整理了劳动生产率和经济结构变化的典型事实；其次运用转换份额分析的方法分解了劳动生产率变化。研究发现：(1) 1993年以来，我国经济结构的变化促进了我国经济的发展，“结构红利”确实存在。(2)结构变化红利虽然总体显著，但存在地区间差异，一般来说，取决于初期的农业就业份额，初期农业份额越高，结构变化的潜力越大，随着我国农业就业份额的不断下降，未来的结构红利依然存在但也将逐步减少，但中西部地区仍将享受这一红利。(3)我们在控制了收入的情况下，工业份额越高意味着经济增速越快；反之，服务业份额越高则经济增速越慢。从2012年服务业增加值份额超过工业之后，我国经济出现了增速下行的情况，这是经济发展的正常规律。我国目前施行的相关政策有助于我们放缓工业份额下降的趋势，实现换挡降速发展。

参考文献

[1]Baumol, W. J., 1967. Macroeconomics of Unbalanced Growth: The Anatomy of Urban Crisis. *The American Economic Review*, Volume 57, pp. 415－426.

[2]Rodrik, D., 2016. Premature deindustrialization. *Journal of Economic Growth*, 21(1), pp. 1－33.

[3]Vu,K. M.,2017,Structural change and economic growth:Empirical evidence and policy insights from Asian economies. *Structural Change and Economic Dynamics*,Volume 41,pp. 41,64—77.

[4]干春晖、郑若谷,2009,改革开放以来产业结构演进与生产率增长研究——对中国 1978—2007 年“结构红利假说”的检验,《中国工业经济》,第 2 期,第 55—65 页。

[5]干春晖、郑若谷、余典范,2011,中国产业结构变迁对经济增长和波动的影响,《经济研究》,第 5 期,第 4—16 页,第 31 页。

[6]李翔、刘刚、王蒙,2016,第三产业份额提升是结构红利还是成本病,《统计研究》,第 7 期,第 46—54 页。

[7]刘伟、张辉,2008,中国经济增长中的产业结构变迁和技术进步,《经济研究》,第 11 期,第 4—15 页。

[8]吕铁,2002,制造业结构变化对生产率增长的影响研究,《管理世界》,第 2 期,第 87—94 页。

[9]苏振东、金景仲、王小红,2012,中国产业结构演进中存在“结构红利”吗——基于动态偏离份额分析法的实证研究,《财经科学》,第 2 期,第 63—70 页。

[10]袁富华,2012,长期增长过程的“结构性加速”与“结构性减速”:一种解释,《经济研究》,第 3 期,第 127—140 页。

“Structure Bonuses” during the Structure Change of Three Main Industries in China

Fang Kun

Abstract　In the past few decades,China's economic development process has two distinct features:the transfer of agricultural employment to industry and services,and the industry sector to maintain a leading share of output. Based on provincial data,we adopt the shift-share method to figure out our country industrial structure dynamic characteristics of the provinces, and to verify the above two characteristics of average labor productivity. It is supported by our results those structure characteristics do accelerate the economic growth by way of raising the average labor productivity,which could be two “structure bonuses” during industrial structure dynamic in China. In the future,China will still enjoy the bonus of employment transfer,but the second bonus would be disappearing.

Key words　Industrial Structure　Structure Bonus　Labor Productivity　Shift-share Method　Economic Growth

利益共同体视阈下的中非经贸合作：成就、挑战与前景

柴巧燕 丁晓钦

内容提要 中非利益共同体是中非命运共同体的基石,进入 21 世纪以来,中非通过经贸合作促进了双方经济社会的共同发展,夯实了中非利益共同体的物质基础。中非经贸合作发展迅猛,成就斐然,影响巨大。本文充分肯定并回顾了中非经贸合作的巨大成就,指出了中非经贸合作中仍面临一些挑战,但总体来看,中非经贸合作的前景光明,经贸合作将成为中非共建利益共同体的持久引擎,对非投资将进一步推动非洲经济社会发展,中非共建利益共同体在国际上也会产生巨大的示范效应。

关键词 中非关系 利益共同体 经贸合作
中图分类号 F125

一、前 言

(一)经贸合作是中非利益共同体的物质基础

近年来,随着中国综合实力不断增强,在国际上迅速崛起,一些国家为保持对区域的控制和局部平衡,不断推出遏制中国的计划;与此同时,随着全球化的日益加深,任何国家在面对复杂的经济形势和问题时都不可能独善其身。为避免陷入霸权争斗和区域紧张局势,与各国谋求共同发展和持久繁荣,中国政府提出了“人类命运共同体”的概念。该概念打破了区域平衡的思路,超越了政治制度、意识形态和社会发展阶段,倡导“以命运共同体的新视角,寻求人类共同利益和共同价值的新内涵”①,谋求一种全球范围的发展平衡,被国际社会广泛认可和接受,成为中国向国际社会输出的一个公共产品。

随着世界经济增长的引擎逐渐转向发展中国家,中国经济在保持了 30 年

收稿日期:2019—03—25

作者简介:柴巧燕(1982—),上海财经大学马克思主义学院博士研究生,主要研究方向为社会主义经济理论与实践和当代马克思经济理论;丁晓钦(1977—),上海财经大学马克思主义学院教授、博士生导师,主要研究方向为社会主义经济理论与实践和国外马克思主义经济学。

基金项目:本文系国家社科基金一般项目“积累的社会结构理论视角下的当代资本主义新变化及历史走向研究”(16BKS081)的阶段性研究成果。

① 《中国的和平发展白皮书》,中华人民共和国国务院新闻办公室,http://www.scio.gov.cn/zfbps/ndhf/2011/document/1000032/1000032_1.htm,2011—09—06。

的高增长率之后,逐渐开始进行结构化转型调整,非洲则接过中国的接力棒,成为世界经济新的增长极,从"绝望的大陆"一跃成为"希望的大陆",经济进入了持续 10 年的平稳快速增长期。国与国之间的关系往往以国家利益为主导。借助 20 世纪 50 年代发展起来的中非传统友好政策、90 年代以来的中非能源合作和 21 世纪以来的中非合作论坛等规划发展合作,中国在与非洲的交往中把握了战略主动和先机,中非经贸合作发展迅猛,从 2009 年开始,中国成为非洲第一大贸易伙伴国、最大的基础建筑承包商,非洲则成为中国重要的进口来源地、第二大海外工程市场和第四大投资目的地①,中非之间正形成一种新型的合作共赢、协同发展的紧密关系。

2014 年李克强总理访问非洲时,明确提出中非是责任、利益、命运三位一体的共同体,这表明中非双方的合作基于共同利益,是合作共赢的;为了实现共赢,必须承担对等的责任,最终实现建立中非命运共同体的理想。2015 年 11 月,习近平主席在北京同利比里亚总统会谈时将中非关系从"休戚与共的命运共同体"进一步延伸至"合作共赢的利益共同体"。2018 年 9 月 3 日,在中非合作论坛北京峰会的演讲中,习近平提出中非是"责任共担、合作共赢、幸福共享、文化共兴、安全共筑、和谐共生"的命运共同体。中非之间能够相互尊重、相互支持、合作发展,正是基于共同利益。利益共同体不仅包括经济利益,还应包括共同的安全、社会文化等方方面面的利益,经济利益是利益共同体中最重要的方面,是实现其他方面利益的保障,经贸合作则是实现经济利益的最主要也是最重要的途径。通过经贸合作发展,非洲能够享受中国经济发展红利的溢出效应,促进非洲经济社会的发展进步;中国也能借助非洲大陆的发展机遇,带动国内经济的发展转型。

(二)中非经贸合作是国内外学者研究的热点

进入 21 世纪以来,非洲大陆凭借其资源禀赋和人口红利,迅速成为希望的大陆、发展的热土和世界的"聚宝盆",其经济增长速度仅次于亚洲,成为世界经济增长中新的一极;2010 年,中国 GDP 超过日本,一跃成为全球第二大经济体。② 随着中非经贸往来更加紧密,中非在国际和地区事务中的合作不断拓展,加之西方对华战略的焦虑逐渐增加,中非关系已超越中非而涉及全球,引发国际社会的空前关注。伴随着中非经贸合作的迅猛发展,中非经贸合作取得了引人注目的成就,中间难免会出现一些小问题、小摩擦,西方借此不断给中国施压,"能源掠夺论""扩张论""新殖民主义"等论调不时出现,这些论调试图证明中非经贸合作只是出于中国单方面的利益,而不是基于中非双方的共同利益。那么,中非双方经贸往来究竟是不是中非在共建利益共同体呢?

---

① 作者按商务部、国家统计局相关材料整理。

② 《2010 年中国 GDP 超过日本成为世界第二大经济体》,人民网,http://politics.people.com.cn/GB/1026/13594169.html,2010-12-27。

国内学者普遍认为中非经贸往来是相互平等、不附加任何条件的(杨立华,2013;张宏明,2012;唐晓阳,2014)。中非选择合作是基于中非利益共同体范畴的(徐晏卓,2017),中非经贸合作的迅速发展,既推动了中国的全球化战略,也推动了非洲的经济发展,符合双方的共同利益,实现了互利共赢(舒运国,2008;张宏明,2012),并不是“新殖民主义”(周文,2017)。非洲自身因素和国际环境对中非经贸合作发展和非洲经济的可持续发展提出了挑战(刘鸿武,2016;张泽忠,2013;姚桂梅,2018;李安山,2018)。展望未来,中非经贸合作符合双方共同利益,具有广阔的前景,但还需双方在多方面共同努力(张小峰、刘鸿武,2010;江诗伦,2012;刘青建,2018)。

国外学者对中非经贸合作也有一些研究。一些学者对中非经贸合作持肯定的态度,认为中非经贸合作是基于共同利益的,对双方都有益(Marcus Power,Giles Mohan and Mar Tan Mullins,2012)。一些学者则认为中非经贸合作对双方的影响复杂,双方都面临着风险与挑战(Deborah Brautigam,2011;Moeletsi Mbeki,2013);短期内中非经贸合作符合非洲的利益,也能满足中国对能源的巨大需求,长期来看则不确定(Vincent Duclos,2011)。还有一些学者则批评了中非经贸合作,认为中非经贸合作将会损害非洲利益,打击非洲本土的制造业,使其无法实现工业本土化(Kenneth King,2015);中国在非洲的资源开发对当地环境造成了破坏(Ian Taylor,2015);中国在非洲的经济行为是一种“新外科手术殖民主义”(Albert Bergesen,2008),政客们更直接提出中国在非洲的行为是一种“新殖民主义”(Hillary Diane Rodham Clinton,2011;Lamido Sanusi,2013;Rex Tillerson,2018);中国在非洲的经济实践并不是基于共同利益,而是一种新的圈地运动(Dianna Games,2010)。

总之,国内外关于中非经贸合作的研究已有不少,这些研究大多没有超越政治成见、社会发展状态等。回顾中非经贸合作的历史、成就,不难发现,中非经贸合作极大促进了双方经济社会的发展;随着合作的深入,出现一些小摩擦是正常的,但中非经贸合作是满足双方共同利益诉求的双赢选择,前景光明。

(三)中非经贸合作的基础

中非具有相似的历史遭遇。中国和非洲都是古老的人类文明发源地,曾创造了辉煌灿烂的历史,为推动人类社会进步做出了巨大贡献。到了近代,中国和非洲的发展速度放缓,西方国家的资本主义迅速扩张,中非先后沦为半殖民地半封建,饱受压迫和剥削;到了20世纪,先后开展民族解放运动,实现了民族独立;接着,陆续进入了经济持续稳定高速增长时期,相继成为全球经济增长的发动机;目前,中非双方都把经济发展和实现现代化作为首要的目标。相似的历史遭遇,共同的发展诉求,使得中非双方成为天然的、值得信赖的伙伴和可以依靠的外部力量。

中非具有一贯的友好传统。从1956年中国对非洲第一笔援助开始,在双方政府的积极推动之下，中非合作已走过63个年头。从最初追求政治诉求，到如今在经贸、安全、人文等领域的全面合作，中非之间相互扶持、守望相助，结下了深厚的友谊，进入21世纪以来，中非合作已成为亚非复兴和“南南合作”的典范。从1949年到1979年，以《共同纲领》①、中国同非洲国家和阿拉伯国家发展关系的“五项原则”(周恩来，1953)和对亚非国家提供经济技术援助的“八项原则”(周恩来，1964)等为代表的一系列政策奠定了中非平等合作、互相支持的基调。中非在共同反抗殖民主义、帝国主义、争取民族独立自主的道路上相互支持。从1980年到1999年，以“四项原则”和“六项原则”(杨尚昆，1992)、“三点主张”(朱镕基，1995)、“四点建议”(朱镕基，1995)、“五点建议”(江泽民，1996)等中非友好政策为代表，中非合作走向深入，合作领域逐步扩大，中非合作促进了双方经济社会的共同发展。进入21世纪以来，借助逐渐成熟的中非多边合作论坛等运作机制，秉承“真实亲诚”“正确义利观”“中非命运共同体”等理念，中非友谊在“五大支柱”(习近平，2015)、“十大合作计划”(习近平，2015)、“八大行动”(习近平，2018)等具体行动中进一步深化，双方逐步成为互利共赢、共同发展、风雨同舟的“全面战略合作伙伴”。

中非有共同的发展诉求。2012年11月29日，习近平总书记在国家博物馆参观《复兴之路》陈列时指出，“中国梦”就是“实现中华民族伟大复兴”，“中国梦”要实现“国家富强、民族振兴、人民幸福、社会和谐”。非洲2015年在非洲联盟峰会上提出了《2063年议程》，这可以看作是“非洲梦”，其目的是实现经济增长、减贫和可持续发展。中国是世界上最大的发展中国家，非洲是发展中国家最多的大陆，对于发展中国家而言，发展是最大的政治，“中国梦”与“非洲梦”的本质都是发展中国家为实现经济社会发展、解决民生诉求而提出的振兴自强目标，是双方国家利益的最高体现。目前，中国提出了“一带一路”倡议，希望能够利用中国的产能和资金优势，通过共商、共享、共建，实现同沿线国家合作共赢；非洲国家领导人对此热烈响应，双方把“一带一路”倡议扩展为“一带一路一洲”，紧密的中非关系为对方带来了前所未有的发展机遇。

中非双方经济状况互补。非洲地域辽阔、自然资源丰富，但工业化程度不高，能源开采水平缺乏，非洲经济发展急需大量的基础设施建设；中国有巨大的能源需求，又有优质的基础设施建设产能，中国曾实施“以能源换基础设施”策略，该策略既为非洲提供了经济发展急需的公共基础建设，又解决了中国经济发展急需的能源缺口，实现了合作共赢。非洲有巨大的人口红利，这意味着大量的年轻劳动力和可观的消费市场，中国目前正在实施经济结构转型升级，大量劳动密集型产业急需转移，“世界上能承接这么大规模劳动密集型产业转

① 1949年9月29日，中国人民政治协商会议第一届全体会议通过《共同纲领》，纲领中明确申明“中华人民共和国可在平等和互利的基础上，与各国政府和人民恢复并发展通商贸易关系”(《新华月报》1949年创刊号，第8页)。

移的地方只有非洲”(林毅夫,2015)。目前,非洲正在实施城市化进程,这意味着巨大的投资市场、消费潜力和就业机会,中国近四十年经济快速增长积累了大量的资金、产业发展技术和经验,这正与非洲的需求相契合。

二、中非经贸合作成就显著

在长达62年的中非经贸合作中,特别是自2000年中非多边合作论坛机制成立以来,通过资源、市场、资金、技术、经验等方面的互补、互鉴、合作,中非经贸合作取得了巨大的成就,既支持了中国经济的高速增长,又促进了非洲经济的发展和民生的改善,构建了合作共赢的中非利益共同体,开拓了“南南合作”这一新的经济合作发展领域,为打造人类命运共同体做出了贡献、树立了典范。

(一)中非贸易发展迅猛

从总体上看,中国与非洲国家建交以来,中非之间的贸易规模不断扩大。1950年中非间的贸易额仅为0.121 4亿美元,1999年时达到64.84亿美元,50年间增长了533倍(梁明,2011)。进入21世纪以来,伴随着中国经济的高速发展和中非合作论坛的成立,中非经贸发展势头更是突飞猛进,从2000年的106亿美元,到2014年达到峰值2 218.8亿美元,从2009年开始,中国一直是非洲的第一大贸易伙伴国。[①] 2015、2016年,由于全球经济不景气,非洲一些对资源和矿产依赖度较强的国家受国际能源和矿产价格波动的影响较大,劳动密集型产品和机电产品等出口下降,中国对非出现了贸易逆差,但到了2017年情况有了明显好转,2018年升至2 042亿美元。图1展示了中国与非洲进出口贸易额变化趋势。

从增长速度来看,2000—2014年间,对非出口占中国出口总额的比重和从非进口占中国进口总额的比重平稳上升。2015、2016年受全球经济形势影响出现骤降,还有一个原因是受中国政府“走出去”和“大经贸”等战略影响,越来越多的中国企业走进非洲、投资非洲,所生产的商品替代了非洲的部分进口。虽然中非贸易绝对值有所下降,但是经济联系却更加紧密了。图2展示了中国与非洲进出口贸易走势及增速变化。

2000年以来,中非贸易额在中国国际贸易总额中的比重从2.1%逐渐上升至4.3%,根据中国海关统计,2018年中国对非贸易涨幅高达20%,创下2011年以来的最高纪录,超出我国同期国际贸易涨幅7个百分点;中国从非洲进口涨幅高达31%,超过同期外贸进口涨幅15个百分点。[②] 中非贸易对双

① 根据商务部西亚非洲司、中国海关历年统计数据整理。
② 根据商务部网站数据整理。

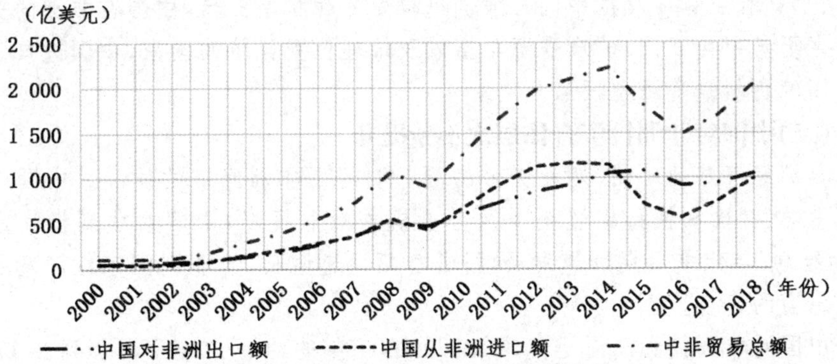

图 1　2000—2018 年中国与非洲进出口贸易额及走势

资料来源:中国商务部综合司历年进出口贸易统计快报、IMF 的 DOTS 数据库、联合国 UNCTAD 数据库。

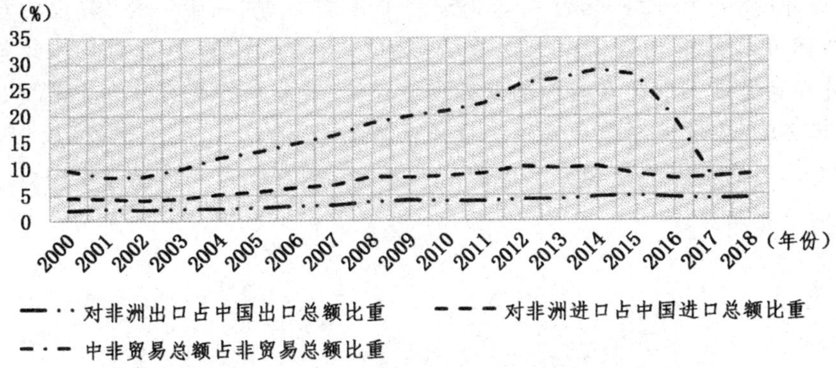

图 2　2000—2018 年中国与非洲进出口贸易走势及增速变化

资料来源:中国商务部综合司历年进出口贸易统计快报、IMF 的 DOTS 数据库、联合国 UNCTAD 数据库。

方社会经济发展的重要性不言而喻。

进入 21 世纪以来,随着中国经济持续增长和非洲工业化进程的提速,中非之间的贸易商品种类不断增多,结构不断优化。中国向非洲出口的商品逐渐由原来的初级工业品转为如今的机电设备等生产工具和高技术、高产业链要求的产品,轻工纺织品的比例不断下降,机电产品的比例逐渐上升,汽车零部件以及通讯设备等的比重也大幅度提高。中国从非洲进口的商品,能源矿产依旧占主要地位,农林产品次之。中国积极帮助非洲对产品资源进行深加工。如尼日利亚的石油被加工成为柴油、汽油,再次进口到尼日利亚,延长、完善了产业链。南非、安哥拉、尼日利亚、埃及、阿尔及利亚、刚果金、加纳、刚果布、利比亚、肯尼亚成为中国在非洲的前十大贸易伙伴国。从进口数据来看,南非、尼日利亚和埃及在中国自非洲进口贸易额排前三名，中国在非洲的贸易伙伴主要集中在石油、矿产资源丰富以及地理位置优越的国家，中国进口贸易额较高的仍然是资源型国家。

(二)中国对非洲投资合作层次不断提升

非洲经济基础薄弱，建设资金的匮乏制约了非洲经济的发展。中国政府积极引导、鼓励和扶持中资企业及金融机构对非投资，中国对非洲投资额自20世纪90年代中后期加速发展，投资总额快速增长，为非洲国家经济发展提供了急需的资金。

中国对非洲投资总量迅速增加，从2004年的约9亿美元增加到2017年的433亿美元，短短13年时间增加了近50倍，年增长率达到了约40%。[①] 2011、2012年受金融危机影响，欧美对非洲投资大幅减少，但中国对非洲FDI的投入却不断增多，这极大缓解了西方撤资对非洲的冲击，稳定了非洲经济。2015年在中非合作论坛约翰内斯堡峰会上的"十大合作计划"，2017年5月在北京召开的"一带一路"国际高峰论坛将非洲拓展进"一带一路"建设的框架下，2018年9月中非合作论坛北京峰会的"八大行动"等一系列具体政策规划，进一步促进了中国在非洲的基础设施建设、对非洲投资合作和中非贸易沟通。单2017年度流向非洲地区的投资就增加41亿美元，同比增长70.8%[②]，中国对非洲的投资规模和力度将进一步增加。图3和图4展示了中国对非洲投资的变化趋势。

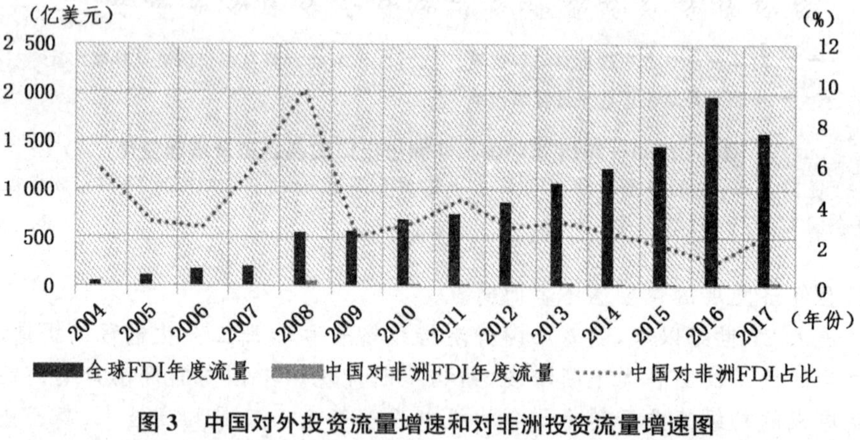

图3 中国对外投资流量增速和对非洲投资流量增速图

资料来源：2004—2017年《中国对外直接投资统计公报》，中国商务部、国家统计局和国家外汇管理局联合编制。

① 中国商务部、国家统计局、国家外汇管理局，《2017年中国对外直接投资统计公报》，2018年10月23日。

② 中国商务部、国家统计局、国家外汇管理局，《2017年中国对外直接投资统计公报》，2018年10月23日。

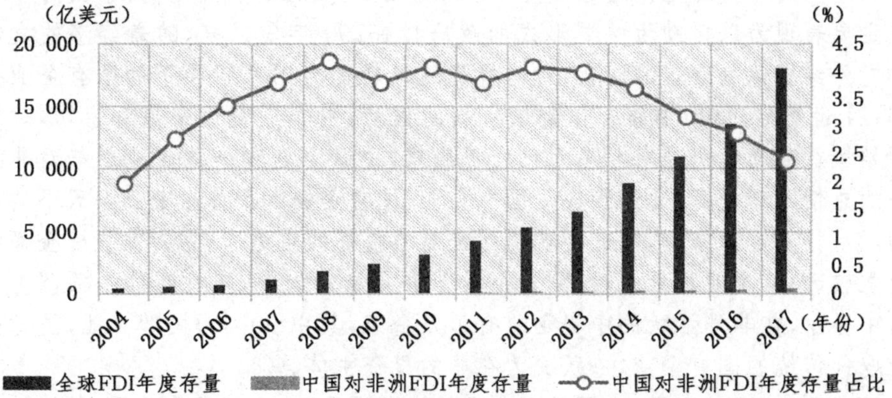

图 4　中国对非洲直接投资年度存量及其占比

资料来源：2004—2017 年《中国对外直接投资统计公报》，中国商务部、国家统计局和国家外汇管理局联合编制。

中国对非洲投资领域不断拓宽，投资的地理范围逐渐扩大。目前，约 10 000 多家企业在非洲地区进行投资①，最初多集中在建筑业、农业等传统类行业，90 年代以后开始转入服装、制药、纺织、食品加工等劳动密集型企业，进入 21 世纪以后，又开始转向能矿资源合作投资，随着中非合作的逐步深入和非洲经济的不断增长，对金融、电信等服务业投资增加也较快。非洲大陆上共有 60 个国家，截至 2017 年年底，中国一共投资了除加那利群岛、塞卜泰、留尼汪、索马里、梅利利亚、斯威士兰、马约特、西撒哈拉之外的 52 个国家，投资覆盖率达到 86.7%。对非洲投资领域的不断拓宽促进了非洲国家经济的全面均衡发展。

表 1　2017 年中国对非洲直接投资存量前五名的行业

行业名称	存量(亿美元)	比例(%)
建筑业	128.8	29.8
采矿业	97.6	22.5
金融业	60.8	14.0
制造业	57.1	13.2
租赁和商务服务业	23.1	5.3
小　计	367.4	84.8

资料来源：《2017 年中国对外直接投资统计公报》，中国商务部、国家统计局、国家外汇管理局联合发布。

① 《龙狮共舞：中非经贸合作现状如何，未来又将如何?》，麦肯锡咨询公司网站，2017 年 6 月，https://www.mckinsey.com.cn/wp-content/uploads/2017/06/ChinaAfrica_Cover-VF-highrez_CN-1.pdf。

中国对非投资主体逐渐趋于多元化。20世纪90年代之前,中国对非投资主要表现为以援助为主要形式的政府投资;90年代以来,随着经济的发展和对外经贸体制改革的深化,对非投资逐渐转变为国家指导下的国有企业投资;21世纪后,借助中非合作论坛机制的推动,中非经贸往来更加密切,政府开始执行鼓励和引导对非多元化投资战略,民营企业和个体企业参与对非投资的热情不断提高,逐渐形成了国有企业、民营企业和个体企业三分天下的局面。从投资金额来看,国营企业仍然是对非投资的主力军,占对非投资金额的比重较大;从企业数量来看,民营企业则占有绝对优势,麦肯锡的一项调查报告中显示,在非洲活跃的中资企业有1万余家,其中90%为民营企业,民营企业取代传统的国有企业,一跃成为在非的投资主体。①

截至2018年9月,中国已在非洲投资建设了25个经贸合作区,领域涉及资源能源合作、轻加工出口和综合商贸等方面。这些经贸合作区投资额大,拥有中国在经济园区建设方面的丰富经验,是中国海外直接投资的桥梁,既能帮助非洲国家学习"中国经验"、促进非洲经济发展,又能促进中国企业国际化、本土化经营,符合中非双方共同的利益。

(三)中非发展合作方面成效显著

中非发展合作主要体现在对非援助上,这里的对非援助是指对非洲国家和地区给予物资、资金和技术等实质性的支援(罗红波,2002)。中国对非援助一贯不附加任何政治条件,援助形式主要集中在提供基础设施建设、农业合作、人力资源培训、民生医疗等方面。截至2018年年底,中国为非洲培养20多万专业技术人才,培训的政府官员和技术人员超过4万名。② 中国对非援助的绝对值在非洲所有外援总额中所占的比重并不算大,但援助效果极好,中国通过对非援助显著改善了民生,推动了非洲社会自主发展能力建设,促进了非洲社会经济的进步,为非洲崛起成为最有希望的大陆提供了极其重要的助力。

基础设施建设一直是中非经贸合作的重点,也是非洲实现互联互通和一体化进程的重要保障,截至2018年年底,中国在非洲的基础设施项目超过200个,成为目前非洲最大的基础设施援助者。从坦赞铁路、埃及开罗国际会议中心、毛里塔尼亚友谊港、毛里求斯机场、加纳布维水电站,到最近的亚吉铁路、非盟中心等,中国对非援建的基础设施项目完全出于非洲社会经济发展需要,符合国际格局的新变化,逐步占据了非洲的主要市场,成为非洲国家实现自主发展的保障。中国政府为此积极鼓励、支持金融机构扩大对非投资,为非

① 《龙狮共舞:中非经贸合作现状如何,未来又将如何?》,麦肯锡咨询公司网站,2017年6月,https://www.mckinsey.com.cn/wp-content/uploads/2017/06/ChinaAfrica_Cover-VF-highrez_CN-1.pdf。

② 《商务部:中非经贸合作新突破,已建25个经贸合作区》,新浪财经,http://finance.sina.com.cn/roll/2018-09-03/doc-ihiixyeu2577586.shtml,2018-09-03。

洲提供了大量优惠性质的贷款。

农业合作同样是中国援非的传统领域，为提高非洲的农业生产能力，中国通过在非援建农业示范中心、派遣农业技术专家、组织农业技术教育等多种方式，为非洲国家提供优质产品、培训农业技术人员和管理人员；在非洲国家援建大量农业技术试验站、推广站、水利设施、农村等，提升了非洲国家的农业生产能力，提高了非洲国家的粮食安全水平。截至2017年年底，中国政府派遣大量专家和技术人员到非洲，对当地农民和技术人员进行培训，被培训人员多达3万人次；在非洲实施小型农业科研示范推广项目，项目总数达300余个；结合非洲热带气候特征，推广450项适合非洲气候的农业技术。①

人力资源培训也是中国对非发展援助与合作的重点：一是通过在非洲援建学校和教学培训中心、提供教学设备等方式提供硬件设施；二是在中国高校和科研机构通过教育援助和人力资源培训等方式，如设置政府奖学金、“为发展中国家培养硕士人才项目”、“中非高校20+20合作计划”、“孔子学院”等为非洲国家培养各种急需人才；三是通过举办涉及中非治国理政经验的专题培训班、研讨班和考察调研等方式为非洲政府培养管理人才；四是通过技术援助为非洲提供技术支持，如坦赞铁路施工队先后为坦赞两国培训了1.2万多名技术工人，在赞比亚成立中国农业技术示范中心进行技术推广，成立“发展中国家技术培训班”进行技术培训等。

对非医疗卫生援助一直是中国对非援助的传统领域。中国通过援建医院、提供药品和医疗设备、派遣医疗队、培训医护人员、与发展中国家开展疾病防治合作等形式，支持受援国进一步改善医疗卫生条件、提高疾病防控水平、加强公共卫生能力建设。② 从1963年中国向阿尔及利亚派遣第一支医疗队开始，中国援非医疗队免费为非洲当地居民提供医疗卫生技术服务近60年，累计向50个非洲国家派遣援外医疗队2万名，诊治非洲患者约2.1亿人次(李志伟，2017)。中国在非洲建设了近百所医院，并配备了相应的医疗设施和仪器。2014年，非洲爆发埃博拉疫情，中国向非洲提供了4轮总价值约7.5亿元人民币的紧急援助，通过派遣专家、开展公共卫生培训等有效地控制了埃博拉疫情(国家卫计委，2015)。

三、中非经贸合作仍面临不少挑战

进入21世纪以来，随着中非经贸合作的不断深入和非洲经济持续增长，

---

① 洪坚鹏，《中非将推动巩固农业合作，加快科研成果转化》，http://www.sohu.com/a/240991445_198170，2017—12—11。

② 中国的对外援助(2014)，国务院新闻办公室网站，2014年7月，http://www.scio.gov.cn/zfbps/ndhf/2014/document/1375013/1375013.htm。

国际社会开始前所未有地关注起非洲，关于中非经贸关系的迅速发展给中非双方和国际社会带来的影响的讨论空前热烈。中非经贸活动聚焦了全世界的目光，一些消极面被放大，这既有西方发达国家的恶意偏见，也有中国对非政策在实施中所做欠妥的原因，中非经贸合作中存在的问题主要集中在以下四个方面。

（一）中非贸易方面

随着中非贸易合作不断深入，中非贸易总量急速扩大，一些小摩擦和小问题难免会出现，中非贸易问题主要集中在贸易结构不合理、贸易失衡等方面。

首先，中非贸易结构不合理，中非之间是典型的“工业制成品—能源矿产品”的单一性贸易结构。非洲作为世界上最不发达的大陆，整体上生产力水平比较低，但能矿资源非常丰富。中国从非洲进口的多为能矿产品，非洲从中国进口的多为工业制成品，中国的贸易伙伴国集中在非洲少数经济强国和资源大国，因此，国际上对“中国在非洲掠夺资源”的质疑时有发生。这种贸易分工格局是非洲长期殖民统治固化的单一畸形经济结构造成的，符合中国与非洲的比较优势，是原有的国际分工格局的延续，但资源型国家对此非常敏感，加上西方国家和非洲当地政客出于政治目的，煽动非洲民众，质疑中非之间正常的资源矿产交易，影响了中非之间正常的贸易活动。

中非不对等的生产力水平会对非洲低端制造业产生一定的冲击。非洲国家生产力低下，居民收入水平低，生活和生产资料多靠进口解决。中国传统制造业发达，生产技术水平较高，特别是低端制造业的产品成本较低，销往非洲的产品大多物美价廉，在当地有较高的市场占有率。大量涌入的制成品对非洲当地生产造成了一定冲击，不利于非洲本土制造业的发展，容易造成非洲本土产品市场竞争力的下降。

中国对非洲贸易政策滞后，服务贸易滞后，贸易服务则跟不上。中国对非货物贸易的水平和规模远高于服务贸易，2018年1—7月，服务贸易占外贸的比重只有15.1%[①]，中国经济服务化率不高，服务贸易规模较小，特别是金融、通信等新兴的现代服务贸易发展滞后，远远不能适应企业的需要。与中非之间巨大的贸易额不符的则是贸易服务跟不上，从20世纪50年代新中国就开始与非洲进行贸易，但直到2006年才出台了《中国对非洲政策文件》。该文件偏向宏观，只是从整体上规划了中非合作的方向和重点，但非洲国家众多，各国经济法律、历史文化背景各不相同，该文件对具体的贸易行为指导性不强，可操作、可计量的程度比较差。比如，随着中非贸易联系的深入，个别中资企业的商品存在着质量问题；部分企业为了争夺市场，不惜采用低价营销的方

① 中国商网，《中非合作论坛落幕，服务贸易发展空间巨大》，http://www.zgswcn.com/2018/0907/851056.shtml，2018－09－17。

式，扰乱了本地市场的正常竞争，产品的售后服务较差，对中国产品在非洲的声誉和中国在非洲的形象产生了恶劣的影响。但并没有相应的法律法规或者监管机构对此行为进行指导和监管。

(二)中国对非洲投资方面

中国对非洲投资方面的问题随着中国在非洲的投资数额的增加和领域的拓展而逐渐显现。

首先，中国在非洲的投资面临激烈的竞争。来自欧美、印度、日本等国家的企业在非洲投资的起步较早，在某些行业已经占尽先发优势，加上这些企业往往资金实力雄厚，而我国企业在非投资的起步晚、规模小、技术优势不明显，导致其整体竞争能力较弱，只能选择一些相对弱势的项目进行投资。在竞争过程中，我国企业偏好采用低价竞争策略，这使得中国企业本来就不多的利润空间被大幅度压缩，在利益受到损害的同时，又会影响工程质量，进而累及中国企业的声誉，对后期的竞争越发不利。

政府对在非投资的企业缺乏有效管控，特别是大量涌入的民营企业。中小型企业或民营企业占我国在非企业总数的90%以上，从企业数量来看，民营企业已占据对非投资绝对优势的比例，但从投资规模上来看，最大的一些投资仍然由国有企业承担。[①] 与国企相比，民营企业与政府的联系较少，政策性引导往往不如实际利润更具吸引力，难以对其进行统筹管理。加上非洲的政治因素、社会安全等原因，在非洲国家进行投资的风险较高，小型民营企业可能更看重短期利益，不能够很好地履行企业社会责任，加上少量私营企业主素质较差，很容易与当地引发冲突。

国有企业在非洲承担援助项目的同时，也承担了部分政府或社会职能，很容易模糊投资者的身份，其行为易受猜疑。企业本应以营利为目的，也要重视社会效益，但国企在经营中很难协调两者之间的矛盾，因此屡遭一些西方国家的诟病，他们往往把正常的企业经营行为看作是中国政府的行为，又对一些负面行为大肆宣扬，进而攻击中国政府的非洲政策，对中国政府和中国在非企业的整体形象造成不良影响。

对非投资服务发展体系严重滞后。一是中国对非洲投资的法律保障和支持体系不健全，中国并没有设立专门的对非投资法律法规，使得对外投资无法可依，既不能对企业进行指导，又不能约束监管企业在非投资行为；二是对非投资的信息服务体系不健全，相关政府部门缺乏对非投资的指导性信息和文件，在非投资企业不能及时获得相关统计信息、数据等，更没有权威的对非投资信息咨询服务体系，大大增加了企业对非投资的盲目性和风险；三是对非投

① 中国商网，《中非合作论坛落幕，服务贸易发展空间巨大》，http://www.zgswcn.com/2018/0907/851056.shtml，2018－09－17。

资金融支持方面存在诸多问题,金融机构支持的主要是国有企业,对中小民营企业的金融支持不足,民营企业申请资金支持的门槛较高,申请到的资金数量有限,严重影响了对非投资的发展。

(三)对非援助方面

在对非援助方面,不管是硬实力还是软实力,中国都与西方发达国家存在较大差距。中国整体经济实力虽提升速度较快,但人口基数大、人均水平低,能够拿出来援助非洲的资金与美国、德国、日本、法国等国相比,还有一定的差距,这是中国发展对非援助受限的根源。非洲曾有受发达国家殖民的历史,不管是感情认同还是社会文化习俗上,与西方发达国家有天然的亲近,而中国一向坚持的"不附加政治条件"的援助,与非洲社会根深蒂固的民主、良政等观念有一定差距;西方发达国家往往通过大众传媒等多种方式对非洲施加影响,由于语言和文化等方面的差距,加上中国一向对援助行为缺少宣传,中国对非援助的社会影响十分有限。

援助项目的辐射效果有限。一是我国没有已经公布成文的对外援助的法律法规,援助项目的信息不能得到有效的公开,对援助项目涉及的地区、部门、产业、企业的辐射带动作用不明显,对促进中非人民交流、对贸易与投资的带动作用、对中国在世界政治舞台上的地位的提升等作用有限。二是援助项目人员与非洲本地人的交流沟通渠道和方式有限,大部分援助项目人员只在完成业务时与非洲本地人有接触,其他时间并不能充分与当地人员交流,加上出于安全因素的考虑,我方往往要求援助项目人员减少与本地人在业务之外的接触,对非援助项目的辐射带动作用明显降低。

有些援助项目与非洲的实际需要有差距。多数非洲国家阶层非常分明,传统与现代并存,二元对立严重。传统部门需要一些基本的生活生产设施,我国援助的一些大型现代化的生产生活设施使得传统部门无处可用;现代部门需要一些用于提升生活水准的更高级一点的设施,我国援助的往往是一些基础设施,援助不能满足不同阶层的需求差异导致了援助效率低下。非洲国家的公共服务及行政管理体制普遍较差,对公共设施管理能力不足,对援助项目后期维护和管理跟不上,无法充分实现援助项目的社会效应和政治效应。

(四)环境保护和劳工权益方面

伴随着在非中资企业数量和规模的急剧增加,环境保护、劳工权益、企业承担社会责任等问题在中非经贸合作中时有发生,难以回避。

在环境保护方面,随着中国对非投资企业数量的增加,近年来发生了个别影响东道国生态环境的事件。如2004年中石化开采石油和天然气时对安哥拉的海洋生态系统与生物资源造成负面影响(Bates Gill and James Reilly,

2007)。2006年中石化被指责“野蛮施工”,破坏原始森林。[①] 中国人在加纳非法采金,破坏水体和耕地,引发当地社会强烈抗议。2013年8月,中石油在乍得开采时未按法律规定清理溢出的原油。[②] 个别在非企业破坏非洲环境的报道不时见诸报端,影响恶劣。在劳工关系方面,中国在非洲并没有一个良好的记录,一些在非中资企业因为工作灵活机动,短期雇佣本地人时并没有签订劳动合同,当不需要雇佣工人时则会立即辞退工人;中国人习惯加班赶工期,当地工作人员则反感加班;部分中资企业的工作条件较差,并没有严格的用工保护措施等等,导致中非双方的劳动纠纷不时发生,加上一些媒体的推波助澜,甚至发生了一些极端暴力事件,在非洲部分地区遭遇抗议、抵制甚至是袭击,严重破坏了中国的形象,损害了中非关系,影响了中国对非洲的投资。

虽然在非中资企业履行社会责任情况的统计数据贫乏,通过对新闻报道的梳理或通过个案研究来分析,在研究方法和论证过程中比较缺乏说服力,但不得不承认,这些个别事件经过媒体的刻意放大,对中国的整体形象产生了恶劣影响,成为中非经贸发展中难以绕开的问题。

四、中非经贸合作前景光明

在联合国提出的《2030年可持续发展议程》和非盟提出的《2063年议程》的背景之下,借助中非合作论坛和峰会的助推,中非双方政府共同制定了多项创新性战略组合来推动中非命运共同体建设。若中非双方能够结合各自的国家战略,顺应合作共赢的大势,在更高层次上制定经贸合作战略,对非洲经济社会发展将是极大的推进,中国也可由此获得实施新一轮改革转型的有利外部环境,中非利益共同体将获得进一步加强。

(一)贸易将成为中非共建利益共同体的持久引擎

中非经贸合作符合双方的共同利益,推动中非经贸合作将极大促进双方经济社会发展。

对中国来说,经济的持续高速增长需要大量的能源矿产,产业结构的转型升级又需要大量的劳动力,非洲的资源禀赋、人口红利对中国将产生更大吸引力。对非洲来说,要实现社会经济发展,既需要充分利用资源优势换取资金、技术,又需要庞大的消费群体购买产品,中国是一个理想的贸易伙伴,与欧美等国家相比,不需要政治上的额外条件。中非双方在贸易上的互补优势非常明显,互利共赢将成为中非贸易的主流,中非产业链上下游紧密合作,中非经贸合作面临历史性的大机遇,处于工业化初期的非洲国家能因此充分释放经

① Ian Taylor, China's Environmental Footprint in Africa, *China Dialogue*, 2007-02-07.

② 乍得暂停中石油开采活动,称其违反环境法规,环球网,2013年8月15日,https://world.huanqiu.com/article/9CaKrnJBNSu。

济发展潜力。中非有扎实的贸易合作基础，若能充分利用各自的有效需求，则既能满足中国经济的增长需求，又能促进非洲经济水平的提高，进而实现中非双方各自的发展目标。

(二)对非投资将进一步奠定非洲社会经济发展的基础

中国对非洲的投资有较高比例用于基础设施建设，基础设施建设不仅能为当地居民提供便利，更是实现经济可持续增长必需的基础性支撑。有研究表明，良好的基础设施建设与经济增长和社会发展呈较强的正相关，基础设施建设能够促进经济增长和社会发展，经济增长又能反过来助力基础设施建设。对非洲国家而言，生产力低下、技术基础薄弱，要实现经济发展和解决民生需求，必然需要大量的基础设施建设，而我国恰好拥有在非洲进行基础设施建设的雄厚实力和丰富经验。同时非洲国家已越来越意识到，要想实现经济发展，必须推进工业化建设，减少经济对外部的依赖性，而我国在对非投资中注重提升非洲国家的技术水平，能够带动非洲相关产业的发展。我国正处于转变经济发展方式、调整产业结构时期，非洲的需要正好与中国需要"走出去"的优势产能相契合。由以上分析可知，非洲对基础设施建设的需求必然引发中国新一轮的对非投资，大量的投资必然极大地助力非洲经济发展，进一步奠定非洲经济发展的基础，中国也可借此完成转型调整，最终中非双方实现互利共赢。

(三)中国在非洲的战略主动将得到进一步加强

中非关系密切，随着双方经贸合作的进一步深入，合作成果越来越多，西方大国在非洲对中国的干扰和牵制将更明显。中国与西方大国在非洲的博弈中，中国行动在前，西方应对在后，中国是大国在非洲关系变化的主要施动者，将继续保持大国关系在非洲的战略主动。随着中国与非洲经贸合作进一步深入，中非关系必然会对西方大国在非洲的既得利益形成冲击，中国在非洲经过几十年的布局与发展，已经形成了盘根错节的资源和人脉网络，通过中国政府对企业行为的不断引导约束及企业自身对社会责任建设的日渐重视，中国与非洲的经济关系必然更加紧密复杂，中国在非洲的正面形象将进一步被放大，中国在非洲的地位将更加不易撼动，中国在非洲的战略主动将得到更进一步的加强。因此，西方大国与中国在非洲的关系除了竞争之外，亦会寻求与中国的合作。

(四)中非共建利益共同体在国际上的示范效应进一步放大

随着金融危机、气候变暖、难民问题等全球性问题的出现，各个国家之间的利益相互交融，全人类处于共同的利益链条上，转嫁危机、以邻为壑的零和博弈策略已不能处理好国际纷争和维护好本国利益，只有全球尊重互信、合作互助才是解决问题的根本之道。中非交往中一直秉持平等相待、相互尊重的原则，通过经贸合作的桥梁，中国为非洲国家提供了大量经济发展和民生急需的基础设施建设、资金、设备、技术、经验、商品等，有力地支持了非洲经济社会的进步。中国则从非洲获得了实现经济结构转型的有利环境、经济增长需要的能矿产品,以及大量的人口红利和消费市场。中国在实现自己利益的同时,实现了非洲国家的利益;在寻求自身发展和转型时,帮助了非洲国家实现经济发展。中国在追求本国利益的同时,兼顾了非洲国家的利益,促进了非洲国家的发展进步;非洲国家在寻求自身发展的同时,帮助了中国实现发展,中非建立了牢固的利益共同体,这是人类命运共同体所倡导的价值观的重要体现,这说明通过分享、合作、共赢、包容才能实现可持续发展。中非双方经贸合作发展的优秀成果将成为"南南合作"的典范,吸引更多国家加入人类命运共同体建设。

参考文献

[1] Bates Gill and James Reilly, 2007, The Tenuous Hold of China Inc. in Africa, *The Washington Quarterly*, Volume 30, Issue 3, pp. 37—52.

[2]国家卫计委,2015,埃博拉病毒国际学术研讨会在京召开,《上海医药》,第 7 期,第 49 页。

[3]江畅,2013,中国梦与中国社会的终极价值目标,《道德与文明》,第 4 期,第 13—19 页。

[4]江泽民,2006,《江泽民文选》(第 1 卷),北京:人民出版社,第 528—529 页。

[5]李安山,2018,人类命运共同体视阈下中非产能合作:潜力、优势与风险,《统一战线学研究》,第 3 期,第 10 页。

[6]梁明,2011,中非贸易:基于中国、非洲全球贸易视角的研究,《国际贸易》,第 5 期,第 40—48 页。

[7]刘爱兰、王志炬、黄梅波,2017,资源掠夺还是多因素驱动?——非正规经济视角下中国对非直接投资的动因研究,《世界经济研究》,第 1 期,第 70—84 页。

[8]刘鸿武,2013,建构中非命运共同体与实现中非共同梦想,《中非智库论坛第三届会议论文集》,10 月 21 日。

[9]刘鸿武,2016,《新时期中非合作关系研究》,北京:经济科学出版社。

[10]舒运国、张忠祥,2017,《非洲经济发展报告(2016—2017)》,上海:上海社会科学院出版社。

[11]外交部外交史研究室,1993,《中国外交概览(1993)》,北京:世界知识出版社。

[12]杨立华,2013,《中国与非洲经贸合作发展总体战略研究》,北京:中国社会科学出版社。

[13]杨柳,2017,《中国对非经济外交研究》,外交学院。

[14]张宏明,2012,《中国和世界主要经济体与非洲经贸合作研究》,北京:世界知识出版社。

[15]张宏明、贺文萍,2015,《非洲发展报告》,北京:社科文献出版社。

[16]张巧文、张旻,2016,新常态下中非经贸合作再思考,《国际经贸合作》,第 7 期,第 33—36 页。

[17]赵儒林,2000,中非关系50年大事记(1949—1999),《西亚非洲》,第5期,第74—75页。

[18]中共中央文献研究室,1984,《周恩来选集》(下),北京:人民出版社。

[19]周弘,2002,《对外援助与国际关系》,北京:中国社会科学出版社。

Sino-African Economic and Trade Cooperation from the Perspective of Interest Community: Achievements, Challenges and Prospects

Chai Qiaoyan Ding Xiaoqing

Abstract China-Africa Interest Community is the cornerstone of China-Africa Fate Community. Since the 21st century, China and Africa have promoted the common economic and social development of both sides through economic and trade cooperation, and consolidated the material basis of China-Africa Interest Community. China-Africa economic and trade cooperation has developed rapidly, made remarkable achievements and exerted tremendous influence. This paper fully affirms and reviews the great achievements of Sino-African economic and trade cooperation, points out that there are still some challenges in Sino-African economic and trade cooperation, but overall, Sino-African economic and trade cooperation has bright prospects. Economic and trade cooperation will become a lasting engine for the establishment of the Community of Interests between China and Africa, and investment in Africa will further promote the economic and social development of Africa. The China-Africa Community of Interests will also have a huge demonstration effect in the international arena.

Key words China-Africa Relations Community of Interests The Cooperation of Management and Trade

海派经济学
第 17 卷第 3 期，2019 Journal of Economics of Shanghai School No. 17，3，2019

论刘思华的杰出绿色学术成就与贡献

方时姣 顾学宁

内容提要 在习近平中国特色社会主义思想与经济思想指引下，近十年来刘思华先生奋力推进新兴交叉学科群创新发展，创造了世界绿色学术奇迹，具有鲜明的时代价值和现实意义；刘思华先生取得的一系列绿色学术成就，做出的杰出绿色学术贡献的事实，证实了中国特色社会主义的习近平时代，是正在实现建设世界一流新兴交叉经济学科群绿色梦的时代，也是正在造就新兴交叉经济学科群巨匠的时代。

关键词 马克思主义生态文明观 绿色学术成就 绿色学术贡献 时代价值

中国分类号 F0—0

中国特色社会主义进入新时代，开启了中华民族伟大复兴的社会变革，使“当代中国正经历着我国历史上最为广泛而深刻的社会变革……这是一个需要理论而且一定能够产生理论的时代，这是一个需要思想而且一定能够产生思想的时代”（习近平，2016a）。因此，本文通过论述刘思华绿色思想理论与绿色精神及其鲜明的时代价值和重要现实意义，证实了当代马克思主义发展最新成果的习近平中国特色社会主义思想闪烁着光辉灿烂的真理光芒。

一

习近平总书记在党的十九大报告中向全国人民提出了“牢固树立社会主义生态文明观”的伟大号召，这是习近平社会主义生态文明思想理论的升华与创新。本文旨在通过梳理刘思华先生的绿色学术思想，为党的十九大提出的重大创新理论提供思想理论资源与学理支撑。

早在 20 世纪 70 年代末期，刘思华先生就从纯马克思主义经济学研究转向新兴交叉科学的马克思主义生态经济学研究，他发现“生态”这个词所涵盖

收稿日期：2019—05—20

作者简介：方时姣（1972— ），中南财经政法大学生态文明与可持续经济研究中心教授，主要研究方向为生态经济学、可持续发展经济学；顾学宁（1964— ），南京财经大学副教授，主要研究方向为马克思主义生态经济学、空间经济学等。

的思想和内容已经渗透到人类生存与发展实践活动的各个方面和各个领域，显示出人类文明进步已经开始向生态生存和生态创造的绿色转型，并成为非生态时代走向终结和生态时代来临的主要象征，这是人类文明不可阻挡的必然趋势与时代潮流。“时代是思想之母，实践是理论之源”（习近平，2016b）。刘思华先生站在生态时代的潮头，回应生态时代的呼声，创立了生态时代论。他在1986年全国第二次生态经济科学研讨会上首次明确提出“社会主义生态文明”的新概念、新思想，并提出了“社会主义的物质文明、精神文明和生态文明的协调发展”的新论点、新思想。次年，他在《理论生态经济学的若干问题研究》一书中深刻阐明了在社会主义制度下人民群众的生态、物质、精神三类需要的实现过程，是社会主义生态文明、物质文明、精神文明建设过程，他明确指出：“达到社会主义物质文明、精神文明和生态文明的高度统一……是国家富强、民族兴旺、人们幸福的重要标志”（刘思华，1989）。对此，《马克思主义研究》刊发《改革开放40年中国马克思主义理论发展最具影响的40件大事》的重要文章，充分肯定20世纪80年代刘思华对于社会主义生态文明进行理论上的探索、阐述与论证是“40件大事”中的第“33件大事”，它“推动了马克思主义经济学理论创新”，“推动了‘生态文明建设’纳入‘五位一体’总体布局”，“是中国特色社会主义现代化建设的重要组成内容”（中国社会科学院马克思主义研究学部课题组，2018）。刘思华（1988）首倡创建生态文明的新概念，后在《东南学术》2002年第6期发表的《生态文明与可持续发展问题的再探讨》一文中表述为“建设生态文明”，并且刘思华（1991）最早使用“创建社会主义生态文明”即建设社会主义生态文明的新命题。

在刘思华先生看来，生态文明思想作为一种生态智慧与思想文化，中华民族5 000多年悠久博大的文明可以说是源远流长。他在统编已故杰出马克思经济学大师许涤新［中国科学院学部委员（即院士）］主编的《生态经济学》（1987年版）一书时，就认识到生态文明思想可以说是古已有之，中华文明的优秀传统文化蕴藏着丰富的朴素的生态文明思想。在此，我们略举几例：庄子说：“天地者，万物之母也”（《庄子·达生》），“天地与我并生，而万物与我为一”（《庄子·齐物论》）；老子云：“人法地，地法天，天法道，道法自然”（《道德经》）；又如《易经》的“天地人和”与以《易传》为代表的“道法自然，天人合一”的自然生态思想，即“人与天地合其德，与日月合其明，与四时合其序，与鬼神合其吉凶，先天而天弗违，后天而奉天时”（《周易·文言》）。这些都是人类要遵循自然规律，与大自然和谐共生共荣的古代朴素的生态文明思想。当然并不是说自古以来儒家“天人合一”等中国优秀传统文化就是人与自然和谐共生共荣的生态文明思想，而是融入了马克思主义、现代生态科学等生态智慧与生态文化，是当今中国智慧构建的社会主义生态文明思想理论的“根脉”，是习近平社会主义生态文明观的“根脉”。因此，习近平新时代中国特色社会主义思想使中国优秀传统文化的“根脉”在当今中国更加焕发出生态文明思想的光芒。在此，我们要指出的是，在人类思想史上，把生态文明思想从经验的自发形态提升到新观念、新思想的自觉形态即社会主义生态文明或建设社会主义生态文明的先知者是刘思华先生。因而，完全可以说他是“立时代之潮头，通古今之变化，发思想之先声”(习近平，2016c)的中国社会主义生态文明思想家，这是毫无疑义的。

1999 年中国社会科学院学部委员、著名马克思主义经济学家张卓元研究员在第一部《刘思华选集》出版时所作的序言中就指出：“刘教授在创建生态经济学和可持续生态经济理论过程中，始终强调经济理论研究必须以马克思主义为指导”，必须“运用马克思主义的立场、观点、方法，进行生态经济研究”。事实正如张卓元先生所说，刘思华先生运用马克思主义的立场、观点、方法，把社会主义生态文明、生态经济即绿色经济、绿色发展作为一个有机统一整体，探索在社会主义市场经济条件下生态发展即绿色发展道路，于 1994 年 8 月出版了《当代中国的绿色道路》一书，运用马克思社会有机整体理论，把生态文明、绿色经济、绿色发展作为一个有机统一体，探索了当代中国走出一条绿色发展道路的重大理论与实践问题，提出了建设生态文明、发展绿色经济、走绿色发展之路的一些新论点、新思想。1998 年他在《发展绿色经济，推进三重转变》一文中，明确提出发展绿色经济与绿色经济发展的新理念、新表述。20 世纪后期，刘思华先生组织生态经济学界的同仁们研究绿色经济发展理论与实践问题，于 2001 年 1 月出版了 52 万字的大型学术著作《绿色经济论——经济发展理论变革与中国经济再造》。这部绿色经济名著还是运用马克思社会有机整体理论，把生态文明建设、绿色经济发展、走绿色发展之路作为一个有机统一体，置于生态经济协调可持续性发展的理论平台上，“探索可持续经济发展的绿色道路”(刘思华，2001a)，即是中国经济再造的绿色经济发展道路。这条道路在本质上是生态文明的发展观和实现观(刘思华，2001b)。并预测“随着生态文明建设从低级阶段向高级阶段的过渡，人类将在 21 世纪下半叶全面进入生态文明时代”(刘思华，2001c)。

接着，2002 年 10 月他在湖北省绿色经济发展战略研讨会上的学术报告中，进一步论述了绿色经济发展的重大理论与实践问题。这样，《绿色经济论》一书和《发展绿色经济的理论与实践探索 》一文，不仅在学科属性上把绿色经济从环境经济学的理论框架中解放出来，纳入生态经济学和可持续发展经济学的理论框架，构成它的理论体系的基本范畴，而且成为生态文明经济范畴的源头，是把绿色经济发展从工业文明的基本框架中解放出来的萌芽。刘思华从 20 世纪 90 年代初就开始可持续经济五次产业划分的理论研究，到 20 世纪末创立了“可持续经济五次产业分类法”，提出了第一、二、三产业和知识产业(包括信息产业)的绿化趋势，这是“绿色化”逻辑表述的前奏。到了 2001 年 5

月他发表《新时代、新经济、新经济学》一文，在国内外率先把“绿色化”纳入经济学理论框架，使之成为新兴交叉经济学的基本范畴。

2016年7月，刘思华先生在“中国生态经济建设·2016信阳论坛”开幕式上作了《加强生态文明、绿色经济、绿色发展的马克思主义研究》的主旨演讲，特别论证了绿色经济的本真形态不是工业文明的经济范畴，而是生态文明的经济范畴，把绿色经济在文明属性上从工业文明的基本框架中解放出来，纳入生态文明的基本框架，是建设生态文明与生态文明建设的绿色经济发展理念与理论，最终形成了绿色经济“两个生态解放”的新思想、新理论，其理论本质是绿色经济发展的新思想、新理论。这不仅填补了世界经济思想史上的空白，而且是“中国智慧的杰出绿色贡献”(刘思华，2016)。2017年6月，“中国生态经济建设·2017(武昌)南湖论坛”上，学会秘书处将“刘思华绿色经济两个生态解放”的新思想、新理论转发给与会代表时说：“本文从历史逻辑、理论逻辑、实践逻辑有机统一的综合创新视角，把30多年来研究绿色经济发展理论概括为绿色经济‘两个生态解放’的新思想、新理论”，这是刘思华创立绿色经济发展理论与绿色发展学说，成为“绿色经济发展理论之父”的一个新的理论标志(中国生态经济学会生态经济教育委员会，2017)。

综上所述，我们可以看到，长期以来，刘思华先生运用马克思主义的立场、观点、方法，坚持社会主义生态文明、绿色经济与绿色发展的马克思主义研究，提出了具有自主性、独创性、时代性、引领性的思想理论，成为揭示社会主义文明发展的大逻辑、大趋势的思想家、理论家。据此而言，我们完全可以说，刘思华先生是杰出的马克思主义生态经济学家、思想家、理论家，是“绿色经济发展理论之父”。这一学术定位恰如其分地反映了刘思华先生学术研究的真实面貌，也是他杰出绿色学术成就的实至名归。在此，我们要强调指出的是，刘思华绿色思想理论的时代价值及其现实意义，可以概括为理论与实践的双重探索，就其理论探索来说，应当是“两个揭示”：(1)继承、创新、发展了马克思主义生态经济学说，创立了具有独创性的生态经济协调可持续性发展理论的新学说，其绿色表述就是绿色经济发展理论与绿色发展学说，它科学地揭示了生态经济可持续性发展的客观规律，这是现代经济发展的一个根本规律。这就为习近平发展绿色经济与推进绿色发展，走绿色发展之路思想理论提供了思想理论资源与学理支撑。(2)继承、创新、发展了马克思主义生态文明观，创立了具有原创性、时代性的社会主义生态文明理论，它科学地揭示了社会主义生态文明发展和它所包括的建设社会主义生态文明和社会主义物质、政治、精神、社会、生态文明高度发达的全面文明协调发展规律，这是中国特色社会主义现代文明建设与发展的一条根本规律。这就为习近平社会主义生态文明观及其建设生态文明与生态文明建设思想理论的完整体系提供了思想理论资源与学理支撑。

在习近平新时代中国特色社会主义思想的指导下，坚持与发展马克思主义生态文明观，努力开创从马克思主义整体性研究社会主义生态文明、绿色经济与绿色发展的新局面，奋力谱写社会主义生态文明思想理论不断发展的壮丽篇章。这是写本文的学理原因。对此，笔者觉得有必要对刘思华先生马克思主义研究的理论创新成果中最具有独创性的两项研究成果作一简要的历史考察：首先，刘思华先生在国内外首创马克思主义生态文明观新概念、新思想、新理论。在 1986 年他提出社会主义生态文明新论点之后，就开始从马克思和恩格斯经典著作中寻找理论渊源，进行马克思、恩格斯的生态学思想与生态文明思想以及生态经济思想研究，即对马克思主义生态文明观的理论探索，2004 年 11 月中国生态经济学会在昆明举行生态经济理论讨论会，他在会上作了"马克思主义生态文明观与社会主义生态文明"的学术演讲，在国内外首次提出了马克思主义生态文明观的新概念、新思想；2008 年发表了《对建设社会主义生态文明论若干回忆——兼述"我的马克思主义生态文明观"》的长文，对他 20 多年来研究社会主义生态文明思想理论作了初步的历史回顾并明确"建设社会主义生态文明或其简称建设生态文明"的新表述，是刘思华先生创立的社会主义生态文明理论的基本结论，是"马克思主义生态文明观"的一个基本论点，"集中体现了马克思文明理论和生态文明观的全部精华"(刘思华，2011)。这应该从刘思华先生研读马克思《1844 年经济学哲学手稿》(以下简称《手稿》)开始说起，他在 20 世纪 80 年代中期研究与撰写理论生态经济学名著《理论生态经济学若干问题研究》一书时，读过两次《手稿》；在研究生态马克思主义经济学哲学与社会主义生态文明时读过四次《手稿》，终于以《1844 年经济学哲学手稿》为马克思主义理论基础，写成《生态马克思主义经济学原理》巨著，它实际上是一部马克思主义经济学哲学著作，于 2006 年由人民出版社出版，8 年后再版。可以说，刘思华先生对马克思主义生态文明观的研究范式与路径，都深深打上了《手稿》的深刻烙印。在两个版本中，他论述马克思主义生态文明观时明确指出："马克思、恩格斯的人与自然和谐统一学说和共产主义文明社会的设想，都是与他们的生态思想形影相随的，我们从中可以领会马克思关于人与自然和人与人和谐发展的生态文明思想。因而说，马克思、恩格斯在创建和发展马克思主义经济学说的过程中，就研究了人类经济活动和自然生态环境之间的发展关系；都包含着生态文明的基本思想，为生态文明理论的发展奠定了理论基础"(刘思华，2014)。还要指出的是，《生态马克思主义经济学原理》一书实质上是一部马克思主义经济学哲学著作，从马克思主义整体性阐明马克思主义生态文明观，可以说是 21 世纪马克思主义生态文明观的一座光彩夺目的丰碑。因此，在刘思华的马克思主义生态文明观那里，马克思《1844 年经济学哲学手稿》既是马克思主义生态学思想的诞生地，又是生态文明思想的发源地，是 19 世纪马克思主义理论宝库中光辉灿烂的马克思主义生态文明思想的宝藏。这就使得继承与发展《手稿》的《生态马克思主义经济学原理》(修订版)在理论创新方面有两个突出特点:一是以马克思主义整体性详细解读了马克思、恩格斯生态学与生态文明思想及其生态经济理论;二是从马克思主义三个组成部分之间的有机联系对马克思、恩格斯生态学与生态文明思想及其生态经济理论进行了综合创新。因此,该书是从马克思、恩格斯生态学与社会学之统一的独特理论视角,对马克思、恩格斯学说中蕴藏着的生态学与生态文明思想及生态经济意蕴进行追根溯源的全面挖掘和梳理、科学总结与概括,形成了马克思主义生态文明观。习近平总书记在党的十九大报告中提出了"社会主义生态文明观"的科学论断,这是在理论创新上实现了马克思、恩格斯生态学与生态文明思想中国化的新飞跃,开辟了马克思主义生态文明观的新境界。

其次,刘思华先生在研究生态马克思主义经济学哲学的过程中,深刻认识到马克思的《1844年经济学哲学手稿》是从马克思主义整体性研究科学社会主义、共产主义学说的光辉典范。他沿着马克思开辟的这条道路,没有停留在马克思、恩格斯的某些生态学与生态文明思想和生态经济理论的基本观点上,而是从马克思、恩格斯学说整体性对生态马克思主义经济哲学进行研究。这突出表现在从马克思主义整体性对生态文明和绿色经济与绿色发展的马克思主义研究。在刘思华先生那里,生态文明、绿色经济、绿色发展都是生态马克思主义经济学哲学的基本范畴,只有从马克思主义整体性进行研究,才能真正认识和把握本真形态的三者的科学内涵、理论本质与实践主旨及其三者之间的内在逻辑。然而,事情并不如人意,在今日中国这样研究的学者甚少,甚至有些人宣称现时代根本不需要研读马克思主义经典作家的原著,使近十年来在此领域产生了学术理论异化的现象:一方面工业文明思想观念根深蒂固,用工业文明的思维模式认识和解说建设生态文明、发展绿色经济、推进绿色发展成为中国学界、思想理论界的常态;另一方面生态文明与生态文明建设"姓资姓社"的中性论日渐时尚,使生态文明与生态文明建设的假(伪)社会主义论日渐泛滥。对此,刘思华先生勇敢拿起并科学运用理论批判武器,不仅在全国学术会议上敢于亮剑,而且发表文章理直气壮地驳斥国内外生态文明的各种奇谈怪论,尤其痛斥生态文明"中性化"即无意识形态性的"价值中立"论,展现了他与各种错误思潮进行坚决斗争的斗争精神。

刘思华先生是站在新时代中国特色社会主义立场上的思想理论家。在当下中国学术界、思想理论界,生态文明与生态文明建设中性论的非马克思主义甚至反马克思主义生态文明观的阐释颇为盛行的学术理论环境下,刘思华先生坚持以马克思主义整体性和科学社会主义真理性对生态文明、绿色经济与绿色发展的马克思主义研究,深刻阐明生态文明的社会主义固有属性与理论本质,坚定社会主义生态文明真理性与科学性的理论自信,这无论在当今世界还是当下中国都是独树一帜、难能可贵的。从2013年至2017年他在我会每年年会开幕式上的讲话，凭借其深厚的马克思主义理论素养与极大的马克思主义理论勇气，强力击碎生态文明与生态文明建设中性论的神话。我们聆听他的演讲，每每有振聋发聩之感。他反复阐明生态文明的固有属性与内在本质是社会主义范畴，是社会主义制度的专利，是中国特色社会主义文明的一个本质表现与根本特征，建设社会主义生态文明是科学社会主义新思想、新理论。生态文明"姓社不姓资"，就是说本真形态的生态文明只能是社会主义、共产主义的生态文明。这是一个马克思主义真理。刘思华先生还从当今世界人类实践活动做出科学判断，认为在马克思主义学者看来，真正的生态文明并没有在西方发达资本主义国家兴起，而是在东方发展中的社会主义中国兴起。据此而言，一些人多方面搞什么资本主义生态文明和社会主义生态文明的比较研究，都是对建设社会主义生态文明与社会主义生态文明思想理论极端无知的主观臆造的伪命题，是一些崇洋媚外的学者刻意的理论杜撰，完全是无稽之谈。这些人特意给发达资本主义文明加上一道生态文明与生态文明建设的耀人光环，并非是资本主义文明发展史的真实再现。完全可以说，这些论调在实践上完全不符合现实的客观事实，在学理上也是非常荒谬的。由上可知，刘思华先生长期坚持用马克思主义整体性和科学社会主义真理性，对社会主义生态文明和绿色经济与绿色发展进行马克思主义的研究，长期坚持生态文明"姓社不姓资"，只能是社会主义的，而不是其他什么主义；建设社会主义生态文明是科学社会主义的新思想、新理论。现在，中国特色社会主义进入新时代，刘思华先生倡导的社会主义生态文明、绿色经济、绿色发展的思想理论，是习近平社会主义生态文明观、发展绿色经济与推进绿色发展思想的一个重要思想理论资源，并融入习近平新时代中国特色社会主义思想与经济思想，正在变成全国人民践行社会主义生态文明观、发展绿色经济、推进绿色发展的生动实践。

二

我们参加中国生态经济学会生态经济教育委员会已经快20年，真正深刻地理解刘思华先生则是在2009年初夏。当时，世界政治经济学学会在法国巴黎举行年会，因《生态马克思主义经济学原理》一书而荣获首届世界政治经济学杰出成果奖。刘思华先生的获奖感言说出了一位一辈子献身学术思想理论、献身国家民族的前辈的真实心声。这部巨著是在刘先生右眼完全失明、左眼视力不到0.1，用传统写作手段即"爬格子"，辛苦笔耕整整5年写成的。这种矢志不渝追求马克思主义科学真理的敬业精神和奉献精神深深感动着我们，崇敬之情油然而生却难以言述。从17岁起跟随柏拉图达20年之久的亚里士多德以诗赞美其师："在众人之中他是唯一也是最初，在自己的生活中，在自己的作品里……这样的人啊，如今已寻觅无处！"（王树人等，1987）

写到这里，我们还要强调两点：(1)刘思华先生不怕牺牲的奋斗精神，他年近80，身体又不好，还要做新时代的奋斗者，这不仅使我们极为崇敬，也使更多的人深受鼓舞。从2016年夏季以来，刘先生因患青光眼失明的右眼又发生大泡角膜炎，左眼视力只剩零点零几，故医生、家人及一些学生和老朋友都希望他不要工作了。对此，他感谢大家的关心，但依然不顾病情，在住院期间还继续审稿，找《丛书》作者谈修改意见；忍受着眼病的疼痛，对一些青年作者修改稿达不到国家重点图书的理论创新要求，他亲自查询研究新资料，将其复印寄给作者参考，提升书稿质量；对有些书稿论述的基础理论亲自修改或改写以至补增写等，这些完全超出了主编的工作范围。刘思华先生不怕牺牲的理论创新的学术精神，激励着《丛书》的作者们尤其是青年作者们，终于在2017年底圆满完成当今世界和当代中国最大规模绿色社会科学研究和出版工程，却使刘先生的大泡角膜炎极度恶化，于2018年5月做了"眼球摘除植入术"，并发现有癌症，后又做了"前列腺癌根治术"。这两次生命灾难同时发生在一个学者身上，在全国均属罕见。这一年多来，他在家穿尿不湿生活，不能出外正常活动。在家养病到能坐起来说话时，他还指导《学会》秘书处的同志修改国家社科基金项目报告的修改稿。(2)长期以来，刘思华先生在同病魔的顽强斗争中，奋力书写了新兴交叉经济学科群绿色化的新篇章，在新兴交叉经济学科群的多学科放射出马克思主义灿烂光芒。据此，中国社会科学院马克思主义研究学部编辑的《36位著名学者纵论新中国发展60年》《36位著名学者纵论中国共产党建党90周年》《42位著名学者纵论全面深化改革与依法治国》的著名学者论文集的作者简介中，称他是"最早创立生态经济协调发展学说和生态文明与绿色经济理论的马克思主义经济学家、理论家；是中国生态经济学的创立者之一，是中国可持续发展经济学的主要创立者、是生态马克思主义经济学奠基人与创立者。国务院发展研究中心原首席顾问石山先生也称赞："刘思华是以擅长经济基础理论研究著称的生态经济学家，在中国当代生态经济思想史上，他是生态经济协调发展学说的创立者之一"。在此，还要加上"他是中国人的发展经济学的创立者之一"。在9年前由世界政治经济学学会编的《世界马克思主义经济学家思想论集（第一辑）》一书中认定"刘思华教授是一位博学厚德、才华横溢的马克思主义经济学家，新兴交叉经济学大家"（世界政治经济学学会，2010a）。

根据最近10多年来他取得的一系列绿色学术成就、做出的杰出绿色学术贡献，对这个学术认定的后半句可以表述为刘思华先生是当今马克思主义生态经济学理论造诣很深的新兴交叉经济学科群巨匠，不仅在当下中国而且在当今世界经济学界很少有人与之媲美。最近10多年间，他奋力推进新兴交叉学科群绿色化创新发展，组织此领域全国学术骨干开展了开创性的绿色理论与实践研究，出版了独著(包括个人论文集)、合著、主编、再版等绿色学术著作达 80 多部，其中由他主编的"十一五"国家重点图书规划项目并获得 2010 年国家出版资金资助项目《生态文明与绿色低碳经济发展论丛》(12 部)，"十二五"国家重点图书规划项目并获得 2015 年国家出版资金资助项目《绿色经济与绿色发展丛书》(45 部)，后者被人称为"新兴交叉学科绿色化的创新工程壮举"，"是绿色经济发展理论与绿色发展学说史上新的里程碑"、是世界新兴交叉学科群绿色化创新发展理论的一座丰碑。因此，完全可以说，刘思华先生依靠学会集体力量出版 80 多部绿色学术著作，标志着中国智慧遵循马克思主义整体性理论原则，创立了建设社会主义生态文明理论、绿色经济发展理论与绿色发展学说的科学理论体系，创造了世界新兴交叉学科群绿色化的绿色学术奇迹，展现出建设世界一流新兴交叉经济学科群的绿色梦正在实现。这并非溢美之词，而是说的建设世界一流新兴交叉经济学科群现实的真言实话。所以，我们完全可以说，刘思华的杰出绿色学术成就与卓越绿色学术贡献，最为集中而鲜明地表现了他是创立新兴交叉经济学科群的泰斗。

鲁迅先生写道："我家的正屋的中央，供着一块牌位，用金字写着必须绝对尊敬服从的五位：'天地君亲师'。"中国人一直视师如君如父，这恐怕是中国文化虽历经浩劫而不断绝的真正奥秘所在吧。我们认为中国优秀传统文化的真正内核无过于"天地君亲师"五字，他们是人类和谐社会的基本原则——"敬畏自然"、"遵循自然"("天地")、尊贤重亲("君亲师")。因此，尊贤重亲对中国人及其社会共同体的延续不可或缺。"天地之大：曰生。"(《周易·系辞下》)"人生于三，事之如一，谓君也、父也、师也。三者，固人所资以养、以生、以教而成材也。""学者非必为仕，而仕者必如学。"(《荀子·大略》)"建国君民，教学为先。"(《礼记·学记》)1992 年刘思华先生亲自组织创建了中国生态经济学会生态经济教育委员会，从成立之时起，他就把培养青年学子成为研究以生态经济学为代表的新兴交叉经济科学的专业人才作为学会的根本任务。为此，刘思华先生带领青年学子不畏艰辛劳苦，沿着许涤新先生开辟的道路不断前进，勇攀新兴交叉经济科学高峰，创造了新兴交叉学科群绿色化创新发展的绿色辉煌，从而铸就了刘思华精神。在 21 世纪绿色已成为一种共产主义信仰的现时代精神体现，绿色理论已成为普遍的理论形态，故使刘思华精神最大特色就是在本质上的一种绿色精神，是爱国、爱党、爱社会主义和忠于祖国、忠于人民、忠于马克思主义相统一的时代精神。因此，对马克思主义与共产党的坚定信仰，对马克思主义真理的执着追求，是刘思华精神的灵魂；为祖国、为人民永记初心、不忘使命、勇于担当，为党立德立功立言的学术品德与治学和马克思主义学风，是刘思华精神的核心；开拓进取、勇于探索、大胆创造、与时俱进的理论创新品格是刘思华精神的精髓；刘思华先生弘扬共产党人爱国奉献与奋斗精神，他爱岗敬业，恪尽职守，不怕牺牲，艰苦奋斗，不懈奋斗，并同学界众多同仁们尤其是青年学子一起奋斗，在顽强奋斗中书写了精彩的绿色华章；我国改革开放40年是刘思华先生对传统经济理论与经济发展思想根本改造与创新发展的40年，他通过著书立说和在全国各种学术会议上的演讲，反复强调对现有的传统经济理论与经济发展思想进行一场彻底的生态革命，被誉为“对传统经济学理论进行哥白尼式革命的倡导者、是当代中国经济思想与理论生态革命的发起者与理论先锋”（世界政治经济学学会，2010b）。正是从这个意义上说，刘思华改革精神是刘思华精神的主题，而通过脚踏实地、埋头苦干的奋斗精神践行奉献精神，构成了刘思华精神的主线。刘思华精神是中华民族思想文化宝贵的精神财富，是中国精神在新兴交叉经济学科群领域的具体表现。因此，为了弘扬刘思华精神，就必须如实肯定他的绿色学术成就与绿色学术贡献，初步总结他的绿色治学经验，这是我们写本文的必然逻辑。另一方面，我会如同一所“绿色大学”为国家培养绿色人才。其中有不少担当民族复兴使命的知名学者专家，有的还是副省级、厅局级领导干部，这与刘思华先生的帮助与培养分不开。一位学会原副会长、知名生态经济学家在他的生态经济学教程中写道：刘思华教授“在文献阅读中了解他，在学术请教中结识他，在学术活动中崇敬他——一位执着的马克思主义生态经济学家……20年来，我从一个生态经济学的门外汉到生态经济研究者，从一个生态经济学者到生态经济学专家，一次又一次的进步都与刘教授的帮助分不开。可见，刘思华先生呕心沥血，精心培育新兴交叉经济科学专门人才，为中国特色社会主义事业做出了杰出绿色贡献，是一位真正的绿色教育家。中国生态经济学会生态经济教育委员会已经走过了27个春秋，今年学会换届，刘思华先生将不再担任会长了，离别之时，我们的谢师之情难以言表。尤其是笔者从传统的纯经济学转向新兴交叉经济学研究，也是在学会学术活动中结识他、师从他并在他的引导下担任学会秘书长、副秘书长，但做的工作很少，深感不安。因此，我们的谢师之情就是写此文以表我们一起走向尊师爱教的新时代。

参考文献

[1]刘思华，1988，社会主义初级阶段生态经济的根本特征与基本矛盾，《广西社会科学》，第4期，第53—54页。

[2]刘思华，1989，《理论生态经济学若干问题研究》，南宁：广西人民出版社。

[3]刘思华，1991，企业生态环境优化技巧，《管理思维技巧大全》第6卷（张辉旺主编），北京：北京科学出版社。

[4]刘思华，2001a，《绿色经济论——经济发展理论变革与中国经济再造》，北京：中国财政经济出版社。

[5]刘思华，2001b，《绿色经济论——经济发展理论变革与中国经济再造》，北京：中国财政经济出版社。

[6]刘思华,2001c,《绿色经济论——经济发展理论变革与中国经济再造》,北京:中国财政经济出版社。

[7]刘思华,2011,《生态文明与绿色低碳发展总论》,北京:中国财政经济出版社。

[8]刘思华,2014,《生态马克思主义经济学原理》(修订版),北京:人民出版社。

[9]刘思华,2016,加强生态文明、绿色经济、绿色发展的马克思主义研究,《生态经济通讯》,第9期,第12页。

[10]世界政治经济学学会编,2010a,2010b,《世界马克思主义经济学家思想论文集》(第一辑),北京:中国财政经济出版社。

[11]王树人等,1987,《西方著名哲学家传略》(上),济南:山东人民出版社。

[12]习近平,2016a,2016c,《在哲学社会科学工作座谈会上的讲话》,北京:人民出版社。

[13]习近平,2016b,在庆祝中国共产党成立95周年大会上的讲话,《人民日报》,7月2日。

[14]中国社会科学院马克思主义研究学部课题组,2018,改革开放40年中国马克思主义发展最具影响力的40件大事,《马克思主义研究》,第11期,第73页。

[15]中国生态经济学会生态经济教育委员会,2017,(武昌)南湖论坛论文集,第1—6页。

Liu Sihua's Outstanding Green Academic Achievements and Contributions

Fang Shijiao　Gu Xuening

Abstract　Under the guidance of Xi Jinping's Chinese socialist and economic thoughts, Professor Liu Sihua has been striving to promote innovation and development of an emerging interdisciplinary group in the past 10 years. The green academic miracle he has created has distinct values and practical significance for our era. The fact that Liu Sihua has obtained a series of green academic achievements and contributions has confirmed that we have entered a new socialist Chinese era. This new era of Xi Jinping's thoughts has been making a green dream of a world-class emerging interdisciplinary subject group coming true, and making outstanding interdisciplinary scholars emerging.

Key words　Marxist Ecological Civilization　Green Academic Achievements　Green Academic Contributions　Era Values

马克思主义经济理论创新的优秀读物
——程恩富学部委员《改革的初心》研读体悟

张新宁

2019 年 5 月,习近平总书记在江西考察时指出,领导干部要胸怀两个大局,一个是中华民族伟大复兴的战略全局,一个是世界百年未有之大变局,这是我们谋划工作的基本出发点。可以说,"两个大局"既是谋划工作的基本出发点,也是理论创新的基本出发点。为中国人民谋幸福、为中华民族谋复兴,这是改革的初心,也是马克思主义理论工作者的初心。为了这份初心,党的十八大以来,我国哲学社会科学工作者胸怀"两个大局",坚定理论自信和文化自信、把握时代脉搏、聆听时代声音,涌现出一大批优秀的马克思主义理论读物。由中信出版集团于 2019 年 6 月出版的程恩富(中国社会科学院学部委员)的新作《改革的初心》,便是其中的优秀代表,适合理论界和广大干部研读。该书涵盖现代化经济体系、经济新常态、五大发展新理念、分配体制改革、市场与政府关系改革、人民币国际化发展、经济开放 7 个章节,系统式梳理了经济改革背后的政策路径,全景式论述了中国经济发展的新发展点,堪称解剖新时代经济大格局的深度著作。以"两个大局"作为基本出发点通览全书,有以下几个突出特点:

一是坚持理论自信,在坚持马克思主义政治经济学基本原理的基础上丰富和发展了中国特色社会主义政治经济学。马克思主义政治经济学是马克思主义的重要组成部分,也是我们坚持和发展马克思主义的必修课。新时代孕育新思想,中国特色社会主义政治经济学作为中国化、时代化的马克思主义政治经济学,也获得了新发展。习近平总书记对坚持和发展中国特色社会主义政治经济学寄予厚望,并多次指出:"坚持和发展中国特色社会主义政治经济学,要以马克思主义政治经济学为指导,总结和提炼我国改革开放和社会主义现代化建设的伟大实践经验,同时借鉴西方经济学的有益成分。"[①] 这就要求我们立足我国国情和我国发展实践,揭示新特点新规律,提炼和总结我国经济

收稿日期:2019—04—25

作者简介:张新宁(1981—),复旦大学马克思主义学院研究员,主要研究方向为马克思主义中国化。

① 习近平,坚定信心 增强定力 坚定不移推进供给侧结构性改革,《人民日报》第 1 版,2016 年 7 月 9 日。

发展实践的规律性成果，把实践经验上升为系统化的经济学说，不断开拓当代中国特色社会主义政治经济学新境界。

《改革的初心》一书，体现了程恩富教授多年来一贯倡导的以“马学为体、西学为用、国学为根、世情为鉴、国情为据、综合创新”的中国经济学现代化学术原则（也是创新马克思主义学派的学术原则），并在此基础上产生了大量的原创性、传承性、系统性的马克思主义经济理论成果。比如，在分配体制改革中，该书提出价值、财富与分配的“新四说”，论述劳动收入分配、低消费率与消费不足问题，主张通过巩固和发展公有制、调整国民收入初次分配和再分配，有效遏制社会贫富差距不断拉大的趋势。在市场与政府关系改革中，该书阐释社会主义市场体系的特点和内在结构，倡导构建“以市场调节为基础、以国家调节为主导”的调节机制，完善市场决定性作用与政府作用的双重调节体系，并揭示了按比例规律、市场调节规律（或价值规律）、国家调节规律（或计划规律）的内涵及相互关系。在经济开放中，该书提出并论证中国除了要发挥动态比较优势和一般竞争优势之外，还必须重点地突出培育和发挥第三种经济优势——“知识产权优势”或“知识产权型竞争优势”，强调必须以知识产权优势理论作为应对经济全球化和发展对外贸易的战略思想；该书还探讨了人民币区域化和国际化的可能性，认为处于亚洲经济区域中的发展中国家，只有通过自身的经济发展，建立区域货币体系，才能逐步摆脱美国金融霸权的控制，努力改变不平等的经济关系，以圆满实现自己的发展目标。这些创新性的观点，坚持了马克思主义的基本原理，结合了改革开放以来我国经济社会发展的实际，借鉴了西方经济学中的有益成分，在传承的基础上实现了创新，在创新的基础上助推实践的创新，彰显了高度的理论自信，丰富和发展了中国特色社会主义政治经济学。

二是坚持守正创新，在建设现代化强国的征程中为新时代实现经济高质量发展建言献策。发展是解决我国一切问题的基础和关键，以经济建设为中心是兴国之要。习近平总书记指出：“现阶段，我国经济发展的基本特征就是由高速增长阶段转向高质量发展阶段。实现高质量发展，是保持经济社会持续健康发展的必然要求，是适应我国社会主要矛盾变化和全面建设社会主义现代化国家的必然要求。”[①]推动高质量发展，是当前和今后一个时期确定发展思路、制定经济政策、实施宏观调控的根本要求，也对理论工作者提出了具体的研究课题。坚持问题导向是马克思主义的鲜明特点。问题是创新的起点，也是创新的动力源。在新时代，由高速增长阶段转向高质量发展阶段并不容易，面临着一系列重点难点问题。例如，经济新常态的确切含义是什么？怎

① 中共中央召开党外人士座谈会征求对经济工作的意见和建议，《人民日报》第 1 版，2017 年 12 月 9 日。

样以新发展理念引领经济高质量发展？如何进行供给侧结构性改革？怎样建设现代化经济体系？这迫切需要理论界给予前瞻性的理论解释和具有可操作性的政策建议。

《改革的初心》一书，体现了程恩富教授多年来所追求的立时代之潮头、通古今之变化、发思想之先声，为坚持和发展中国特色社会主义提出了大量的真知灼见。比如，在现代化经济体系中，该书提出“两个一百年”战略规划将加速民富国强进程，推动新中国持续走向繁荣富强。在经济新常态中，该书阐发党的十八大以来我国进入和发展经济新常态的必然性和价值导向，强调经济新常态重在提质增效，从探讨供求辩证关系入手论述供给侧改革问题，从转变发展方式、优化经济结构、转换增长动力三个角度研究建设现代化经济体系。在五大发展新理念中，该书提出我国必须继续控制总人口、抓紧改善生态环境修缮和提高资源利用效益，以走可持续发展道路，强调以创新为第一动力来推动经济社会发展，分析共享发展是中国特色社会主义政治经济学的新话语，提出中国特色社会主义生态环境制度的特征与体系。在经济开放中，该书强调不仅要“中国制造”，更要“中国标准”“中国创造”，并在国内外首次提出中国目前已处于世界经济体系“准中心”的地位，较早提出建立“环中国经济圈”的开放大战略。这些开拓性的观点，坚持了把发展作为解决我国一切问题的基础和关键，抓住了我国经济社会发展中的重大问题，既从理论上做出了合理的、令人信服的解释，又从实现上给出了可具操作性的政策建言，在守正的基础上实现了创新，凸显了该书的理论价值和应用价值。

三是坚持正本清源，在坚持科学社会主义基本原则的基础上勇于批判错误思潮。坚持和发展中国特色社会主义是改革开放以来党的全部理论和实践的主题，是当代中国发展进步的根本方向。习近平总书记指出：“中国特色社会主义，既坚持了科学社会主义基本原则，又根据时代条件赋予其鲜明的中国特色。这就是说，中国特色社会主义是社会主义，不是别的什么主义。”在我国改革开放的征程中，从来没有平坦大道，充满着坎坷和荆棘。虽然我们始终坚持以马克思主义为指导，坚持“一个中心、两个基本点”的基本路线，但诸如新自由主义、民主社会主义、历史虚无主义等错误思潮始终活跃在我们周围，并随着实践的发展而不断变换招数，试图将我国的改革开放引入改旗易帜的邪路。对此，有良知的马克思主义学者始终保持着高度的警惕。

在《改革的初心》一书中，程恩富教授以深厚的理论功底、敏锐的理论眼光对错误思潮进行了深刻的评析。比如，在现代化经济体系中，该书针对有舆论否认中国两种经济模式的客观存在及其较高绩效，阐述社会主义计划经济体制和社会主义市场经济体制是两种有联系但又有重大区别的经济模式，客观研判新中国的经济发展是一个辉煌的整体；针对中外有舆论宣扬我国“国强民穷”和“中国经济停滞论”，用中外对比的数据说明新时代已经并必将进一步加速经济新常态下的民富国强进程；针对中外有舆论声称我国改革开放的经济社会发展成就是由西方经济学指引的，阐明造就我国经济奇迹的政治经济学理论和原则，并强调从产权、分配、调节和开放四个基本内涵来加快完善社会主义市场经济体制。在分配体制改革中，针对那种以"创造公平竞争环境"为借口而主张所谓的"国退民进""私有化"的论调，指出这种做法只能束缚并搞垮国有资产，在根本上与共同富裕道路是背道而驰的，而应坚持"国民共进"，做强做优做大公有制经济。在市场与政府关系改革中，针对片面理解"市场决定性作用"的论调，指出既要用市场调节的优良功能去抑制"政府调节失灵"，又要用政府调节的优良功能来纠正"市场调节失灵"，从而形成作用较大的高效市场即强市场、作用较大的高效政府即强政府这一"双高""双强"格局。这些批判性的观点，坚持了科学社会主义的基本原则，坚持了正确的改革开放的方向、立场、原则，对新自由主义、民主社会主义等错误思潮做了有力批驳，在理论上正本清源，在实践上为校准改革开放的航向贡献了智慧。

四是坚持举旗定向，在构建中国特色哲学社会科学的基础上勇于构建创新马克思主义学派。哲学社会科学的中国特色、中国风格、中国气派，是学术发展到一定阶段的产物，是学术成熟的标志和学术实力的象征，也是学术自觉和学术自信的体现。习近平总书记指出："要按照立足中国、借鉴国外，挖掘历史、把握当代，关怀人类、面向未来的思路，着力构建中国特色哲学社会科学，在指导思想、学科体系、学术体系、话语体系等方面充分体现中国特色、中国风格、中国气派。"[①]在恩格斯看来，只有"马克思学派"才在社会科学领域取得了革命性的科学创新，而马克思主义是科学的理论、人民的理论、不断发展开放的理论，就必须随着实践的变化而发展。我国经济发展进程波澜壮阔、成就举世瞩目，蕴藏着理论创造的巨大动力、活力、潜力。这就要求我们深入研究世界经济和我国经济面临的新情况新问题，贯彻"双百方针"，为马克思主义政治经济学创新发展贡献自己的智慧。

《改革的初心》一书，始终贯穿着以人民为中心的发展思想这个马克思主义政治经济学的根本立场，为我们不断破解经济发展难题、开创经济发展新局面提供了马克思主义政治经济学的智慧和方案。该书也体现了程恩富教授多年来一贯倡导的创新马克思主义学派的理论实质与政策主张。在中外学术界，以程恩富教授为首的创新马克思主义学派的影响越来越大。创新马克思主义学派提倡实质性地继承和创新马克思主义：在总体理论和政策思路方面，学术界的创新马克思主义与党中央保持高度一致，并强调中国社会科学教学和研究也要强调自主创新，反对"洋教条""古教条"和"马教条"；在指导思想上，坚持马列主义及其中国化理论的指导地位；在政治制度上，坚持工人阶级

① 习近平，在哲学社会科学工作座谈会上的讲话，《人民日报》，2016年5月17日。

政党的领导；在经济制度上，坚持生产资料公有制的主体地位，坚持公私经济共进，做强做优做大公有经济，主张经济社会政策要向劳动和劳动者倾斜；在奋斗目标上，强调要坚持解放和发展生产力，消灭阶级，消除两极分化，实现共同富裕，最终进入共产主义。构建创新马克思主义学派，是一项开创性的工作。恩格斯深刻指出，马克思的整个世界观不是教义，而是方法。它提供的不是现成的教条，而是进一步研究的出发点和供这种研究使用的方法。创新马克思主义学派在新时代高举马克思主义旗帜，坚定社会主义发展方向，坚持了马克思主义的世界观和方法论，并结合新时代的伟大实践进行了创新和发展，为坚持和发展中国特色社会主义提供了学理支撑和政策建言，为构建具有中国特色、中国风格、中国气派的哲学社会科学做出了有益的尝试。

新时代是一个需要理论而且一定能够产生理论的时代，是一个需要思想而且一定能够产生思想的时代。这部著作命名为《改革的初心》，不虚其名，彰显了马克思主义理论工作者的初心和使命，体现了马克思主义理论工作者的责任与担当，展现了马克思主义理论工作者的风采与傲骨。作为马克思主义理论工作者，我们不能辜负了这个时代。唯有不忘初心、牢记使命，才能有效应对百年未有之大变局，才能在实现中华民族伟大复兴的战略全局中有所作为。作为全球学术团体——世界政治经济学学会会长、中国政治经济学学会会长、中华外国经济学说研究会会长，作为蜚声中外的著名马克思主义经济学家，作为全国人大教科文卫委员会委员，我们有理由相信，程恩富教授一定能够在新时代胸怀“两个大局”，不忘初心，牢记使命，进一步坚持学术自觉、坚持理论自信、坚持守正创新、坚持正本清源、坚持举旗定向，与新时代同步伐，为人民做学问，以学术精品奉献人民，用明德引领风尚，在马克思主义政治经济学的理论和实践研究上做出新的更大贡献。

参考文献

[1]习近平，2019，关于坚持和发展中国特色社会主义的几个问题，《求是》，第7期。

中国马克思主义经济学:70年回顾与展望
——中国政治经济学学会第29届年会暨中国海派经济论坛第22次研讨会综述

李旭娇　肖　斌

恰逢中华人民共和国成立七十周年之际,为回顾和总结马克思主义政治经济学在中国的传播与发展、继承与创新的经验,不断深化对习近平新时代中国特色社会主义经济思想的理解和阐释,进一步构建和丰富中国特色社会主义政治经济学学术体系与话语体系,"中国政治经济学学会第29届年会暨中国海派经济论坛第22次研讨会"于2019年6月1—2日在中国社会科学院隆重召开。会议由中国政治经济学学会(原中国社会主义经济规律系统研究会,经民政部门批准已更名)和上海财经大学海派经济学研究中心主办,中国社会科学院经济社会发展研究中心、中国社会科学院马克思主义研究院原理部协办。来自中国社会科学院、中共中央党校、北京大学、中国人民大学、复旦大学、武汉大学、南开大学、吉林大学、四川大学、厦门大学、中山大学、同济大学等国内顶尖科研机构和著名高校以及《中国社会科学》、《人民日报》、《光明日报》、《马克思主义研究》、《教学与研究》、《红旗文稿》、《当代经济研究》、《政治经济学评论》等国内主流媒体期刊的200余名专家学者共聚一堂,围绕中国马克思主义经济学70年研究进展与历史经验,中国特色社会主义政治经济学守正创新,马克思主义经济学原理、方法与范畴,中外政治经济学对西方经济学的批判与借鉴,政治经济学的应用研究等议题进行了广泛深入的研讨和交流。

一、中国马克思主义经济学70年研究进展与历史经验

2019年是新中国成立七十周年。七十年来,新中国饱经沧桑、历经苦难、几度波折,却又峰回路转、高歌猛进、王者归来,这是沧桑巨变的七十年,亦是硕果累累的七十年。成熟的经济理论需要成熟的经济事实作滋养,马克思主

收稿日期:2019—06—20

作者简介:李旭娇(1995—),厦门大学马克思主义学院硕士研究生,主要研究方向为马克思主义政治经济学;肖斌(1983—),厦门大学马克思主义学院副教授,主要研究方向为马克思主义政治经济学。

义政治经济学于中国曲折波澜的风雨兼程中总结经验，在中国大发展、大繁荣的光辉岁月里砥砺前行，中国政治经济学研究始终与我国经济起步、发展、改革的步伐紧密相连。如何正确认识中国经济发展阶段、经济发展事实及其关系，如何辩证看待七十年经济理论取得的功勋成就与冒进失误，这不仅事关准确把握中国特色社会主义政治经济学研究的理论进路，而且对于推进我国全面深化改革、破解国民经济发展难题也具有不可小觑的指导意义。

（一）正确看待两个历史时期和三个发展阶段

习近平总书记强调要正确看待改革开放前和改革开放后两个历史时期，郑重提出“两个不能否定”和“两个如果没有”，一针见血地指出对改革开放前的历史时期要正确评价，不能用改革开放后的历史时期否定改革开放前的历史时期，也不能用改革开放前的历史时期否定改革开放后的历史时期。面对目前存在的两个历史时期对立论、三个阶段割裂论等错误思想，与会专家学者纷纷发声亮剑，从经济事实回顾、阶段划分标准、学理分析多方面予以正本清源。

中国社科院原副院长、学部委员刘国光指出正确评价新中国七十年来的经济发展，必须坚持马克思科学社会主义政治经济学的立场、观点、方法，坚持历史的观点。认为新中国七十年成就的取得离不开马克思主义科学社会主义政治经济学原理及其应用，离不开中国社会主义革命和建设的制度根基。建设独立完整的国民经济体系、形成集中力量办大事的体制优势与社会主义公有制经济的建立和完善息息相关。在关于社会主义发展阶段性的理解方面，刘国光教授特别强调初级阶段是长期的但不是无限长，我国从建立初级阶段到中级阶段大约还需100多年的时间。对于初级阶段问题研究的整体把握，务必要着眼于探索向中、高级阶段的过渡之路。目前中级阶段已隐约可见，必须要预为之计。

中国人民大学荣誉一级教授卫兴华指出，我国经历了从站起来、富起来到强起来的伟大转变，三者是对历史发展阶段特点的凝练反映，绝不是割裂的而是相对的，需辩证看待。三个阶段是你中有我、我中有你的关系，只是三者在不同阶段的程度与侧重有所不同。站起来的阶段包含强起来，富起来、强起来与站起来关系紧密，富起来、强起来实际上是进一步的站起来。同时，他建议将目前流行的“只有改革开放才能发展中国、发展社会主义、发展马克思主义”观点纠正为“只有改革开放才能更好地发展中国、发展社会主义、发展马克思主义”。

中国社会科学院学部主席团成员、中国政治经济学学会会长程恩富教授认为，纵观两个历史时期的经济成就，毛泽东时期的经济建设是中国的第一个经济奇迹，改革开放后的经济建设是第二个经济奇迹。总的来看，两者均有经验和不足，切不可互相掣肘，而要做到批判吸收。同时，程恩富教授还从实践出发,将新中国七十年划分为三个历史阶段,即改革前、改革后和十八大后的新时代。指出新中国成立七十年是辉煌历史整体与辩证飞跃阶段的统一,后一阶段以此前阶段为前提的辩证飞跃,三个阶段构成马克思主义中国化的三次飞跃。

(二)新中国成立 70 年政治经济学的继承与发展

首都经贸大学原校长文魁教授认为,将新中国成立前三十年和改革开放后四十年的统一可通过中国特色社会主义政治经济学上位范畴即"社会主义国民经济"来统筹构建,这一范畴将计划经济和市场经济两种声音统一起来,将市场调节和宏观调控结合起来,并且能够预设、展望未来政治经济学的发展方向。

复旦大学经济学院张晖明教授、任瑞敏博士后以方法论滞后为背景,将我国社会主义政治经济学的发展分为三个阶段。第一阶段是 1949—1977 年,归纳为以苏联为范本引进一般方法论并且是在计划经济模式下不断发展政治经济学的时期;第二阶段是 1978—1997 年,这一阶段开始摆脱固有的、以苏联为鉴的教条主义模式,转而重新认识社会主义经济本质;第三阶段是 1998—2015 年,回归经典、重拾文本以探究方法论及其对构建社会主义市场经济模式下政治经济学理论体系的价值,这一时期方法论与政治经济学体系同时并存但缺乏相互影响。再看来路,方法论滞后对于政治经济学体系建构有极其负面的影响。以史为鉴,方法论对于当下中国经济理论发展的重要性昭然若揭。

中山大学马克思主义学院胡莹教授与郑礼肖博士针对中华人民共和国成立以来我国政治经济学教材尤其是社会主义部分的沿革进行总结,指出马克思主义政治经济学中国化过程构成推进包括突破苏联教科书的传统计划经济理论时期、社会主义市场经济理论进教材时期以及构建中国特色社会主义政治经济学时期三阶段的理论主线,提出中华人民共和国成立 70 年政治经济学的发展过程就是坚持马克思主义与时俱进的过程,是将马克思主义政治经济学立场、观点、方法扎根于中国实际的过程,是吸收借鉴西方优秀成果并融合中国优秀实践成果的过程。山东工商学院经济学院白千文副教授梳理国内政治经济学教学体系改革时,认为教学体系在沿袭传统二分法的基础上,纳入计划经济的合理要素,借此破除传统二分法所固有的结构问题,从而构建"否定—否定之否定—包含肯定之否定"的结构框架,或许是化解这一僵局的上策。

中央党校经济学部王天义教授对毛泽东的经济思想进行了系统梳理,并认为毛泽东的经济思想为社会主义探索书写续篇、奠定基础、开辟道路。他将毛泽东经济思想划分为 10 个方面,主要包括社会主义发展阶段、走中国自己的工业化道路、农业先合作化后机械化、社会主义商品经济、共同富裕、以人民为中心、两参一改三结合以及党对经济工作领导的思想等。在他看来，毛泽东对社会主义商品经济的认识突破了斯大林关于生产资料不是商品经济这一观点，毛泽东认为在单一社会主义产品阶段，尤其是产品并不丰富的阶段，某些范围的商品经济和商品交换仍然存在。在此基础上，毛泽东对社会主义商品和资本主义商品界限做出划分，深刻揭示了商品的服务主体决定商品的性质。这一理论的提出对于中国特色社会主义市场经济发展做了良好示范和有效铺垫，是对马克思主义经济学的遵循，极具战略眼光和前瞻性。此外，毛泽东坚持自力更生的经济指导思想依然散发着真理的光芒，其将经济发展着力点建立于自力更生基础上的论点对于如今解决中美贸易摩擦、实现中国长足发展具有现实意义。加强党对经济工作的领导亦与目前党领导一切的理论甚为契合。总体而言，相较于军事、哲学方面，毛泽东对经济学的贡献尽管稍显薄弱，但其探索却依然颇具价值，见解堪称全面深刻。

二、中国特色社会主义政治经济学的守正创新

"守正"与"创新"这对辩证矛盾内含于中国特色社会主义政治经济学发展始终，只有仰望"马克思主义"的星空、脚踏"当代中国实践"的实地，才能真正让理论创新成果在中国特色社会主义伟大实践中充分涌流，真正实现中国特色社会主义政治经济学的"术语革命"。

(一)中国特色社会主义政治经济学的守正之路

福建师范大学原校长李建平教授指出中国特色社会主义政治经济学必须坚持以马克思主义为指导。目前诸多领域存在的马克思主义被边缘化、空泛化、标签化，在学科中失语、教育中失踪、论坛上失声的情况，必须予以高度重视。他还指出坚持以马克思主义为指导还会经历激烈且长期的斗争过程。目前，辩证看待中美贸易摩擦可再认识中国特色社会主义。第一，明确认识到政治与经济不可分割，马克思主义经济学者必须坚守阵地，与西方极力鼓吹的去政治化和去意识形态化现象打持久战。第二，正确认识市场和政府的关系，重新审视市场的非万能性和可操纵性，绝不能遵从美国的"强盗逻辑"，放弃政府对市场的合理调控。

中国社会科学院李成勋研究员深刻认识到马克思主义指导中国经济建设的重要性。他尖锐指出，我国凡是取得成就的地方都是因为遵守了"生产力决定生产关系，生产关系反作用于生产力，经济基础决定上层建筑，上层建筑反作用于经济基础"这一规律，遵守了历史唯物主义的观点。凡是出问题、犯错误、老百姓有意见、生活不好的地方皆因违背了这个观点。改革开放丰硕成果的取得离不开我国对最基本的唯物史观的遵循与坚持。此外，李成勋研究员坚信成功实现"两个百年"梦想，实现中华民族的伟大复兴，从世界舞台的边缘

走向世界舞台的中心,引领全世界几十亿人民走向光辉未来,必须坚持马克思主义。

江苏理工学院商学院李济广教授明确指出中国特色社会主义政治经济学研究的根本目的是接续《资本论》的目标,即指导公有制确立、维护、管理、发展与提升。基于此,他认为当前中国特色社会主义政治经济学研究的理论任务就是建构公有制为主体的合理性、揭示混合所有制企业中公有制比例的变动因素以及加强对混合市场中公有事业的管控。

北京对外贸易大学郭飞教授指出,马克思主义政治经济学面临着四个方面的艰难挑战:一是面临着基本经济制度、基本分配制度的深刻变化,艰巨困难的经济建设任务对中国特色社会主义政治经济学的艰巨挑战;二是面临着以美国为首的西方国家对我国施行的遏制战略及和平演变战略,对中国特色社会主义政治经济学的艰巨挑战;三是面临着飞速发展的新科技革命,对中国特色社会主义政治经济学的艰巨挑战;四是面临着国内外各种反马克思主义的理论思潮对中国特色社会主义政治经济学的艰巨挑战。

(二)中国特色社会主义政治经济学的创新发展

北京大学资深教授刘方棫提出中国特色社会主义政治经济学创新之路必须注重经济规律的探索与运用,杜绝经济规律研究标签化、固定化现象,必须扎根于坚实的实践土壤、建立在更为坚固的理论堤坝上。所有制作为政治经济学的基础理论,只有深入思考这一必修课,坚决贯彻所有制对生产、消费、交换、分配四环节的作用才能更好地驾驭经济规律,让经济规律在中国大地生根发芽开花结果。此外,政治经济学的发展离不开新成果的指导,以习近平中国特色社会主义理论为样板对于中国特色社会主义政治经济学走向新辉煌具有重要的指示器、助推器作用。

中国社会科学院经济研究所原党委书记、副所长于祖尧同志于1979年3月首创了"社会主义市场经济"范畴,形成了根植于中国土壤运用中国智慧的"土生土长的中国社会主义市场经济观"。他指出,从我国经济发展实际来看,"看不见的手"在生产、交换、分配和消费中仍然发挥着调解者的作用,价值规律、市场机制不会也不可能在当前取消和废止。但是,在分工精细化、生产社会化、经济全球化的时代背景下,对社会经济发展实行有计划的调控有其客观性、必然性、普遍性与紧迫性。中国特色社会主义经济体制形成了以国有制为领导、公有制为主体、多种所有制同时并存的具有中国特色的所有制结构,形成了集中力量办大事的"举国体制",这为市场调节提供了发展空间,也为计划调控的实施创造了客观可能性,我国理应坚持"举国体制"不动摇。

在马克思主义及其中国化经济理论指导下,改革开放取得显著的经济成就,其中新马派等政治经济学学者的贡献尤为突出。基于此,中国社会科学院程恩富教授深刻阐述了改革开放以来新马派的十一大理论创新。第一,社会主义三阶段论。从历史唯物主义角度论证了社会主义三阶段论,与以GDP为标准的阶段划分可并存。第二,社会主义市场经济论。改革开放40年社会主义市场经济的发展与新马派的“新型计划调控下的市场经济体制”等学理性论点密切相关。第三,新的活劳动创造价值一元论。凡是直接为市场交换而生产的物质产品和精神产品,凡是为劳动力生产和再生产服务的劳动都属于创造价值的劳动。第四,利己利他双性经济人论。阐释了经济人的利己、利他两种倾向,理性和非理性两种状态以及好的经济制度旨在实现集体利益最大化的过程中达到个人合理利益最大化。第五,资源需要双约束论。市场经济中的需要和货币支付能力下的需求都是有限的,只有将资源和需要形成多种选择、替代组合,在约束条件下才能实现资源的高效配置以及需要的最大限度满足。第六,公平效率互促同向变动论。经济活动的制度、权利、机会、结果等方面越公平,效率就越高。市场型按劳分配是当代中国公平与效率问题最优解的载体之一。第七,公有制高绩效论。在一定社会条件满足的前提下,公有制与计划经济、市场经济结合将呈现出高绩效。第八,市场国家功能性双重调节论。各自的优势功能决定了国家调节具有主导作用,市场调节发挥基础作用,劣势功能决定了二者存在对立统一关系,因此坚持市场与国家是“功能性双重调节论”。第九,大文化经济论。文化活动属于非生产性活动,文化经济学旨在揭示文化活动的生产、分配、交换和消费的相互作用及运行规律。第十,知识产权优势论。知识产权优势作为培育研发自主知识产权的经济优势成为继比较优势、竞争优势的第三种优势。第十一,新帝国主义论。新帝国主义是自由竞争、私人垄断、国家垄断到国际垄断之后的新形式、新阶段,在21世纪占据主导地位。

中国人民大学经济学院邱海平教授强调在百年未有之大变局境况下,发展中国特色社会主义政治经济学必须立足于新时代。习近平新时代中国特色社会主义思想是时代发展的精华,是中国发展步调、发展蓝图、发展预见的客观映照,以新时代意识慎思发展之需、世界之需,才能让政治经济学更好地与时俱进。为了深化中国特色社会主义政治经济学研究,推动中国社会主义经济建设完善化、体制化,南开大学何自力教授直面经济建设实况,提出六个发人深省的经济理论问题。第一,关于公有制的主体地位和国有企业的主导作用。做优做强做大国有企业并不等于做优做强做大国有资本,政治经济学学者要做到正本清源,正确认识二者的统一关系。第二,关于高质量发展条件下产业结构的优化标准。我国产业结构优化、高级化不能单纯以美国的服务业型结构为标准,中国制造业型结构在形成中国贸易顺差和美国贸易逆差格局中发挥了积极作用,盲目发展服务业会使中国在短期内丧失制造业的优胜、丧失显著优势。第三,关于加强实体经济与发展资本市场的关系。目前,中国经济出现严重的脱实向虚趋势。金融市场对外资全面开放、允许国际投机资本进入中国股市对于短期抬高中国股市有益,但其本质是助推中国经济加速脱实向虚。第四,关于扩大内需条件下,消费拉动与投资驱动增长方式的相互关系。投资驱动向消费拉动转型以实现中国经济发展本身就是一个伪命题,单纯依靠市场发挥决定作用实现消费驱动和投资驱动极易导致中国经济服务化、虚拟化、金融化。第五,关于宏观调控的需求管理和供给管理的关系。回顾 40 年改革开放经济发展之路,中国总体上采用了西方宏观经济学的需求管理模式,只有做到需求管理和供给管理相配套才有望形成一套新型的宏观调控体系。第六,关于独立自主和进一步扩大对外开放的关系。在美国全方位扼杀中国的严重形势下,在外部环境发生根本逆转的局面下,独立自主成为独立自主与对外开放辩证统一关系中矛盾的主要方面。

中国社会科学院经济研究所钱津研究员认为研究基点与话语体系具有直接相关性,坚持以劳动范畴作为中国特色社会主义政治经济学的研究基点就是坚持马克思主义政治经济学。以整体性劳动范畴为研究基点,以劳动常态性、有益性、复杂性、发展性等现实问题为切入点,有助于我国形成一套完整的不同于《资本论》建构的剩余价值话语体系的中国特色社会主义政治经济学话语体系。

北京理工大学刘新刚教授从中国特色社会主义政治经济学概念创新与概念体系建构路径的研究视角出发,提出概念推演应以马克思主义认识论为指导,依托市场主体的经济发展实践、党和政府的经济管理实践进行。关于专业体系的构建,他认为应当遵循习近平新时代中国特色社会主义经济思想对概念体系建设的政治引领原则,坚持以马克思主义新世界观对概念体系建设的理论统领原则,坚持抽象与具体相统一、逻辑与历史相统一的方法论,加快对概念体系的构建。

诸多学者从不同侧面对习近平新时代中国特色社会主义思想展开政治经济学解读。广东外语外贸大学董小麟教授提出创新、协调、绿色、开放、共享五大发展理念是立足于我国改革与发展实践成果提炼出的马克思主义中国化最新成果,新发展理念作为相互联系的辩证统一整体是我国抓住机遇、解决社会发展矛盾的有力武器,必须将其作为引领我国经济发展的行动指南坚决贯彻。上海理工大学马克思主义学院牛海教授分析指出新自由主义下“低端发展锁定”和“中心—边缘”发展结构的问题原形毕露,在全球渴求新的发展理念和模式之时,新发展理念横空出世可谓恰逢其时,新发展理念以发展为基点致力于构建平等包容普惠的发展新道路,不失为探索中国与世界协同发展的良方。中共江苏省委党校特岗教授李炳炎认为共享理念集中体现了中国特色社会主义的本质要求,共享经济发展和完善对推动中国经济高质量发展有益,尽快建立全方位、多层次的协同治理体系有助于破解共享经济发展所遇瓶颈问题,实现共享式发展。对外经济贸易大学马克思主义学院曹永栋教授指出十八大以来习近平以反腐之重拳打破人治，构建起法治下的中国特色社会主义市场经济体系，是继1978年“真理标准大讨论”以来的第三次思想解放运动，对于解决我国经济社会发展中的困难、阻碍提供了思想武器，为解放社会生产力、增强社会创造力贡献了宝贵滋补品。

(三)对当前国内错误思潮的驳斥与批判

最近一段时间，一些学者将十九大提出的“对中国境内注册企业一视同仁、平等相待”错误解读为“逐步淡化并取消国企、民企、外企的所有制分类”，并借助“竞争中性”与“所有制中性”两大原则进行理论曲解和舆论误导。这一系列漏洞百出且公然违宪的言行，激起会上诸多专家学者的一致反对。

厦门大学原党委书记吴宣恭教授从竞争中性的词源解构、来源探究、所有制概念剖析及方法论运用多角度驳斥了“所有制中性”这一错误观点。他特别强调所有制中性论绝不仅是理论问题，其意为否认所有制在生产关系中的作用，企图用暗度陈仓的方式麻痹人民的社会主义性。他认为“所有制中性”是对中华人民共和国宪法的推翻和违背，是对社会主义初级阶段经济理论的错误解读。首先，竞争中性实际上是竞争中立，是态度问题而并非性质问题。其次，所有制决定生产关系及生产过程中的其他关系，决定生产过程的性质和目的，用市场行为、竞争决定所有制本身就是一个伪命题。再者，正如马克思所强调的“私有制作为公共的集体的所有制的对立物，只是在劳动资料和劳动的外部条件属于私人的地方才存在”，私有制的性质与所有制的性质不同，私有制主体决定了它的所有制性质。最后，针对部分人大肆传播混合所有制没有公私之分的“钻空子”式言论，吴宣恭教授清楚表示混合所有制有别于单一公有制和私有制是源于其出资者的社会性质不同，并不意味着混合所有制的主体是中性的。

中国人民大学周新城教授通过借鉴《共产党宣言》中的四句话对“所有制中性论”提出异议。第一，共产主义运动的基本问题是所有制问题；第二，共产党的理论可以用一句话来概括就是消灭私有制；第三，共产主义革命就是同传统的所有制关系实行最彻底的决裂；第四，无产阶级将利用自己的政治统治，一步一步地夺取资产阶级的全部资本，把一切生产工具集中在国家，即组织成为统治阶级的无产阶级手里。他认为市场规则适用于所有企业，但这并不是指所有制的性质而是要求在经济运行中平等对待每个竞争主体。宪法明确规定我国坚持以公有制为主体、多种所有制经济共同发展的基本经济制度，所有制享有平等权益不等同于所有制性质、地位、作用相同。

武汉大学简新华教授从理论与实践结合的角度对“所有制中性”进行学理性驳斥和澄清。认为这一颠覆性错误既违背了马克思主义政治经济学基本原理、一般经济学常识，同时违背了中华人民共和国宪法，极可能成为戈尔巴乔夫式的“改革新思维”。指出中国经济下行的原因不在于所有制分类而在于市场调节失灵状态下的有效供给短缺、无效供给过度,是市场调节的盲目性和滞后性本性使然,是政府以往"大水漫灌"式宏观调控后遗症的表现。他认为从规律的必然性出发,"竞争中性"和"所有制中性"既无事实可能,便难以称之为市场经济的规律,由"竞争中性原则"之纰漏得出"所有制中性"之谬误更是无稽之谈。相反,"竞争中性原则"本身就是对"所有制中性"观点的否定。

三、马克思主义经济学原理、方法、范畴

回归经典文本,重拾思想明珠。以《资本论》为核心的马克思主义经济学经典著作群是一个逻辑严密的理论体系,为中国经济起步、发展、繁荣照明航向,至今仍熠熠生辉,对其研究十分必要。

南开大学经济学院张俊山教授作了关于科学抽象法在中国特色社会主义经济思想研究的主旨论证。他指出科学抽象法是马克思分析经济发展、变化、演进的一般方法,主要包含四方面的主要内容。一是科学抽象法是在辩证唯物主义和历史唯物主义指导下的抽象过程,承认物质第一性、意识第二性。经济理论源于经济事实,经济范畴以客观经济运行中的经济活动为前提。二是科学抽象法在认识经济活动过程中含有特定内容,即根据问题性质不同而适度抽象,有利于精准把握研究对象的内在属性。科学抽象法不应止于静态的"猜想",还要在追溯事物发展轨迹中进行逻辑性反思。对"整体性混沌现象"进行分析时要有所取舍,对非关键问题的舍弃有利于更好地抓重点、抓关键、抓主要。三是借助归纳、分类、演绎等思维工具总结概念、形成体系、作出推理。四是通过对占有资料的归纳,探析事物之间的联系,分析所面临矛盾的来源、内容、形式等,以及建立与之思想一致的学术性、专业性的话语表达共同构成科学抽象法的实施过程和表达方式。谈到科学抽象法在中国特色社会主义政治经济学中的运用,张俊山认为我们能做的还有许多。涵盖对中国市场经济运行成果、价值现象等经济运行现象做理论上的科学抽象,恢复、延续马克思以生产关系为研究对象、阶级分析为方法的研究习惯,摒弃改造旧观念建立新体系以恢复科学抽象法的优良传统,扭正"理性经济人"为支撑的数学化研究趋势等等。

吉林财经大学丁堡骏教授以《资本论》俄国化、中国化为出发点,并充分吸收苏联"跨越"失败的教训,指出必须坚持将科学社会主义的原则贯彻于中国特色社会主义伟大实践,中国方能走出一条跨越"卡夫丁峡谷"的建设社会主义道路。他认为目前中国特色社会主义处于最关键时期,如何坚持科学社会主义的基本原则,既是发人深省的理论叩问,更是中国特色社会主义生死存亡的现实考验。只有正确认识市场经济的利与弊,坚持公有制、坚持社会主义原则、为计划经济正名、以实现共同富裕为目标,中国才能走出一条与资本主义

截然相反的道路，造福全人类。吉林财经大学经济学院景玉琴教授将跨越“卡夫丁峡谷”的过程分为两个阶段。第一阶段是以公有制为基础，以计划为手段完成工业化，进而为中国特色社会主义奠定物质基础的计划经济时期；第二阶段是引进西方先进技术、学习西方经验不断解放生产力的多种所有制和市场经济时期。以中俄经济政策和经济事实做对比，分析跨越“卡夫丁峡谷”的内在逻辑，指明在第二阶段引进西方先进成果时如何做到规避资本主义带来的波折与苦难显得尤为重要。

关于《资本论》文本的深入诠释，厦门大学杨继国教授与贵州师范大学袁仁书副教授一致基于马克思《资本论》第一卷第一版《序言》中《资本论》研究对象表述的分歧做出尝试性解答，指出“难题”新解要回归《资本论》的结构框架，在融会贯通基础上对“资本主义生产方式以及和它相适应的生产关系和交换关系”加以理解，将其中的生产关系理解为狭义的生产关系，交换关系理解为广义的生产关系，清晰明了地看出《资本论》的研究对象是资本主义社会的生产关系。

江苏师范大学中俄学院朱舜教授提出《资本论》的内涵逻辑不同于西方的“生产技术芯片组”，也不同于苏联的“生产关系芯片组”，而是商品经济生产组织方式及其相适应的生产关系。回归《资本论》生产方式的中国经济学要研究包括商品生产方式的生产组织方式和生产、流通的统一。东南大学曾尔曼特约研究员将经典力学、量子力学、统计力学运用于《资本论》相关理论的诠释，指出定量劳动价值分析可得出两大部类有计划生产的比例系数，“生产力”可表达剩余价值的增速。应用统计热力学熵值最大化原理，生产关系标度可以约化资本有机构成的表征。

基于《资本论》的广泛研究视阈，江西财经大学许光伟教授通过对《资本论》创作史回顾，发现政治经济学批判获得“学科基础”的规定来自“生产一般的思维学”孵化。由此，他认为单纯的思维模式比较和思维方法应用研究不再符合时代之需，新时代的思维学必须站在政治经济学批判的高度，在中国政治经济学整体研究推进的基础上，通过与经典对话提升其理论科学的民族涵容性，加强对政治经济学学科性质的探讨。他主张中学为体，西学为用，通过以古解古、以今解今、古今贯通、中外汇通来实现经济学文化自信意义和导向的本土寻根、综合创新和古为今用。

河南农业大学文法学院赵意焕教授从马克思写作《资本论》的科学态度和科学方法做研究。马克思既不是被统治阶级豢养的文乞，也不是为资产阶级利益发声的辩护士。他写的《资本论》体现出严谨的科学态度和厚重的科学方法，《资本论》作为一本具有长远生命力和兼具学术、实用价值的经济学著作，它是马克思凭借博采众长的学术知识、为无产阶级服务的崇高追求和耗费大量精力心血完成的研究成果。马克思写作《资本论》时始终秉持着站在劳动人民的立场、不为名利、不畏劳苦、严谨细致、为全人类世世代代谋幸福的科学态度,是在结合资本主义生产方式下英国工人阶级生活现状的基础上,对唯物辩证法、科学抽象法、独特引证法的深刻把握和运用。

四、中外政治经济学对西方经济学的批判与借鉴

水本无华,相荡乃生涟漪;石熟有火,互击而闪灵光。中国自古就有“取其精华,去其糟粕,批判继承,古为今用,吸收互鉴,洋为中用”的优良传统,中华文化博大精深、兼容并包,马克思主义政治经济学中国化的过程亦是如此。自中华人民共和国成立以来,我国坚持以马克思主义为指导,坚持用马克思主义政治经济学指导中国经济建设,形成了两大经济奇迹。虽说“批判的武器不能代替武器的批判”,但善于利用“批判的武器”对于马克思主义政治经济学在中国的发展百利而无一害,新中国 70 年成就的取得在扎根于实践沃土的同时离不开古代先贤智慧的结晶,也离不开对西方经济学的科学批判与包容借鉴。

中国社会科学院程恩富教授在谈到海派经济学创立初衷时,指出新马派就是要综合吸收古今中外的优秀思想,既包括中国古代的经济思想,同时也应积极借鉴西方先进经验。指出新马派综合的不是马歇尔、凯恩斯主义的经济理论,而是马克思主义经济学为基点的优秀外来成果。对于当代西方经济学我们要秉持既批判又继承又超越的科学态度,在坚持马克思主义基础上,对吸收借鉴的理论进行合理超越。

中国社会科学院余斌研究员认为马克思主义在中国真正落到实处、有益人民的原因正是在于马克思主义与中国传统精神有诸多契合之处,马克思提出的“工人阶级只有解放全人类才能解放自己”与中国古代的“天下兴亡匹夫有责”理念相通,中国“不患寡而患不均”的思想与马克思的共产主义思想殊途同归,同样,老子的辩证因素对于接受、理解、运用马克思唯物辩证法提供了思想铺垫。

基于李嘉图的 2×2 模型暗含的理论假设,四川大学张衔教授通过两个大前提的非现实性证明李嘉图比较优势理论不成立。第一,李嘉图的比较优势理论有严格条件,即资本不能在各国之间流通。资本不能在各国之间流通,相对价格在不同国家之间不同便没有任何实在意义。第二,李嘉图用绝对优势模型无法得出比较优势理论,李嘉图的比较优势实际上是绝对优势。葡萄牙生产的低价毛呢大衣与英国生产的高价毛呢大衣相比较,就毛呢大衣价格而言,葡萄牙较之于英国具有相对优势,但这种相对优势实则是绝对优势的体现。归根结底,比较优势理论的结果最终仍会回归到商品价值由社会必要劳动时间决定这一规律,生产力的高低对于商品价格具有决定性影响,中美贸易摩擦中美国对中国产品加征关税就是最好的例证。总之,取得绝对优势的前

提是提高劳动生产率,以提高单位时间内生产的商品数量。

云南财经大学薛宇峰教授围绕"置盐定理"展开方法论、逻辑与数理分析方面的批判。第一,"置盐定理"的理论前提经不起事实推敲,其关键错误在于在相对静态条件下,"置盐定理"将各部门引进新技术后在内部发生的竞争过程,与不同部门引进不同的新技术后所发生的社会的竞争过程相混同。对技术进步的影响与作用的议论被局限在相对静态的前提条件下,忽视了企业的实际利润率与社会的一般利润率的实质性差异。第二,其数理证明方法存在偏差,置盐教授用同一个符号误读了马克思的"生产率准则"并疑似将资本家的"利润准则"错误表示为"成本准则"。第三,"置盐定理"的结论是马克思早已论证过的例证,是其前提的同义反复,"置盐定理"与马克思的"利润趋于下降规律"之间没有必然相关性。

南京财经大学经济学院卢映西副教授对具体实际问题上的中外互鉴提出看法,认为在生产力大幅攀升的今天,贫困成因能否达成正确的理论认识,关键一步在于如何精准识别西方主流经济学的稀缺性假设,并在此基础上推导出"生产过剩—失业—贫困"的因果关系链,从而更好地揭示"丰裕中的贫困"现象的来源。对于西方经济学思想的批判继承,有利于更好地观我国之现实、解我国之困境。

五、政治经济学在当代中国的运用

理论在一个国家实现的程度总是决定于理论满足这个国家需要的程度,只有实现理论创新和实践运用的良性互动才能将马克思主义政治经济学不断中国化,用中国特色社会主义政治经济学理论指导中国特色社会主义伟大实践。供给侧结构性改革如何深入推进?国有企业如何做大做优做强?农村集体经济如何振兴?现代化经济体系如何建设?会上专家学者对此颇为关注,并就此展开全面细致的研讨,力求为解现实难题献智献策。

(一)关于供给侧结构性改革的研究

中国社会科学院副院长高培勇教授立足于中国特色社会主义伟大实践,立足于新时代中国特色社会主义经济由高速增长向高质量发展的转变,前瞻性地提出当社会主要矛盾的一方面由满足人民日益增长的物质文化需要转变为满足人民日益增长的美好生活需要时,供给和需求这对矛盾的主要方面随之转到供给侧。以逆周期调节为代表的需求管理政策在经济实践中仍行之有效,但其已经不占据矛盾的主要方面。与此同时,供给侧结构性改革对需求侧起着方向性作用。通过回溯2012年我国经济放缓以来经济发展的战略、思路、理念,由兼具结构调整、三期叠加阶段到提出供给侧结构性改革再到供给侧结构性改革的内容不断丰富、深化,清晰显示出我们必须高度重视供给侧结构性改革及其对应对经济下行难题的可行性尝试。在高质量发展阶段,经济运行的主要矛盾突出表现为结构性矛盾,宏观经济政策的主线索是供给侧结构性改革。目前,我国经济发展中遇到的周期性问题仍要回归供给侧寻找答案,绝不是一时一地经济政策的改变所能改善的。他的这一观点与最近中央政治局研讨形势发展时提到借用供给侧结构性改革来稳需求,解决经济下行压力中暴露出的周期性、体制性、结构性问题不谋而合。

中国民航大学马克思主义学院王勇教授认为在“市场调控”和“政府调控”轮番登场又轮番失控的困境下,供给侧结构对需求变化的适应性体现了马克思社会劳动按比例分配的规律。中共广东省委党校危旭芳教授深入探析供给侧结构性改革的核心要义和逻辑主线,指出新阶段是供给侧结构性改革的逻辑起点,创新驱动是重要助推力,辩证寻求供给侧和需求侧优化匹配平衡是核心,厘清政府与市场的关系是关键,把握生产力和生产关系的有机统一是本质。

(二)关于做强做优做大国有企业的研究

国有企业改革是中国推行做强做优做大国有企业的重要战略方针,对于国有资本保值增值,提高国有企业活力、竞争力、影响力具有重要意义。

中国社会科学院王中保研究员探讨回答了为什么要建立发展国企、国企在改革发展中面临的困境以及国有企业改革和发展的方向问题。他从马克思主义微观经济学和宏观经济学的角度论证了社会主义中国国有企业存在的必要性,与资本主义国有企业功能的不同和作为社会主义经济基础的支撑作用。社会主义国有企业作为全民所有制企业意为在微观经济层实现劳动的平等和现阶段实现按劳分配,保证生产消费的良性循环,从而保证宏观经济层面上国民经济的可持续发展。他始终坚持将国有企业办成真正的全民所有制企业是国企改革发展的方向,可借助改革完善人民与国有企业的委托代理机制、监督机制等着手进行。

山东大学马克思主义学院副院长吴文新教授立足于社会主义国企的人民性,提出社会主义国企天然具有依靠人民、服务人民的人民性以及遵从社会化大生产的计划性。国企改革必须解决人民缺位问题,通过调动人民的积极性、发挥人民的创造性、使人民切实享有幸福感和获得感以便真正落实以人民为中心的发展思想,国有企业改革的目的就是要通过公有制经济主体地位的发挥将资本关进人民利益的笼子。

淮北师范大学经济学院周志太教授和翟文华副教授基于国企与私企数据分析得出“国进民退”是改革总体成效改善的标志而“国退民进”是必须直面的血淋淋的事实。数据显示,国泰安406个国有制造业、信息科技业上市公司中,国企绩效连年下滑,其研发水平和专利申报远不及包括京东在内的500强私企。国企作为我国自主创新能力的主力军,急需增强研发实力、增大研发投入。对此，周志太教授建议国家宏观调控和企业内部绩效结构调整双管齐下共同推动技术密集型产业向国企转移，激发国企员工的研发积极性，凝心聚力增强国企核心创造力，发挥国企科技先锋作用。

（三）关于振兴农村集体经济的研究

自 2004 年以来，我国中央文件连续 16 年聚焦“三农”问题，将解决“三农”问题列为重中之重。福州大学马克思主义学院舒展教授以农村集体经济变迁为着力点，以两种经营方式为抓手，旨在壮大集体经济让农民共享改革开放硕果。重新审视中华人民共和国成立后前 28 年以传统集体经营为主的农村集体和改革开放以来分散经营为特征的家庭联产承包责任制，提出在融合规制两种经营模式亮点与弊端基础上，引导承包地以整村流向村股份合作经济，根据乡村特色因地制宜开发“一村一品”发展模式和“政府＋企业”建设模式，真正发挥所有权、经营权、承包权“三权分置”的最大效益。郑州大学旅游管理学院院长杜书云教授基于 2016 年国家农村集体经济试点研究了中国村级新型集体经济发展困局及破解机制。指出 2016 年以来，村级集体经济在培育农民生产力可持续发展、增加集体性收益、乡村治理落实方面成效显著，但仍面临诸如认识、主体、制度等一系列现实性困难，从内部优化角度出发增强村级集体经济的市场地位与作用或许不失为解决困境的良策。

（四）关于建设现代化经济体系的研究

关于建设现代化经济体系，中国社会科学院马克思主义研究院侯为民研究员认为马克思的“生产现代性”论述为中国现代经济体系建设贡献了理论渊源，现代经济体系目标的提出为我国主要矛盾转变下经济发展目标、方法、路径作出科学解答，现代化经济体系对生产率与体制竞争优势的重视生动再现了高质量发展的客观旨意。上海对外经贸大学王朝科教授指出生产性企业是建设现代化经济体系的微观基础，企业的持续创新促使社会生产和再生产不断变革构成建设现代化经济体系的动力源泉，集体性、累积性组织学习是建设现代化经济体系的根本途径。

针对创新驱动发展战略在中国落地生根这一议题，广东财经大学方兴起教授将使用价值和价值的辩证关系融合运用于颠覆性创新中，犀利指出颠覆性创新在短期内是新使用价值的创造过程而非价值形成过程，新使用价值变为商品需经历基础研究、应用研究及商业性开发三个阶段。因此，颠覆性创新绝非市场主体一己之力可以承担，市场在资源配置中的决定作用在这一议题上束手无策，只有政府发挥主导作用方可拨云见雾。只有抢占科技发展的制高点、深刻把握产业发展的基本动向，一手抓顶层设计一手抓任务落实才能保持我国传统产业在全球的比较优势甚至是绝对优势，才能实现从要素驱动向创新驱动的发展战略之转变。三明学院经济学院钟卫华教授提出运用高新技术手段改造传统产业，实现传统产业和绿色产业融合共生，进而转化为强大的综合国力和国际竞争力。

武汉大学周绍东研究员认为目前我国社会主要矛盾的转变以及经济由高速增长向高质量增长转变集中体现了人民对于商品使用价值的追求超过价值,意味着社会生产活动要通过提高产品使用价值解决不平衡、不充分发展的症结。他指出我国当前的矛盾包括国民经济有计划按比例发展要求与公有制经济受削弱的矛盾,这决定了必须在公有制和非公有制经济相互促进的条件下,社会生产在追求利润最大化的同时兼具生产资料公有主体的剩余劳动最大化。

在此次会议上,中国政治经济学学会颁发了第三届"程恩富政治经济学奖",成立并揭牌"中国政治经济学学会青年智库"。此外,中国政治经济学学会还举行换届选举。经过现场投票,新一届学会理事会在大会热烈掌声中顺利产生,中国社会科学院程恩富教授再次当选中国政治经济学学会会长。值得一提的是,此次会议是学会更名中国政治经济学学会召开的首次年会。学会更名为中国政治经济学学会,是中国政治经济学界的一件幸事,它弥补了中国人没有自己政治经济学学会的历史空白,标志着当代中国马克思主义政治经济学进入了崭新的发展阶段。雄关漫道真如铁,而今迈步从头越。站在新的历史起点,中国政治经济学学会将肩负起创新和发展中国特色社会主义政治经济学的时代担当,加强对习近平新时代中国特色社会主义经济思想的研究阐释,在为社会主义现代化建设提供智力支持中发挥更加积极的作用。

图书在版编目(CIP)数据

海派经济学. 2019年. 第17卷. 第3期:总第67期/程恩富,顾海良主编. —上海:上海财经大学出版社,2019. 9

ISBN 978-7-5642-3408-9/F・3408

Ⅰ. ①海… Ⅱ. ①程… ②顾… Ⅲ. ①经济学—丛刊 Ⅳ. ①F0—55

中国版本图书馆 CIP 数据核字(2019)第252451号

□ 责任编辑 袁 敏
□ 封面设计 张克瑶

海派经济学

程恩富 顾海良 主编

上海财经大学出版社出版发行
(上海市中山北一路369号 邮编200083)
网 址:http://www.sufep.com
电子邮箱:webmaster@sufep.com
全国新华书店经销
上海华教印务有限公司印刷装订
2019年9月第1版 2019年9月第1次印刷

787mm×1092mm 1/16 13.25印张 252千字
定价:24.00元